계백장군 삼영(階伯將軍 三營)과
최후 결전지(最後 決戰地)

계백장군 삼영과 최후 결전지

초판 1쇄	2019년 07월 09일
2쇄	2019년 07월 12일
3쇄	2020년 01월 20일

지은이	이명현
발행인	김재홍
교정·교열	김진섭
마케팅	이연실

발행처	도서출판 지식공감
등록번호	제396-2012-000018호
주소	경기도 고양시 일산동구 견달산로225번길 112
전화	02-3141-2700
팩스	02-322-3089
홈페이지	www.bookdaum.com

가격	15,000원
ISBN	979-11-5622-450-1 03910

CIP제어번호	CIP2019019961
	이 도서의 국립중앙도서관 출판예정도서목록(CIP)은 서지정보유통지원시스템 홈페이지(http://seoji. nl.go.kr)와 국가자료공동목록시스템(http://www.nl.go.kr/kolisnet)에서 이용하실 수 있습니다.

계백장군 삼영(三營)과 최후 결전지

이명현

지식공감

추천사

●
●
●

백제사(百濟史)의 황산전투(黃山戰鬪)에서 보인 계백(階伯)의 충절(忠節)과 인의정신(仁義精神)은 황산전투와 함께 정신사적 측면에서 그 의의를 재조명해야 될 역사이다.

삼국(三國)의 쟁패(爭覇)와 역사인물에 대한 기록을 통하여 교훈을 얻게 된다.

황산전투 문화유적은 그동안 고고학적으로 정립되지 않았다.

이 책의 내용과 논문을 보면 황산전투사(黃山戰鬪史)를 정립할 수 있다는 가능성을 보게 된다.

역사에 비전문가인 이명현 선생이 오직 향토사랑 하나만으로 시작한 황산전투에 대한 연구가 전문가의 수준을 뛰어넘었다.

저자의 소망과 같이 계백장군의 결전지에 대한 연구가 적극적으로 진행되어 정사(正史)가 정립되고 유적이 복원되어 세계가 인정하는 문화유적지가 되기를 희망한다.

2019. 6.

최 석 원 (전)공주대학교 총장

머리말 ● ● ●

황산벌전투 현장에서 태어난 필자는 2015년 7월 백제 유적 8곳이 세계문화유산에 등록되었다는 뉴스를 접하고 백제사에서 제외할 수 없는 계백장군의 황산전투 유적이 빠진 사실에 대하여 관심을 갖게 되었습니다. 이를 계기로 역사의 문외한임에도 불구하고 문헌과 학계의 기존 연구 저서와 논문 등을 접하게 되었는바 현장에 익숙한 지형지세에 대한 견문에 기초하여 그 내용에 수긍되지 않는 부분을 발견하게 되었습니다.

이에 대하여 황산전투 현장에서 바라본 관점에서 질문의 형식으로 문제를 제기하고 현장에서 발견하게 되는 지형지세와 나아가 문헌과 기존학설의 조사자료 등에 대하여 고증과 현장실사에 근거하여 공유하여 검증하면서 결국 「계백장군 최후 결전지의 고찰」(논문1)과 이를 보완하는 「탄현과 개태사 협곡 포진무산 소고」(논문2)를 탈고하게 되었습니다. 이 책은 논문을 작성하기에 이른 관련 자료이며 경위서입니다.

현장자료 사진설명과 함께 글의 사실을 확인할 수 있도록 항목과 관련되는 원문 자료의 주요 부분을 발췌하여 첨부하였습니다.

필자는 황산전투사가 국내외학자와 연구기관에 의해 1세기 동안 (1913~2019) 연구되어 온 백제사의 중요 역사임에도 세계문화유산 등록에서 제외되었고 현시점에 관계기관 등의 백제문화유산 추가등록을 준비 중인 대상목록에도 없는 무정립, 무관심, 무대책의 역사로 관련 유적이 방치되고 있음을 목격하게 되었습니다. 이와 같은 원인은 기존학계의 학설이 정립되지 아니하였기 때문임을 알게 되었으며 황산전투사의 정립은 가능한 과제로 판단한 필자는 황산전투사의 정립, 유적의 조사, 복원과 국가 사적 지정과 세계문화유산 등록 대상에 추가할 것을 촉구하여 왔습니다. 필자는 전투의 현장에서 바라본 정립 가능한 관련 근거자료를 논문에 제시하였습니다.

그 내용은 황산전투사의 주요쟁점인 신라의 5만 대군이 진군한

1) 탄현.
2) 황산으로 진군한 진격로.
3) 계백 3영을 향하여 군사를 셋으로 나누어 진군한 삼도.
4) 험준한 지형에 먼저 포진한 계백의 삼영.
5) 기존학설이 황산 벌판에서 전투하였다고 본 오류에 대하여 문제를 제기하면서 계백 3영(천왕산성(청동리산성), 북산성(황산성), 산직리산성) 전투설을 비정하였으며
6) 계백의 지휘영(중영)으로 비정되는 천왕산성(청동리산성) 자락에서 벌어진 계백과 관창의 최후 결전지를 문헌의 고증과 기존 학설의 검증과 지형지세와 전해 내려오는 지명 등 현장실사에 근거하여 제시하였습니다.

이와 같은 발견이 가능하였던 연유는 계백이 포진한 지휘영(중영)으로 추정되는 천왕산 매봉 토성 서쪽 아래 연산면 청동리 산소골에 신라군이 최후결전을 앞두고 백제군과 대치하여 포진한 지점으로 추정되는

산줄기에 있는 관창이 손으로 떠 마신 우물(샘물)터로 추정되는 마을에서 자란 필자의 황산 일대의 생생한 현장 견문과 추억에서 바탕 된 것입니다.

2018년 2월 정리하였던 서신철의 머리말과 관련자료 그대로를 아래와 같이 수록합니다.

2015년 7월 6일 조선일보를 비롯한 매체는 "백제의 혼 세계인의 가슴에"라는 제호로 백제 유적의 세계문화유산 등재 사실을 크게 알렸습니다.

필자는 백제의 황산전투가 있었던 곳에서 태어났기에 등재된 8곳의 유적을 관심 있게 살펴보았습니다. 그러나 황산전투사와 관련한 계백장군의 문화 혼과 관련된 유적은 포함되지 않은 사실을 알고 크게 실망하였으며 이에 7월 7일 관계기관 등에 항의문을 보냈습니다.

계백장군의 역사는 백제사에서 사비성 역사와 불가분의 역사이며 백제 패망 난세의 시기에 좌평 임자, 상영, 충상과 웅진성 장수 예식 등의 반역 행태와 비교하여 동시대에 계백장군의 충의(忠義)와 생사의 처절한 전장에서 적장을 살려 보내는 위대한 인의정신(仁義精神) 문화 혼은 세계사에 유례가 없습니다.

이와 관련된 유일한 황산전투 유적이 어떻게 제외될 수 있다는 것인지 이해가 되지 않음은 뜻있는 모든 분의 생각이었을 것입니다. 이와 관련하여 회신문을 받고 또 한 번 실망하게 되었는바 그 내용을 보면 백제사에서 계백장군의 역사는 현안에서 제외된 무정립, 무관심, 무대책의 역사임을 알고 놀랐습니다.

백제사를 연구하는 고금의 국내외 역사학자와 연구기관은 황산전투
사를 논하지 않은 분이 없고 국민은 계백장군의 충절과 인의정신과
관창의 의로운 행적을 잘 알고 있습니다.

필자는 역사의 문외한이나 이 같은 현상에 대하여 관심을 가지고 문
헌과 관련 학자들의 저서와 논문 등을 접하게 되었고 자연스럽게 황
산전투 현장의 지형지세와 연관하여 살펴보게 되었습니다.

필자는 외람되게도 학자들의 견해와 논문에 수긍되지 않는 부분에
대하여 질문 드리고 필자가 인지하고 있는 현장에 관한 자료를 공유
하면서 계백 3영 등의 정립을 각계에 촉구하였습니다.

이는 황산전투사가 세계문화유산등록, 유적의 복원 등 대상에서 누
락된 연유의 하나로 역사기록의 신라군이 넘어온 탄현고개와, 황산지
원을 향하여 진격한 3도진격로, 계백장군이 험준한 곳에 포진한 3영,
계백과 관창의 전투 전사지, 등에 관한 학자들의 견해가 상이한데 원
인이 있음을 알게 되었기 때문입니다.

그렇다면 현시점에서 견해가 다른 황산전투사는 두고만 볼 것이 아
니라 학계의 연구 발표된 충분한 자료와 추가적인 조사, 현장검증 등
투명한 절차를 거쳐 정립하는 조치와 노력을 해야 하는 시점이 아니
겠는가에 이르게 됩니다. 이는 미룰 수 없는 만시지탄의 당면과제이
자 진행해야 할 타당한 소명 이유가 있는 중요한 역사과제로서 유적
복원 등 모든 일의 선결과제일 것이기 때문입니다.

논산시가 의뢰하여 연구된 충남대백제연구소의 『논산 황산벌 전적지
학술총서 2000』에서는 일찍이 "황산벌 전적지 정비보존방안"을 제시
하면서(130쪽, 박순발) 황산전투 유적의 역사적 중요성을 감안하여 "국
가사적"으로 지정하여 체계적이고 종합적인 정비와 보존방안이 반드
시 필요하다면서 4개항의 방안을 제시한 바 있습니다.

그러나 역사학자 등의 상이한 견해가 정립되지 않음으로 인하여 현재까지도 황산전투 유적은 무대책으로 방치되어 온 것이 사실입니다.

황산전투는 계백장군이 황산벌의 험준한 곳에 포진한 3영을 신라군이 미리 알고 3영을 향하여 3도로 진격하였으므로 전투는 세 곳에서 벌어졌다고 봄이 수긍되는 일일 것입니다. 전기한 역사의 해답은 문헌을 근거로 하여 황산전투가 벌어진 현장에 존재할 것이므로 역사현장에서 그 해답을 찾아야 할 것으로 믿어집니다.

그동안 공유한 현장자료를 편철 하였으며 2015.7.7일 이후 황산 향인으로서 눈감으면 펼쳐지는 산야에서 일어난 전투역사와 관련하여 문헌과 기존 학설에 대하여 향인이 본 단순하고 기본적인 의문점을 질문하였는바 이는 검증되어 모든 분에게 수긍될 수 있기를 바라 마지않습니다. 당초 질문하고 작성한 내용에 목차와 같이 시차를 두고 서신을 드리게 됨으로 인하여 일부 같은 내용들을 반복하여 기술하였습니다.

이는 황산전투사가 고금의 국내외 역사학자에 의해 1세기가 되도록 (1913~2017) 연구됐음에도 무정립, 무관심, 무대책의 역사로 방치되고 있는 현상을 환기하여 역사의 정립과 유적의 보존 복원을 촉구하고자 함에 뜻이 있습니다. 필자는 논문에서 문헌과 학계의 연구성과에 근거하여 모든 상황에 부합되는 계백장군의 최후 결전지에 대한 역사현장을 실증하여 제시하였는바 이는 검증되기를 바랍니다(2018. 2. 천왕산성(청동리산성)과 황산전투).

기존학설 중 대전 식장산 탄현설을 비정한 지헌영 교수의 「탄현에 대하여」 논문에 깊은 공감을 하였으나 계백 3영(천왕산성(청동리산성), 북산성(황산성), 외성리산성) 견해 중 외성리산성 비정 설에 대하여 필자는 산직리산성 을 제시하였으며 황산지야 청동리 벌판에서의 전투설은 계백3영(천왕산성(청동리산성), 북산성(황산성), 산직리산성)과 천왕산 매봉토성 아래 산줄기 청동리 산소골 일대에서 계백과 신라군의 최후결전이 벌어진 것으로 제시하였기에 교수님의 「탄현에 대하여」 논문을 수록하였습니다.

　황산전투 현장의 향인이 바라본 황산전투사의 「계백장군 최후결전지의 고찰」(논문1)의 결론에 이르도록 격려해주신 공주대학교 서정석 교수님과 이를 보완하는 「탄현과 개태사 협곡 포진무산 소고」(논문2)의 두 논문에 대하여 관심과 격려를 하여주신 공주대학교 전 최석원 총장님과 충남대학교 김선기 명예교수님과 건양대학교 이재준 교수님, 공주대학교 정명복 교수님 그리고 흔쾌히 출간하여 주신 도서출판지식공감에 감사드립니다. 황산전투사는 정립이 가능한 선결과제임을 함께 살펴봅니다.

2019. 5.

이명현

목차 ● ● ●

추천사   5

머리말   6

1. 유네스코 세계문화유산 등록 백제 유적   17

　• 백제 유적은 무엇으로 기록되나?   17

　• 660년 백제역사   17

　• 유네스코 세계문화유산 등록 백제 유적 8곳   17

　• 황산전투 유적   18

　• 백제 패망 전후 반역의 행태   22

2. 백제 유적 천왕산성(청동리산성)과 여수고개토성을 알아야한다   28

　• 천왕산성(청동리산성)과 여수고개토성   28

3. 연산 천왕산성(청동리산성) 주변 지명유래   38

4. 계백3영에 관한 현장과 질문   39

　• 성주탁 교수의 3영 견해에 관한 시뮬레이션   39

　• 지헌영 교수의 3영에 관한 시뮬레이션   42

　• 이명현의 천왕산성(청동리산성)의 지형지세에 관하여   44

5. 계백과 관창의 전투 전적지 천왕산성(청동리산성)의 확장 정밀조사 54

   • 천왕산성(청동리산성)의 확장 정밀조사를 건의함 54

   • 충남대 학술총서 『논산황산벌전적지』 2000, 124쪽을 보면 56

   • 천왕산성(청동리산성)을 장수골을 품은 대규모 포곡형 산성으로 보는 근거 57

   • **천왕산성(청동리산성) 답사 순서** 63

6. 황산전투와 천왕산성(청동리산성) 67

7. 천왕산성으로 명명 되기를 건의함 76

8. 계백장군과 관창의 전투 전사지점 85

   • 위 기록에서 확인할 수 있는 것은 85

9. 계백장군과 관창의 전투전사지점과 우물 99

10. 연산 신양리의 황산전투 유적지 조성의 재검토를 건의함 102

11. 황산지원, 황산지야 의 해석에 대하여   138

   • 황산전투와 관련된 기록을 살펴보면   138

12. 황룡재의 3도 진군과 설영 견해에 대하여   161

   • 연산 개태사협곡 지형   164

13. 3일간의 황산전투와 백제군 4회 승전에 대하여   165

14. 부적면 충곡리 계백장군묘의 문제점   169

   • 천왕산성(청동리산성)은 3충신이 잠들어 있는 성지   171

15. 천왕산성(청동리산성)의 보존 실태   172

16. 역사의 현장 천왕산성(청동리산성) 장수골을 관통하는 도로의
   폐쇄 복원   174

   • 황산벌 전적지 정비 보존방안   176

17. 황산 전투유적의 세계문화유산 추가등록   181

18. 현장자료 사진 설명   183

19. 「계백장군 최후 결전지의 고찰」 (논문1) 2018. 2 이명현   210

20. 「탄현과 개태사 협곡 포진무산 소고」 (논문2) 2019. 2 이명현   235

21. 「탄현에 대하여」 (『어문연구』6집 1970 지헌영)   272

01. 유네스코 세계문화유산 백제 유적

■ 백제 유적은 무엇으로 기록되나?

　백제문화 유적 8곳이 세계문화유산에 등록되었음을 국내 매체는 크게 알렸습니다(2015.07.06). 그러나 백제사에서 제외할 수 없는 계백장군의 황산전투 유적은 빠졌고 현재(2019)에도 백제 유적의 세계문화유산 추가등록을 추진 중인 잠정목록에도 없는 것이 현실입니다.

■ 660년 백제역사

> 서기 538~660 년 (122년간) - 사비 왕도 시기
>
> 서기 475~537 년 (62년간) - 웅진 왕도 시기

■ 유네스코 세계문화유산 등록 백제 유적 8곳

　1. 공주 송산리 고분군(백제 왕릉무덤)
　2. 공주 공산성(웅진 시기의 산성)

3. 부여 관북리 유적과 부소산성(왕궁 관련 유적, 토성의 성벽이 확인됨)

4. 부여 정림사지(백제 시기의 사찰 터)

5. 부여 정림사지 석탑(국보 11호)

6. 부여 능산리 고분군(백제 왕릉 무덤)

7. 부여 나성(사비 왕도 방어를 위한 외곽성)

8. 익산 미륵사지(동아시아 최대 사찰 터, 우리나라 최고·최대 미륵사지석탑)

■ 황산전투 유적 [세계문화유산 제외 유적]

* 백제정신 문화 혼─세계사에 없는 계백장군의 충의(忠義)와 생사
의 처절한 전장에서 적장을 살려보내는 위대한 인의정신(仁義精神)
* 계백장군의 황산벌전투 유일한 유적
* 동아시아 최초의 국제전쟁 역사
* 사비성 왕도의 입술인 최후 보루 성곽 ─ [계백의 3영]
* 백제사의 사비성 왕도와 분리할 수 없는 역사
* 백제사를 연구하는 과거와 현재의 국내외역사학자와 연구기관이
논문을 발표하고 연구하는 중요한 역사

계백장군 황산전투의 유일한 유적인 계백삼영(階伯三營) 등 황산전투
유적이 세계문화유산 등록에 누락된 사실을 알고 필자는 관계기관과
학자들에게 1세기 동안(1913~2015) 국내외 학자와 연구기관에 의하여
연구되어온 황산전투사(黃山戰鬪史)를 정립한 후 복원하여 국가사적 지
정과 세계문화유산 추가등록을 추진할 것을 건의하였습니다.

국립부여문화재연구소는 백제 유적의 세계문화유산 등록에 역할을

하였다는 것을 당시의 언론매체를 통하여 알수 있습니다. 국립부여문화재연구소의 답변은 계백장군 문화 혼과 황산전투 유적에 대한 당시 관계기관과 학자의 일반적인 인식을 보여주는 사례라고 생각되어 건의서 요약을 통하여 설명드립니다.

건의서 요약

국립부여문화재연구소의 답변 사안	문제의 제기
1. 백제 왕도 유적복원사업 연구소 출범 목적-백제 주요 문화유적의 원형을 복원 목적	-백제 주요 문화유적의 배제 결과를 초래하여 연구소설립목적 위배. -계백의 황산벌전투 유일 유적이 소재한 논산시를 배제한 준비단의 출범은 하자 있음(백제 핵심 문화재의 복원배제 결과 초래).
2. 공주, 부여, 익산 3개지역 왕도 유적의 통합적 관리를 위해 업무협약(백제수도 왕도만이 복원 대상이다)	역사대의와 문화의 본질 중요도를 고려하지 않고 자의적 주관적 편협된 구역을 구분하여 3개 지자체만의 협약은 하자가 있어 그 결과 사비성왕도와 불가분의 일체역사인 백제주요 정신문화인 계백 혼과 유일한 황산벌 전투 유적이 방치 지워질 위기에 처함. 논산시 주요 유적을 포함하여야 함.
3. 준비단의 목적은 백제 문화유산을 부각시키고 투자를 통해 역사 문화 도시로의 재생을 이루기 위함	백제패망 사비성의 역사는 융성했던 문화역사와 패망의 치욕과 반역의 역사가 혼재하므로 백제의 계백 혼과 유일 유적을 살려야 준비단의 설립목적에 부합될 것임. 계백의 문화와 황산전투 유적이 배제된다면 결국 국민과 일본, 중국 등 관광객은 세계사에 없는 계백의 충의와 인의정신 문화혼과 관창의 의로운 행적의 역사현장은 알 수도 볼 수도 느껴보지도 못할 것임.

4. 준비단의 사업방향은 왕도 지역을 우선 투자하고 외곽지 방에 대한 유적도 단계적으로 복원할 것(왕도 만이 복원 대상 이다)	이는 계백혼과 황산 유일유적 복원의사가 없다는 것에 다름 아님. 사비성 왕도와 계백의 황산벌 유적은 불가분의 일체를 이루는 역사유적임. 사비성과 인접하여 보행으로 한나절 거리이며 편협한 왕도 논리는 수긍이 안 됨. 변두리 유적으로 치부하는 것은 오류임. 지방 변두리 유적과 역사 성격 개념이 다름.
5. 신라 왕경 경주에 소외된 백제문화 유산을 부각시키고 투자를 통해 "역사문화로의 재생"을 이루기 위한 것이며, 논산지역을 백제왕도지역에 포함시킬 경우 지역의 형평성에 문제가 제기될 수 있다.	신라왕도에 비교한 사비성 왕도의 우위는 백제 혼 계백 혼에 있다고 봄. 계백 혼이 배제된 사비성 왕도 유적만의 외형복원은 치욕과 반역 역사 혼재로 자랑스런 백제정신문화가 선명하지 않음. 세인이 계백의 역사를 모르고 반역의 역사를 알게 된다면 백제 융성의 혼 이 무엇인지 실망으로 다가올 것임. 무엇을 위한 왕도 논리인지 재검토할 문제라고 봄.
6. 대책	논산 지자체장은 백제 주요 문화재의 방치에 지워질 위기의 현 사태에 대응하여 이의를 제기하고 법적조치를 즉각 착수하여 준비단 참여의 기틀을 마련해야 함. 계백 혼을 부인하는 지자체장은 없을 것으로 봄.

(2015.7.29.)

■ 백제 패망 전후 반역의 행태

백제 신하 좌평 임자의 반역

백제 최고위 관직인 좌평 임자는 첩자 조미압(租未押)에 의하여 김유신과 내통함으로써 김유신은 백제 안팎의 사정을 자세히 알았으며, 백제를 병탄할 계획을 더욱 급히 하여 신라 침공을 초래한 반역(「신라본기」열전 2 김유신).

백제 신하 좌평 상영, 충상의 반역

황산전투에 계백장군과 함께 출전하였으나 항복하고 전후 왕족, 신료 93명이 당에 압송됐으나 제외된 사실(9월 3일). 신라에 의하여 일길찬의 관등을 받은 후(11월 1일) 백제부흥군의 토벌에 앞장선 반역(「신라본기」태종왕 660~661).

의자왕 655년에 좌평 임자가 반역의 길로 나간 후 656년 성충의 투옥기록, 660년 흥수의 투옥기록과 양인의 탄현 방어책이 실기되어 무산된 것은 좌평 임자와 그에 의해 포섭된 것으로 보이는 좌평 상영, 충상 등의 반역과 무관하지 않아 보인다. 신라침공의 급박한 위기상황을 맞아 공지(公知)의 백제요충지(一夫單槍 萬人莫當)인 탄현(炭峴) 방어조치를 실기(失機)한 것은 의자왕 판단력의 한계였다.

백제 웅진성 장수 예식의 반역

중국 낙양에서 발견된 백제장수 예식진(禰植) 묘지명과 구당서에 의하면 660년 7월 12일 야간에[1] 사비성에서 웅진성으로 피신한 의자왕을 7월 18일 웅진성 백제장수 예식이 의자왕을 사로잡아 성을 나가 소정방에 투항하였다.[2] 예식은 당나라에서 좌위위대장군 관직을 받고 당 황제에 충성한 자이다.

사비성 함락 후 좌평 임자는 김유신, 소정방과 함께 의자왕이 피신한 웅진성에 동행하였을 것이다. 웅진성 밖에서 대치한 후 웅진성 장수 예식에게 "의자왕을 사로잡아 투항하라." 종용(慫慂)했을 가능성이 있다고 본다.[3] 예식은 며칠간 점풍이역(占風異域)하다가 반역을 선택한 것이다.

---

1) 서기 660년 7월 11일 사비성 밖 20여 리(부여 석성면으로 추정)에서 약속기일 10일에 하루 늦게 합류한 나당군은 12일 사비성을 포위하려고 네 길로 총진군하였다. 의자왕 일행은 완전히 포위당하기 전에 사비성을 탈출하였을 것이다. 13일 야간에 웅진으로 피신하였다 기록된 것은 12일 야간에 피신한 것을 기록한 것으로 본다. 『삼국사기』 5권 「신라본기」 태종무열왕 7년조.

2) 『舊唐書』, 卷83, 列傳33, 蘇定方 "...其大將禰植又將義慈來降..." KBS 역사추적(의자왕 항복의 충격 보고서)

3) 李明鉉 「炭峴과 開泰寺峽谷 布陣霧散 小考」(論文2) 6,7,18,19쪽

백제 멸망의 진실
-예식(진), 의자왕을 당에 바치다(의자왕 항복의 충격 보고서 KBS)

1. 의자왕 삼천궁녀? 승자의 기록은 누명과 오욕으로 이어지고!...

신라 5만 대군을 맞아 처절하게 싸운 백제 계백장군과 5천 결사대의 투혼. 황산벌 전투. 그것은 기울어져 가는 백제의 마지막 모습이었다.

그로부터 기나긴 누명과 오욕은 시작됐다.

660년 7월 18일. 웅진성의 달빛 아래선 거대한 음모가 진행되었다.

1,300여 년의 세월, 묻혀졌던 진실이 드러났다. 그것은 철저하게 가려진 백제 멸망과 의자왕 항복에 관한 충격적인 역사보고서였다.

2. 예식의 배신, 반역!~ 의자왕을 붙잡아 당에 항복하다!!!~

민족사학자 신채호 선생은 〈조선상고사〉에서 의자왕의 항복 장면을 독특하게 서술했다.

"웅진의 수성 대장이 의자왕을 잡아 항복하라 하니, 왕이 동맥을 끊었으나 끊기지 않아 당의 포로가 되어 묶이어 가니…"

의자왕이 측근인 예식에게 잡혔다?

신채호 선생의 말뜻은 무엇일까?

다시 〈구당서〉의 기록을 보자.

의자왕 항복 기사에 뭔가 암호가 숨겨져 있다는 느낌이다.

다음 총 11자를 글자 한 자 한 자 분석해보자.

명확하게 드러나는 '기대장예식'과 '의자'를 제외하면 '又將來降(우장내항)' 네글자만 남는다.

이 중에서 모든 내용은 이 '將(장)'이라는 글자에 정확히 담겨있다.

'其大將禰植 又將義慈來降(기대장예식 우장의자래항)'

'그 대장예식이 의자왕을 '장(將)'해 와서 항복했다.'

'將'은 무슨 뜻일까?

"장(將)'자에는 명사로 '장수'라는 의미도 있고, 동사로는 '거느린다', '데리고 간다'의 뜻이 있습니다. 따라서 이 문장에서는 동사로 봐야 합니다. 예식이 의자왕을 데리고 가서 '항복을 했다'는 의미가 되겠습니다."

— 노중국 교수

왕을 데리고 가다? 무슨 뜻일까?

"의자왕을 감금 내지 체포를 해서 당에 항복한 것으로 보입니다."

— 이문기 교수(경북대 역사교육학과)

"의자왕을 사로잡아서 당 소정방에게 가서 항복을 한 것입니다. 결국 예식은 의자왕과 백제에 대해서 반역을 한 것입니다."

— 김영관 교수(충북대)

將.

데리고 간 것인가? 체포해 간 것인가?

취재진은 놀라운 결론에 신중해질 수밖에 없었다.

그래서 한문을 일상적으로 접하는 중국 역사학자의 의견을 들어보기로 했다.

"'예식이 그 왕을 데리고...' 여기서 '데리고'는 '왕을 사로잡아서 당나라에 투항했다'는 뜻입니다. 그래서 여기서는 '將'자가 중요한 것입니다. 전쟁에서 배신입니다."

— 바이근싱 교수

예식진. 그의 공적은 백제와 의자왕을 배신한 것이었다.

일촉즉발의 팽팽한 대치 상황. 나당연합군에 위협당한 예식진은 영달과 파문의 갈림길에 서 있었다.

암호문 같았던 내용이 이제 뚜렷해졌다. 그 상황을 암호문처럼 적어놓은 것이다.

'占風異域 就日長安(점풍이역 취일장안)'

"점풍(占風)은 바람을 점친다. 바람이 어디로 갈거냐, 백제의 거취, 당에게 항복할거냐, 저항할거냐, 점쳐봤다는 것은 자기 나름대로 여러가지로 계산을 해봤다는 거죠."

— 노중국 교수

웅진성의 깊은 곳에선 이미 새로운 힘을 따르고 있었다. 그날 웅진성의 결정권자는 예식장군이었다.

660년 7월 18일. 의자왕의 체포는 전투 중지 명령이자, 백제 700년 역사의 끝이었다.

"정말 충격적입니다. 항상 이런 위기의 순간에는 내부의 적이 결정적인 역할을 합니다. 역설적으로 한반도에 삼국이 대립을 하고 있었던 시기에는 당나라가 오히려 고전을 했습니다. 하지만 백제라는 한 축이 무너진 후에는 668년, 신라의 지원을 받은 당나라군에 의해서 고구려도 쉽게 무너지고 맙니다. 결국 예식진의 배신은 동북아의 거대한 주춧돌 하나를 뽑아버리게 됩니다. 이후 동북아 국제질서는 중국 중심으로 고착화됩니다."

02. 백제 유적 천왕산성(청동리산성)과 여수고개토성을 알아야한다

■ 천왕산성(청동리산성)과 여수고개토성

 2004년 발간된 『논산시지』 1권 마을이야기의 466페이지 연산면 청동리의 내용을 보면 "청동리에는 청왕산성(일명 호티산성)인 토성이 있고 가평이씨의 집성촌이다."라고 설명하고 있습니다.

 한편 1975년 5월 성주탁 교수의 「백제산성 연구」 논문 중 81페이지 청동리산성에 관련되어 기록한 내용을 보면 천왕산 청동리산성과 여수고개토성을 별개의 성곽이 아닌 동일한 성곽으로 오인하고 기록한 듯 보입니다. [기록한 내용은 매봉일대 천왕산성 현황을 기록하였으나 이를 호치산성(狐峙山城)으로 표기]—청동리의 천왕산성 매봉줄기 아래의 여수고개토성은 윤곽이 뚜렷한 인력으로 축성된 별개의 포곡형 토성입니다. 지헌영 교수가 3영 중 하나로 본 성곽은 여수고개토성이 아니라 매봉이 있는 천왕산성입니다.

 천왕산성의 특징은 인력으로 축성한 성곽보다 더 험준한 천혜의 자연지형성곽으로 이루어진 것으로 보이므로 인력으로 축성한 성곽의 흔적을 찾는 것은 쉽지 않다고 봅니다. 『논산황산벌전적지 학술총서』 2000(충남대백제연구소)에서 백제성곽으로 본 매봉 서쪽 방향 아래 50m 지점의 뚜렷한 인력축성 토성성곽은 산등성이 끝 부분으로 매봉 중심 자연성곽의 보강 성곽인 것으로 추정됩니다.

상기와 같은 점을 살펴보면 "청왕산성"은 "천왕산성"으로 수정하여야 하며 괄호안의 일명 호티산성으로 표기한 것은 천왕산성 외에 청동리 에(양촌 명암리와 청동리 산등성이 경계선) 별개의 여수고개토성이 있음을 구분하지 아니하고 혼동하여 기록하였거나, 여수고개토성을 천왕산성(청동리산성)으로 오인한 것으로 보이므로 정정하여야 합니다.

일명 호티산성으로 칭한 것은 여수(獬帥)고개토성의 여수를 여우로 동일시하여 이를 한문으로 표기한 것이 아닌가 사료됩니다. 현지에서는 누구나 여수고개로 칭하였으며 여우고개로 부르는 경우는 듣지 못하였습니다. [여수를 여우와 같은 동물명사로 인지했는지는 별개입니다.] 필자는 청동리 여수고개토성 아래 명암리 보도동(보도골)에 선영이 있는 관계로 현지에 거주하다가 돌아가신 당고모부님(김문식)으로부터 여수고개토성의 뜻을 사람들이 잘 모르고 있다면서 "장수가 탄식한 곳"이라고 말씀하시는 사실을 인상 깊게 들었기 때문에 구전 사실을 전달할 뿐입니다.

여수고개의 여(獬) 자(字)가 대옥편에 등재되어있는 드문 한자임을 들어 의문을 표하는 분이 계십니다만 소생이 난해한 한자를 미리 알아 함부로 지명을 왜곡할 이유는 있을 수 없는 일입니다.

황산벌지명과 관련하여 신양리 벌판에 옛날에 사창(社倉)이 있었다하여 사창벌(社倉벌) 또는 사청벌(社廳벌)로 불리어 구전되어 오는 것을 『논산군지』 1994 발간-신양리 지명유래 1470쪽 참조- 성주탁 교수는 백제군사 5,000명 중 4,000명이 이곳에서 전사하여 "사천벌"로 전해온다고 오인하여 기술하였습니다. 『백제산성연구』(연산면 소재 황산성을 중심으로) 1975.

지명이 생성되었을 현지역사의 근원을 살펴보면 백제 패망시 계백 3영의 하나로 유력시되는 천왕산성이 함락되기 이전에 여수고개성곽에 주둔했을 일단의 백제군사와 장수는 산직리산성을 함락시킨 신라 좌군이 매봉 아래 포진한 신라 중군 김유신과 합류하기 위하여 국사봉보루 아래 나래치를 넘어 신양리와 명암리 [울바위] 벌판을 통과하여 여수고개토성으로 쇄도하는 신라군을 바라보면서 탄식하였을 것이라는 정황은 숨 막히는 당시의 상황을 현지의 지명은 구전으로 전해주고 있는 것이 아닌가 상정하게 됩니다.

여수고개토성 현장에서 매봉천왕산과 국사봉 보루와 나래치, 신양리, 명암리 벌판 지형지세를 조감하면서 지명과 관련한 그 옛날 백제장수의 탄식 어린 숨결을 느껴 볼수 있을 것입니다.

(2016.6.19.)

百 濟 山 城 研 究

—忠南 論山郡 連山面 所在「黃山城」을 中心으로—

成 周 鐸

目 次

緒 論
本 論
1. 連山面所在 山城에 對한 考古學的 考察
　① 黃山城
　② 青銅里山城과 外城里山城

　③ 茅村里山城과 黃名峯堡壘
　④ 山直里山城과 깃대봉堡壘·國師峯堡壘
　⑤ 黃嶺山城
2. 連山地方의 歷史地理的 考察
　結 論

緒 論

　　昨年에 大田附近古代城址 三十餘個所를 調査하여 「百濟研究第五輯」(1974年版)에 發表한 바 있는 本 百濟研究所 山城研究 調査班은 今年度에는 論山郡 連山面內에 있는 百濟山城을 主로 考察하여 보기로 하였다.

　　連山面內에는 「全國遺蹟目錄」[1]에 調査揭載되어 있는 것만도 「黃山城」「山直里山城」「青銅里山城」 等 三個所가 있으며 그동안 洪思俊 先生에 依하여 새로 發見되어서 發表[2]된 것도 「茅村里山城」과 「黃名峯堡壘」「黃嶺山城」 等 三個所가 있다. 그런데 이번 調査에서 「山直里山城」을 左右로 保衛하고 있는 「깃대봉堡壘」와 「國師峯堡壘」가 새로 發見되어 連山面內에는 山城, 堡壘都合 九個所가 있는 것을 確認하였다. 이것 外에 「外城里山城」은 夫赤面에 있지마는 連山面 林里와 接境하여 있고 또 「青銅里山城」과 「外城里山城」은 이 地方의 主城이라고 할 수 있는 「黃山城」의 左右 堡壘格으로 볼 수 있기 때문에 이번 調査內에 包含시키기로 하였다.

　　調査方法은 第一次的으로 全國遺蹟目錄에 依據해서 調査하기로 하고 特히 「黃山城」은 考古學的 材料價値도 多大하다고 考慮되어 現場實測, 試掘等 多角的으로 調査하여 城의 構造面과 築城法, 年代의 推定 等을 考察하여 보기로 하였다.

　　第二次的으로는 이 地方의 歷史地理的 考察을 하여 보기로 하였다. 이곳은 百濟와 新羅間의 最後 激戰地로 알려진 「黃山벌」이 이곳에 있고 百濟軍의 五千名中 四千八百名이 戰死하였다고 傳하여지는 「사천벌」이 이곳에 있으며 또 積屍如山 하였다고 傳하여 내려오는 「시장골」「시정골」(屍葬洞) 等의 地名이 이곳에 있다. 이 百濟 最後의 激戰地라고 할 수 있는 「黃山벌」은 어디에 있으며 또 이곳에 到達하기 위해서는 新羅의 五萬軍隊가 「炭峴」을 넘어 왔다고 하는데 區區하게 論難이 많은 「炭峴」은 果然 어디일까? 이번의 歷史地理的 考察에서 間接的으로나마 다루

---

1) 文化公報部 文化財管理局, 1971年 刊行.
2) 洪思俊, 「炭峴考」, 歷史學報 第35—36合輯(1967年 刊行).

었던 것으로 생각되나 이 城의 向方이 西南으로 되어 있어 오히려 茅村里에서 居士里, 新豊里 忠谷里, 甘谷里, 外城里로 通하는 길목을 지키기 위하여 築城한 것이라고 보는것이 現地踏査結果 알게 되었다. 池憲英 先生은 前記 論文에서 外城里山城을 階伯將軍의 三營中 하나로 考證하고 있으나 이에 對한 歷史地理的 關係는 다음節에 擧論하기로 하겠다.

靑銅里山城

山城位置：論山郡 連山面 靑銅里

     〃 陽村面 鳴岩里

調査日字：1975年 5月

調査槪要：

上記 遺蹟目錄에「靑銅里山城」에 對하여 舊連山邑의 西南 約 10町되는 곳에 孤峙山城이 있는데 土壘이고 周圍는 約360間이라고 記錄되어 있다. 이번 踏査結果 이곳의 通俗名稱은「여우고개」라고 하며 土城에 對한 흔적은 거의 없어서 어디서 어디까지가 土城이었는지 確實치 않았다. 다만 山勢로 보아서 퇴퇴形으로 築城하였을 것으로 推定되며 方向은 亦是「黃山城」처럼「國師峯堡壘」를 向한 東南向으로 생각된다. 出土遺物도 稀少하여서 百濟土器片 約干을 拾得하였을 뿐인데「黃山城」出土遺物과 類似한 것들이었다.

이 山城은 前記「外城里山城」과 같이 낮은 丘陵에 있고 또 規模도 크지 않아「黃山城」의 前哨堡壘였을 것으로 생각된다. 特히 이 山城은「黃山벌」의 넓은 들판 가운데 位置하고 있어서 山直里에서「뒷목재」고개를 넘어서 오는 敵이나 茅村里에서 居士里, 盤谷里, 鳴岩里, 靑銅里로 들어오는 敵과 그리고 黃嶺山城에서 오는 敵을 一次的으로 防備하기 위한 城이라고 생각되었다. 이 城을 池憲英 先生은 百濟의 階伯將軍의 三營中 하나라고 考證하고 金庾信將軍의 三路도 이곳을 通過하였다고 考證하고 있어서 이에 對한 歷史地理的關係에 對해서는 다음에 論述하기로 하고「外城里山城」과 같은 目的을 爲해서 築城된「黃山城」의 外郭小城이라고 보는것이 合當하지 아니할까 생각되었다. 이곳의 地理的條件을 잠간 考察하여 보면 現在 大田에서 論山으로 通하는 國道上에 있는「靑銅里山城」과「外城里山城」은 이 國道를 防備하기 爲한 것이라기 보다는「靑銅里山城」이나「外城里山城」을 지나서「黃山城」아래에 있는 德岩里, 白石里를 거쳐서 魯城山城을 지나 石城面 十字巨里로 지나서 扶餘로 들어가는것이 現在 論山을 지나서 가는 것 보다 近30里나 가까우며 또 古代에는 扶餘와 公州로 通하는 重要通路이었던 것을 이번 踏査結果 確認되어, 이 方面을 防備하던 黃山城의 外郭城으로 推定하였다.

茅村里山城과 黃名峯 堡壘

山城位置：論山郡 陽村面 茅村里(배암재)

調査日字：1975年 7月 17日, 8月 23日, 11月 22日

調査槪要：

現 連山 四巨里에서 南쪽 仁川(인내)으로 가는 길을 따라서 約 十里를 가면 茅村里 部落이 나서게 된다. 이 茅村里 뒷山을「배암재」라고 하는데 海拔163m의 丘陵이다. 이 丘陵上에 土城이 있는데 現 行政區城의 里名을 따라서「茅村里山城」이라고 便宜上 이름을 붙였다. 이 山城을 茅

제1권
지리와 마을이야기

論山市誌編纂委員會

7. 청동리(靑銅里)

청동리는 1914년 행정구역 개편으로 인근부락 청동골·양지편·수정리·역전말·철뚝너머·새뜸 등을 합쳐 4구로 이루어져 있다. 청동2리는 연산역이 생기면서 이루어진 마을로 역전이라고도 부른다. 지금은 면소재지로 지서와 면사무소가 이 곳으로 이전되었다. 청동4리도 철도가 놓이고 철길 너머로 이루어진 마을로 신촌 또는 철뚝너머라고 부른다.

〈사진 2-8-14〉 연산역 전경

청동리는 원래 청동골에서 따온 리명으로 청왕산성(일명 호티산성)인 토성이 있고, 가평 이씨들의 집성촌이다. 마을 가운데에 오래된 느티나무가 우뚝 서 있고, 그 아래 정려가 있다. 백봉 이민진의 정려각이다. 백봉 이민진은 조선조 적개공신 이형손의 6대손으로 병자호란을 만나 왕이 남한산성으로 들어갔다는 소식을 듣고 민간인으로 의병을 일으켜 연산 현감 김홍익과 함께 지방의병 삼천 명을 모집하였다. 의병을 이끌고 남한산성 험천에 이르러 짙은 안개가 낀 날, 왜적과 맞서 싸우다가 칼이 부러지고 화살이 떨어져 중과부족으로 홍익과 함께 전사하였다. 그 때가 바로 병자년 12월 27일이었다. 동행한 하인 영상과 귀상이 공의 시신을 찾아 돌아오니 여러 날이 지났어도 얼굴이 산 사람 같았다고 한다. 다음해인 1637년(인조 15)에 훈련원 판관으로 증직되고 1833년(순조 33) 계사에 정려를 내려 지금에 이르고 있다. 그의 비문에, 찬자가 백봉공을 찬양한 내용은 그의 의로운 충절을 잘 나타내고 있다. "필부로써 나라 일에 진력함은 의(義)요, 선비로써 전장에 나간 것은 용(勇)이요, 그 옷을 다르게 입어 죽을 것을 맹세한 것은 정(貞)이요, 시퍼런 칼로 내려치며 싸울 때 물러서지 않음은 열(烈)이니, 이 네 가지를 모두 갖추었으니 백세까지 자랑스럽다" 하였다.

정려각 옆에 작은 비석이 하나 서 있다. '충노귀상영상지비' 라고 적혀 있다. 충성스러운 노비를 기리는 비석이다. 백봉 이공이 29세에 병자호란을 만나 의병을 일으켜 올라 갈

西紀　1994年　12月　1日　印刷
西紀　1994年　12月　15日　發行

論 山 郡 誌

發行處 : 論 山 郡 誌 編 纂 委 員 會
印刷處 : 유창인쇄사 (0461) 33 - 5727
　　　　　남강출판사 (042) 226 - 0734
　　　　　　　　　　　　 253 - 7842

∘ 중상골 : 백제 말기 5천군사가 싸우면서 상처를 입은 곳이라 붙여진 이름이다.

∘ 중개태 : 한림정에서 좀 떨어진 서편의 마을로 개태사 못미치는 중간에 있는 마을이라해서 붙여진 지명이다.

4) 莘岩里

조선시대 말엽에는 연산군 군내면에 속한 지역으로 큰 바위가 많아 신암이라 불리웠는데 1914년 황령리와 병합하여 연산면에 편입시키고 신암리라 하였다.

○ 자연부락

∘ 감나무고개 : 양촌면 감나무골로 넘어가는 고개이다.

∘ 누르기 : 누르기재 밑에 있는 마을로 황령이라고도 부른다.

∘ 신암골 : 신암리의 중심 계곡으로 누르기재까지 뻗친 계곡을 이른다.

∘ 원신암 : 신암골 아래 들가운데 있는 신암의 본래 마을이다

∘ 장자티 : 옛날 장자가 살던 곳으로 장자티라 부른다.

5) 新良里

조선시대 말엽에는 연산군 모촌면에 속했던 지역으로 신씨가 이룩한 마을이라 하여 신양뜸 또는 신양이라고 불렀다. 1914년 행정구역 개편에 따라 하량리, 황산리, 시목동, 중명암리를 합쳐 논산군 양촌면에 편입시키고 신양리로 불렀다. 1983년 읍면경계 조정에 의해서 연산면에 편입시켰다.

○ 자연부락

∘ 黃山 : 백제시대부터 불리워온 자연부락명으로 신양리에서 산직리로 넘어가는 재밑 마을로 황산지명이 남아있는 마을이다.

∘ 柿木 : 황산마을 옆동리로 감나무가 많아 부르게된 마을이름으로 감나무골이라고도 부른다.

∘ 사청펄 : 양동북쪽의 마을과 들판을 사창벌이라고도 부르는데 옛날 社倉이 있었으므로 불려진 마을이름이다.

∘ 良洞 : 신양리 본마을로 새로 병합되어 신양리로 불렀으나 원래는 양동이라고 불리워왔다.

6) 連山里

조선시대엔 연산현의 소재지로 북촌리 남촌리로 나뉘어 있었으며 이를 합쳐서 읍내리라 부르다가 1914년행정구역 병합때 신암리 일부를 병합하여 연산리라고 부르게 되었다.

四畫—犬

四八九

（凡例・字典本文）

犬部

操 소 山ㅣ山夫
獀 수 四足而毛 ——獸同字
猨 양 蠻族名ㅣ오 獸名
獚 도 敗也 —過
獄 옥 犬不訓ㅣ개길 동녘오랑
猿 예 東夷ㅣ貊동녘오랑 藏·蔵通
獬 해 神羊—豸能別曲直 神——
獮 격 狼子이리새끼
猼 갈 短口犬 입젹
獝 휼 毛犬獅犬샵삽게노
獟 호 虎聲 —
猛 함 奴婢臧—옛회 取得얻을혹
獛 휜 夭驚貌개놀 兒聲아이소리
獭 예 犬驚貌제놀 北方句牧夫
獪 교 兒聲아이소리
猢 호 孤青色居水中
猲 갈 食魚수달비
獩 회
獧 견

02.백제 유적 천왕산성(청동리산성)과 여수고개토성을 알아야한다　37

03. 天王山城(靑銅里) 주변 地名由來

地名	現住所	由來	논산군지 관련 페이지	오류 및 등재 여부
將帥골	연산면 청동리	천왕산성(청동리산성)내부 장수가 주둔하여 군사행정 전투를 논의 한치소 (동부방령 계백 주력군 주둔추측)	1994 발간 p.1471	누락 미등재
羅來재	양촌면 산직리	산직리산성 배후.—깃대봉과 국사봉사이 고개.—신라군이 산직리산성 함락 후 신 양리로 넘어온 고개.(羅來峙) 대동여지도 참조		누락 미등재
獙帥 고개 토성	연산면 청동리	백제 패망 을보고 장수가 탄식한 토성 [탄식할 獙 장수 帥] 학자들이 여우로 오인하여 狐峙로 표기. 산직리산성을 함락시킨 신라좌군이 신양 리, 명암리(울바위)를 거쳐—여수고개토 성 함락후 매봉아래 산소골 중군과 합류 한 진로추정	p.1471	누락 미등재
鳴岩里 (울바위)	양촌면 명암리	청동산성및 여수고개토성 아랫마을 (마을뒷편으로 바위가 둘러쳐있음) 산직리산성~나래치~신양리~명암리~ 여수고개토성~매봉성곽아래 산소골—신 라좌군 진격로추정. (백제 패망을 보고 바위도 울었다.)	p.1494	유래미등 재(바위 가 울었 다는 유 래가 있 다고만 기록)
下落 (하락 마을)	연산면 청동리	매봉성곽 서향 아랫마을[신라김유신 중 군. 연산리~연산중학교~거북산~하락 (산소골) 진격로 추정.] 아래 신라군에 함 락됐다. 신라군 포진 추정 일대마을이 하 락 임(하랑말로 불려짐)	p.1471	오류 사랑말

04. 계백 3영에 관한 현장과 질문

　삼국사기의 황산전투는 계백장군이 험준한 곳 3영에 포진하고 신라 군을 기다렸으며 신라군은 그 위치정보를 알고 3도로 진군하여 좌군, 중군, 우군으로 나누어 공격하였으며 백제군은 4회 승전한 사실을 전합니다.

　신라군의 진격로에 대한 학계의 견해는 대전 식장산 탄현과 금산과 운주 탄현방향으로 양분되면서 계백 3영의 견해도 양분되고 있습니다.

　학자들의 견해에 대하여 현장의 지형지세를 바탕으로 하여 신라군 진로와 3도 진군과 3영에 대하여 시뮬레이션을 통하여 현장 위주의 실증적 타당성을 함께 검증하는 것은 3영 정립의 한가지 방편으로 접근해 볼 수 있는 일이라고 봅니다. 이 같은 과정을 거쳐서 모든 분이 수긍될 수 있는 3영의 정립은 자연스럽게 도출이 가능하지 않은가 생각합니다.

■ 성주탁 교수의 3영 견해에 관한 시뮬레이션

　신라군이 금산 탄현고개로 진군하였다는 견해로 황룡재(황령산성)-산직리산성-신흥리(모촌) 산성을 3영으로 보았습니다.

　현장 지형지세를 보면 신흥리산성 서쪽은 평야입니다. 김유신은 계백의 3영을 미리 알고 있었으므로 공격 전략을 세울 때 상식적으로 양촌면 인천리로 진군시켜 신흥리산성을 우회하여 벌판으로 진격하여 영을 설치하지 않은 것으로 본 천왕산성을 함락한 후 황룡재와 산직리산성에 포진한 백제군의 배후를 차단하여 2도로(황룡재. 산직리산성) 진군한 신라군과 합세하여 공격하였을 것입니다.

이 같은 치명적인 상황에 처한 백제군은 어떻게 대처했을 것인가 질문 드리고 싶습니다. 군사전술전략을 전공하지 않은 사람도 현장을 보면 상정 할 수 있는 일로서 험준한 곳에 포진한 수비자의 처지가 순식간 무력화되는 지형지세인 것입니다. 당시에 백제가 이 같은 상황을 예측하지 못했을 리가 없어 백제는 천왕산성을 중시하여 영을 설치할 수밖에 없었을 것 아닌가. 상정해봅니다.

황룡재는 계곡이 좁고 험준하여 백제군이 이를 이용하여 영을 설치하였을 것으로 추정하는 것은 이와 같은 치명적인 현장의 지리적 취약점을 고려하지 않은 것으로 보입니다. 황령산성은 벌곡 한삼천(汗三川)으로부터 계곡이 끝나는 지점(현 주차전망대)의 600여 미터 함박봉 정상에 조성되어있으며 협곡 끝 부분 전망대에서 하산하여 신암, 연산벌판에 이르기까지는 또다시 험준한 산맥 지세가 이어지는 곳입니다.

이 같은 지세로 보아 황령산성은 전투를 대비한 성곽으로 보기보다는 깃대봉, 국사봉보루와 함께 보루가 아니었을까 상정해봅니다. 상기한 바와 같은 치명적인 지리적 취약점이 있는 장소임을 함께 검증해볼 일이라 사료됩니다.

교수님은 '황산지야에서 전투가 있었다.' 해석하고 계백 3영을 황산벌판 전방에서 찾아야 한다고 보면서 [충남대백제연구소 학술총서 6페이지] 3영의 배후지인 신양리 벌판에서 계백과 신라군의 전투가 있었다 주장하였습니다. 역사기록을 보면 신라군은 계백이 먼저 험준한 곳에 설영한 3영을 향하여 황산지야로 진군하였습니다.

그렇다면 전투는 3영에서 벌어져야지 어떻게 모순되게 3영의 배후에서 벌어졌다고 보는지 수긍이 안 됩니다.

전기 현장의 취약 지형지세를 살펴본 대로 신라군이 신흥리산성 옆 벌판으로 우회하고 신라 우군이 황룡재를 돌파하여 넘어온 것으로 상정하고 산직리산성에 포진하였던 계백장군은 산성의 배후로 후퇴하여 신양리 벌판에서 전투하였다는 견해로서 이 같은 설정은 현장 지형지세를 살펴 검증해 볼 때 수긍이 안 됩니다.

당시에 백제가 천왕산성, 북산성, 산직리산성등 여러곳에 신라군의 침투에 대비하여 석성 또는 토성을 축성하여 전쟁준비를 한 사실에 비추어볼 때 이와 같은 상황을 예측하지 못할 정도로 허술하고 어리석지는 않았을 것으로 봅니다.[4]

---

4) 성주탁, 『論山 黃山伐戰迹地』 2000(충남대백제연구소) 9.15. 123쪽「百濟山城研究」 (連山面所在 黃山城을 中心으로) 1975.에서 北山城[輿地勝覽 連山縣 連山縣 城郭 條(北山城 在縣北三里 石築周一千七百四十二尺 內有一井軍倉地險). 大東輿地圖 1961 김정호] 또는 咸芝山城(世宗實錄地理地)을 黃山城으로 改稱하여 표기하고 있으나 本資料에서는 北山城으로 표기함.

■ 지헌영교수의 3영에 관한 시뮬레이션

신라군이 대전 식장산 탄현고개로 진군하였다는 전제하에 북산성–천왕산성–외성리산성을 3영으로 보았습니다.

그렇다면 지형지세를 살펴볼 때 신라군은 대전 흑석동 기성(杞城)을 거쳐 벌곡면 한삼천(汗三川)으로 진격하여 반드시 영을 설치하지 않은 곳으로 본 산직리산성 방향으로 진격하여 깃대봉과 국사봉 사이 나래치 (羅來峙)고개 계곡으로 쉽게 진군하여 마주한 천왕산성을 공격하였을 것입니다. 백제는 이 같은 상황을 모를 리 없어 산직리산성에 영을 설치하여 방어하지 않을 수 없는 현장 지형지세인 것입니다.

3영으로 본 북산성과 천왕산성에서 전투가 벌어지고 있는 상황에서 군대를 분산시켜 후방에 떨어져 있는 외성리산성으로 중군이 평야를 가로질러 진군할 수 있었을 것인지 [지헌영 교수는 북산성과 천왕산성 사이의 벌판으로 중군이 진격했다고 봄] 수긍이 잘 안 되는 부분입니다. 북산성과 천왕산성과 상호 군사전략적 연계성도 없어 보입니다. 교수님은 천왕산성에 계백과 백제 주력군이 주둔한 것으로 비정하였으면서도 황산전투가 황산지야에서 벌어진 것으로 보아 청동리지야 연산철도역 근처에서 계백과관창의 전투가 있었던 것으로 보았습니다.

후방인 외성리산성에 3영을 설치했다면 김유신과 지휘부는 2도로 진격하여 우선 전방에 위치한 북산성과 천왕산성에 군을 집중시켜 함락한 후에 후방인 외성리산성에 포진한 백제군을 공격하였을 것으로 상정할 수 있을 것입니다.

역사기록은 3도로 진격하였다고 기록되었으므로 식장산 탄현로의 경우 백제는 산직리산성에 영을 설치하지 않을 수 없었을 것으로 상정됩니다. 벌곡 한삼천(汗三川)에서 산직리산성으로 진군하는 길은 평탄한 지형입니다. 이 길은 이조시대의 연산현 고지도에 (흑석동-벌곡 한삼천-산 직리산성-모촌(신흥)리-은진, 전라도) 도로가 표기되어있어 지형상 고대 통로 였음을 알 수 있습니다.

교수님은 원정리에서 신라 3군이 개태사 협곡에 이르고 송정리에서 북산성, 천왕산성, 외성리산성의 3영으로 진격한 3도로 보았습니다. 이 에 따라서 황산지야를-연산리, 청동리, 고양리, 한전리, 외성리로 보았 습니다.

소견으로는 개태사 협곡을 벗어나서 군사를 나누어 연산리, 청동리지 야를 통과하여 천왕산성(청동리산성)을 향한 김유신 중군의 1도와 연산 리지야로 북산성을 향한 김흠순 우군의 2도와 산직리산성을 함락한 후 천왕산성을 향하여 나래재를 넘어와 신양리지야를 통과한 신라 품일 좌군의 진격로를 포함하여 3도로 기록한 것으로 추정합니다.

현장 지형지세를 볼 때에 식장산 탄현로는 3개 성곽을 돌파하지 않 고는 사비성으로 진출할 수 있는 진로는 없습니다.[5]

교수님이 3영으로 본 북산성(北山城), 천왕산성(天王山城), 이외에 외성 리산성(外城里山城)이 아닌 산직리산성(山直里山城)을 3영으로 비정할 때 상기한 의문점들은 해소된다고 봅니다.

---

5) 지헌영, 『한국지명의제문제』, 2001 「탄현에대하여」 경인문화사169~171.쪽 지헌영 (1911~1981)은 北山城을 黃山城으로 표기하지 아니하고 있음.

■ 이명현의 천왕산성(청동리산성)의 지형지세에 관하여

황산의 성곽들을 살펴보면 성곽주변의 산세가 험준하여 성곽으로 접근하기 전에 험준한 지형에 의지하여 신라군을 격퇴하거나 공격할 수 있는 지형이며 성곽의 한쪽 편으로는 반드시 수레와 기마병이 진출할 수 있는 완만한 부분이 있습니다(북산성(황산성), 천왕산성(청동리산성), 산직리 산성, 낭비성, 보은 삼년산성).

이 같은 산성을 근거지로 하여 성곽을 나아가 성곽과 연결된 외부의 험준한 지형에 의지하여 침투군 을 격퇴하거나 공격하고 기마병과군사 는 성곽을 나아가 전투를 벌였을 것으로 상정하여봅니다. 전세가 불리 하여 후퇴할 때에는 유리한 지형을 이용하여 싸우면서 근거지인 산 성 안으로 후퇴하였을 것으로 추측되므로 산성에서의 농성은 마지막 단계 였을 것입니다. 이 같은 추측은 축성된 산성을 둘러싼 지형지세를 보면 전투상황을 추측해 볼 수 있는 상황임을 알 수 있습니다.

기록을 보면 홍수의 방어책에도 전투행태의 일단을 엿볼 수 있습니다. 험준한 탄현계곡에 진을 치고 굳게 자리를 지켜 신라군을 격퇴하는 전술이 아니라 포진하였다가 군사를 풀어 격퇴하는 전술임이 기록되어 있습니다. (『백제본기』 의자왕 20년 6월조, 羅軍炭峴 由徑而不得並馬 當此之時 縱兵擊之...)

천왕산성 정상 매봉은 146m로 전체적으로 주마간산으로 보면 야산으로 완만해 보입니다. 그러나 산성 외부를 자세히 측정하여보면 동벽은 급경사이고 북벽은 북산성과 마주한 단애의 지형이며 남쪽은 산성으로부터 양쪽 산등성이를 이어서 급경사의 험준한 지형으로 이루어져 이곳으로 신라군이 침투하기는 난망 한곳입니다. 남벽 양쪽산등성이 사이로 산성으로부터 계곡을 따라 기마병이 서당골로 나아가 신양리 벌판으로 진출할 수 있는 지형입니다.(『논산 황산벌 전적지』2000 충남대백제연구소 54쪽 상단) 서쪽은 여수고개토성으로 연결되며 산성 서북방향은 완만한 지형으로서 멀리 외성리산성과 수락산이 조망됩니다. [성내의 지명은 장수골(將帥골)이며 성내 매봉아래 평호공재실 성곽 아래에는 백제군사가 음용하였을 넘쳐 샘솟는 성내 샘물이 있습니다.]

신라군이 천왕산성의 함락을 시도한다면 험준한 동벽, 북벽, 남쪽을 피하여 우회하여 완만한 서쪽 방향에서 공격하였을 것임이 상정됩니다. 서쪽 방향 산성 아래는 함락되었다는 뜻의 "하락"(下落)마을지명이 지도공부에 기록되어 전래되고 있습니다.

역사학자들의 계백3영에 관한 견해는 심혈을 기울인 연구에 의한 것으로 존중되어야 합니다. 그러나 현재 시점에 와서 학자마다 상이한 견해를 존치하고만 있을 일은 아니지 않은가에 이르게 됩니다.

발표된 연구성과에 대하여 문헌의 기록과 유적 역사현장의 지형지세를 바탕으로 하여 기초적인 의문점에 대하여 함께 검증해 봄으로써 자연스럽게 결과가 도출되어 3영은 정립이 가능한 사안으로 봅니다.

역사현장에 근거하여 상식적인 의문점에 대하여 질문하는 것은 누구나 수긍될 수 있는 계백 3영의 정립이 되어야하고 이는 계백 3영 역사와 유적복원의 출발점으로 된다고 사료되기에 함께 살펴본다는 취지로 감히 질문 드립니다. 계백 3영의 정립은 현시점에서 우선 과제인 현안으로 관계 당국이 공정 투명한 절차를 마련하여 조사 정립해야 하는 정책과제인 것으로 사료됩니다.[6]   (2016.7.13.)

---

6) 본 질문은 소생의 논문 결론에 이르기 전의 견해임. 「階伯將軍 最後 決戰地의 考察」(논문1) 「炭峴과 開泰寺峽谷 布陣霧散 小考」(논문2)

논산 황산벌 전적지 2000(충남대 백제연구소)-성주탁 교수

山北里, 長仙里를 거쳐서 連山 黃山벌로 집결하였다고 주장하고 있다. 鷄龍山 줄기가 남쪽으로 뻗어 내려와서 天護山, 國師峯으로 연결되는 험준한 山陵이 서남쪽 茅村里까지 연결되어 있다. 이 산줄기를 넘어서 황산벌로 들어오려면 大田에서 豆溪와 양정고개를 거쳐 天護里, 開泰寺를 지나 들어오는 통로가 있는데 이곳 양정고개 길목은 단일통로일 뿐만 아니라 아무런 방어시설도 없으므로 階伯將軍의 三營設置 시설이 있을 수 없다. 따라서 김유신 장군의 分軍三道의 통로도 있을 수 없다. 그 다음에는 汗三川에서 누룩이재(黃嶺)를 넘어 황산벌로 들어오는 통로가 있는데 이곳 고개 정상의 표고 390m 지점에 山城이 축조되어 있다. 이 산성은 둘레 300m의 테뫼형 토성인데, 성 안에서는 백제 토기편이 수습되므로 백제 산성임이 분명하다. 이 山陵의 중간 지점에는 山直里에도 둘레 600m의 테뫼형 석축산성이 있다. 城 안에서는 백제계 승석문 토기편을 비롯해서 기와편도 많이 출토되고 있다. 고려 청자편과 조선 백자편도 용이하게 수습할 수 있어서 백제시대부터 고려·조선시대까지 사용되어 내려온 산성임을 입증해 주고 있다. 이곳에서 수습되는 백제 토기편들은 珍山에서 수습할 수 있는 토기편과 같은 종류이므로 동일시대의 백제산성임을 알 수 있다. 이 山陵이 끝나는 곳에 茅村里 부락이 위치하고 있다. 茅村里山城은 茅村里 부락 뒷산 표고 163m 지점에 토축에 의존하여 축조되어 있으며, 둘레는 600m이다. 城안에서는 백제 토기편을 수습할 수 있으며, 山城 밖의 북쪽 경사면에는 백제시대 고분군이 있다. 茅村里山城에서 서쪽 1.5㎞떨어진 속칭 貴名峯에는 둘레 20m정도의 석축보루가 있어서 앞산에 가리워 시야가 좁은 茅村里山城의 보조역할을 하고 있다. 山直里山城과 茅村里山城이 있는 중간 지점에는 적을 이겼다고 해서 지어진 이름이라고 전하는 승적골(勝敵洞)이란 지명이 전설과 함께 지금까지 전해 내려오고 있다. 바로 이 3城이 백제 계백장군이 험준한 곳에 먼저 와서 설치하였다고 하는 '三營'으로 비정되는 곳이다. 따라서 三營의 중간 지점에 있는山直里山城에는 階伯將軍의 中軍이 포진하고, 왼쪽에 있는 黃嶺山城에는 左軍이 그리고 오른쪽에 있는 茅村里山城에서는 右軍이 포진하고 있었다. 階伯將軍이 주둔하였던 곳으로 비정되는 山直里山城에서 건너다보면 곰티재(熊峙)가 있는데, 이곳에도 山城이 있다. 속칭 熊峙山城이라고 하며 둘레 약 300m의 테뫼식 석축산성이다. 이 산성에서 골짜기를 타고 내려가면 伐谷面 檢川里, 德谷里, 道山里에 이르게 되고 道山에서 고개를 넘어 서면 바로 숯고개 (炭峙, 沈峴, 炭峴)으로 연결되어 있다. 이곳은 珍山面 校村里·浮岩里와 옹내리의 접경지대에 해당된다.

(3) 百濟 '炭峴'의 위치 비정

탄현의 위치문제는 신라군의 진격로를 비롯해 계백장군이 설치한 삼영과 김유신의 삼도를 구명하는게 선결조건이라고 하겠다. 먼저 이제까지 제기된 제견해를 살펴보면 다음의 3가지로 요약된다. 첫째는 大田 東方이라는 설로 대전 동쪽의 食藏山 부근에서 구하는 견해, 둘째는 錦山·高山界의 炭峙說, 셋째는 珍山의 炭峴(숯고개, 炭峙)에서 구하는 견해로 신라군의 진격로를 영동-금산-진산-연산의 통로로 이해하는 견해 등이 있다.

그런데 백제 계백장군이 설치한 '三營'의 위치가 論山市 連山面 黃嶺山城과 山直里山

城, 茅村里山城으로 연결되는 산능에 배치하였음을 앞에서 고증한 바 있다. 산성이 배치된 산릉 배후에는 최후 격전기로 알려진 '黃山벌'이 위치하고 있음도 이미 밝혀진 바 있다. 그렇다고 하면 新羅 5만 군대가 넘었으리라고 하는 '炭峴'의 위치는 이와 마주하고 있는 珍山·錦山으로 통하는 단일 통로밖에 없다고 하겠다. 이와 같은 전제하에서 珍山·錦山 방면에서 '炭峴'의 위치를 본 장에서는 고증하고자 한다.

忠南 錦山郡 珍山面의 연혁을 살펴보면, 백제시대에는 珍同縣 또는 珍洞縣이라 했는데 신라가 三國을 통일한 후 黃山郡(지금의 連山 지방) 領縣으로 되었다.

본고에서 고증하고자 하는 珍山面 지역에 대한 지형 및 지세를 1986년에 국립지리원에서 제작한 5만분의 1 지형도 '錦山'에서 살펴보면, 珍山面 校村里 표고 148m지점에 '숯고개'가 있으며, 그 아래에 있는 4~5호의 자연부락을 속칭 '숯골'이라고 부르고 있다. 이곳 숯고개의 순수한 우리말이 漢字로 표기화하는 과정에서 '炭峴'으로 바뀌어지게 된 것이다. '숯고개'가 '炭峴', '炭峙'로, '숯골'이 '炭洞'등의 지명으로 바뀌게 된 것은 大田 부근에 있는 '숯골'이 '炭洞'으로, '숯방이'가 '炭坊洞'으로 그리고 大田市 二沙洞과 所好洞 사이에 있는 '炭峴'을 '숯재'라고 부르는 것만 보더라고 용이하게 이해할 수 있다(成周鐸 1990).

珍山面 校村里 숯고개(炭峙·炭峴) 앞에는 동쪽에서 내려오는 물과 大屯山에서 발원한 물이 珍山面 邑內里를 거쳐 이곳에서 합류한 다음 大田의 柳等川으로 흘러 내려가고 있다. 이곳은 비가 조금만 많이 와도 물에 잠기는 저지대이다.《東國輿地勝覽》山川조에는 郡의 남쪽 10리 되는 곳에 淸澄淵이 있는데 물이 대단히 깊다고 하였고,《大東地志》에도 같은 내용이 기록되어 있으며, 또한 그 물은 水心臺에서 합쳐지게 되어 있다고 기록되어 있다. '水心臺'라고 하는 이름도 물이 깊다고 하는 '水深臺'라고 하는 뜻에서 유래되었을 가능성이 있으며, 위 지형도에서는 '수심대'라고 표기되어 있다. 또한 '浮岩里'라고 하는 지명도 물이 불면 바위도 떠내려간다고 하는 뜻에서 지어진 이름이라고 하며, 馬田地方 2만5천분의 1지형도에 '부수바위'라고 하는 지명도 기재되어 있다. 따라서 '숯고개(炭峙)'가 위치하고 있는 이 부근은 물이 깊은 침수지대이므로 沈峴이라고 하는 지명이 생겨났을 가능성이 충분히 있다. 이 沈峴의 지명은 백제 충신 成忠과 興首가 똑같이 말한 바 있는 百濟 방어의 요새지인 沈峴과도 관계가 있으리라고 생각된다.

'숯고개'가 위치하고 있는 이 지점에서 서쪽으로 고개를 넘으면 論山市 伐谷面 道山里와 大德里·檢川里에 이르게 되고, 檢川里에서 서쪽으로 '곰치재'를 넘으면 論山市 陽村面 山直里를 거쳐 論山市 連山面 新良里 '황산벌'에 도달하게 된다. 또한 이 '숯고개'에서 동쪽으로 大路를 따라 가면 馬田-沃川-報恩으로 연결되어 있으며, 남서쪽 통로는 大屯山 배티고개를 넘어 全州지방과 連山地方으로 통하게 되어 있다.

이 숯고개(炭峙)의 교통 요충지를 방어하기 위하여 두 곳에 山城을 축조하였는데, 그 하나는 동쪽으로 浮岩里 표고 340m지점에 있는 산성이고, 또 하나는 서남쪽 진산면 邑內里 표고 300m 지점에 있는 山城이다. 이들 산성은 교통의 요충지 炭峴(炭峙), 즉 숯고개의 통로를 방비하기 위하여 축조된 백제 산성들이다.

고 있어야 한다. 그렇다고 하면 新羅의 또 하나의 근거지라고 할 수 있는 報恩 三年山城
과도 연결되는 珍山 炭峴(숯고개, 炭峙)이 바로 신라 5만 군대가 넘어선 炭峴이 됨을 제시
해 둔다. 이 주변에는 珍山城과 浮岩里山城이 양 길목을 지키고 있고, 또 물이 깊어서 생
긴 '수심대'라고 하는 지명과 바위도 물에 떠내려갔다고 하는데서 생긴 '부수바위'의
지명, 또 '浮岩里'라는 지명 등, 沈峴에 해당되는 지명들이 있어서 珍山 '炭峴'(숯고개,
炭峙)에 대한 주장을 더욱 굳게 해주고 있다. 珍山 '炭峴'의 위치 비정이 확정됨에 따라
자연적으로 계백 장군의 '三營'의 위치 비정과 김유신 장군의 '三道' 비정도 따라서 확
정되게 됨은 자연스러운 귀결이다. 濟·羅 최후 격전지인 '黃山벌'은 자타가 공인하는
連山面 新良里 '황산벌'이기에 이론의 여지가 없다.   【成周鐸】

참고문헌〉

周鐸 1990,「百濟 炭峴 小考」,『百濟論叢』제2집.

_____ 1973,「助川城의 位置에 對하여」,『百濟研究』제4집, 忠南大學校 百濟研究所.

_____ 1974,「大田附近 古代城址考」,『百濟研究』제5집, 忠南大學校 百濟研究所.

_____ 1975,「百濟山城研究-黃山城을 중심으로-」,『百濟研究』제6집, 忠南大學校 百濟研
        究所.

_____ 1976,「新羅三年山城研究」,『百濟研究』제7집, 忠南大學校 百濟研究所.

_____ 1977,「錦山地方 城址調査報告書」,『論文集』제4권 제3호, 忠南大學校 人文科學研
        究所.

忠南大學校 博物館 1998,『鷄足山城 1次 發掘調査略報告書』.

忠南大學校 百濟研究所 1999,『鷄足山城 2次 發掘調査略報告書』.

池憲英 1970,「炭峴에 대하여」,『語文研究』6.

洪思俊 1967,「炭峴考」,『歷史學報』35·36합집, 歷史學會.

鄭永鎬 1970,「金庾信의 百濟 攻擊路研究」,『史學志』6.

건천리 사이에 험준한 백령고개가 있으며 운주까지 좁은 계곡이 이어지고 있어 기록상의 炭峴과 연관된 모습을 보이고 있다. 이 점으로 보면 금산과 운주 사이의 교통로에 탄현이 비정될 수 있는 여지가 많으며[98], 이곳만 돌파한다면 셋째 코-스는 양촌 모촌리까지 별다른 저항없이 다다를 수 있는 매력적인 길이어서 이 통로의 이용 가능성도 높다고 할 수 있다.

그러므로 또 다른 중요한 증거가 추가로 나오지 않는 한 2개의 경로 모두 신라군의 진격로로서 가능성이 공히 남아 있는 셈이다. 특히 5만명의 대군이 일시에 진격하기에는 2 코-스 그 자체로서는 협소할 뿐만 아니라 어느 경로를 선택하든 황산벌 입구에서 만나게 되는 점으로 미루어, 당시 신라의 진격로는 진산로와 대둔산 남로를 모두 이용하였을 가능성도 충분히 있다고 생각한다[99].

5. 황산벌전투

지금까지 신라군이 황산벌로 진격하게 되기까지의 과정을 살펴보았다. 이제 김유신이 이끄는 신라군은 금산 방면에서 탄현을 돌파하여 황산벌로 진격하게 되자 황산벌 일대에 三營을 설치하고 기다리는 계백의 5천 결사대와 대치하게 된다. 여기서 계백이 설치한 삼영과 이에 맞서 김유신이 分軍 진격한 三道는 어디에 해당될 수 있을까?

황산벌의 중심적인 위치는 전술한 바와 같이 連山面 新良里 일대의 들판으로 비정할 수 있다. 계백이 설치한 삼영은 방어력이 높은 험준한 곳에 의지하여 설치된 것으로 보아야 할 것인데, 연산 일원의 산성들은 비록 그 규모는 각 교통로상의 요점에 위치하고 있음이 관찰된다. 이러한 정황으로 본다면, 갈마산성과 모촌리산성 사이의 통로, 웅치에서 산직리 산성을 지나 신양리로 들어가는 길, 그리고 벌곡면 한삼천리에서 황령재를 넘는 길의 길목 상에 계백의 삼영이 위치하였을 것임은 쉽게 짐작된다. 그리고 이에 대응하는 신라의 진격로 즉 三道가 이를 통과하는 경로였을 것이다. 이러한 통로 중 하나에 위치한 웅치산 성에서 7세기 후반대의 신라토기가 출토된 점은 백제와 신라가 이곳에서 처음 결전을 하

---

98) 전영래는 운주 삼거리와 산북리 사이에 있는 쑥고개를 탄현으로 비정하여 신라군이 건천리에 서 산북리쪽으로 탄현을 우회한 것으로 보고 있다(전영래 1982). 《여지도서》 전라도 高山縣 지도상에는 용계원에서 진산으로 넘어가는 통로상에 炭峴이 표시되어 있기는 하나, 전술한 교 통로를 보면 이곳은 무주에서-용담-주천-운주 삼거리를 거쳐 운주로 갈 때 이용될 수 있는 것이어서 濟羅간에 꼭 필요한 접경이었는지 의문이 있다. 이 점에서 금산-운주 간 통로상에 있는 백령고개가 탄현과 관련하여 주목되며, 이곳에 있는 소규모의 백령산성에서 백제토기와 瓦片이 채집되어 그 가능성을 높여준다. 한편 柵이 설치된 탄현은 특정 지점이겠지만, 기록상 의 표현으로 볼 때 탄현은 대군이 운신하기에 불편한 통로까지 포함하여 지칭한 것일 가능성 도 있다.

99) 당시 군대의 행군 방식이나 교통로의 크기 등에 대해 알고 있는 것이 거의 없으므로, 이를 구 체적으로 파악하기는 어렵다. 그런데 금산에서 同 남이면 역평리로 통하는 수리고개의 경우 주민의 전언에 의하면 일제시대 초에 이 일대의 가장 넓은 길로 한 사람이 소를 끌고 지나갈 수 있는 정도였다고 한다. 고대의 교통로 또한 이보다 넓다고 하기는 어려우므로, 2~3명이 1m 내외의 거리를 두고 행군할 경우, 5만대군의 행렬 길이는 16~25km에 달하게 된다. 그러 므로 당시 행군과 관련된 진격로는 이 점도 염두에 두어야 할 것으로 생각된다.

■ 著者 紹介

池 憲 英(1911~1981)

雅號 藏菴 · 雲嶽
延禧專門學校 文科 修學, 獨自研鑽
前 忠南大學校 文理科大學 教授
著書『鄕歌麗謠新釋』(正音社, 1947)
    『鄕歌麗謠의 諸問題』(太學社, 1991)
忠淸南道文化賞 學術賞 受賞(1957)

語文研究學術叢書 第5輯
韓國地名의 諸問題

초 판 인 쇄 l 2001년 7월 5일
초 판 발 행 l 2001년 7월 10일

지 은 이 l 池 憲 英
펴 낸 곳 l 景仁文化社
회   장 l 韓 相 夏
펴 낸 이 l 韓 政 熙

출판등록번호 l 제10-18호 1973. 11. 8.
주   소 l 서울 마포구 마포동 324-3 경인빌딩2층
전   화 l (02)718-4831
팩   스 l (02)703-9711
E-mail l kyunginp@chollian.net

printed in Korea 2001
ISBN 89-499-0123-4 93900
값 28,000원

如何間 百濟本紀 第六 義慈王20年條가 單히

(1)「…… 又聞唐羅兵 已過白江・炭峴 遣將軍堦伯 帥死士五千 出黃山 與羅兵戰 四 合皆勝之.」

라고 한 것보다 (5)가 보이는 黃山原戰의 戰況은 具體的이며 實感的이라 할 수가 있다. 앞에서 「百濟本紀」 義慈王20年條 以後의 記錄은 新羅史官의 記錄과 唐側 記錄이 그 根據가 되었을 可能性이 짙다 했거니와, 이 「黃山 原戰」의 叙述에서도 그 片影을 認知할 수가 있다 하겠다.

左右間 이 (5)에 보이는

「先據險 設三營以待 庾信分軍爲三道」

의 句가 크게 注目된다. 이 (5)의 「據險三營」・「三道」의 記錄은 우리로 하 여금 連山盆地의 自然景觀과 人文景觀에 새삼 符合하는 것을 直覺하게 된 다. 卽 連山盆地의 咸芝山城・外城・靑銅城의 三城寨가 位置한 地域은 自 然地理的으로 能히 連山盆地의 三險이라 할 수가 있겠고, 또 이 三城寨는 連山盆地의 東北과 西方 및 南方에 位置하여 三道로 分道攻防할 地理的 條 件을 지니고 있기 때문이다. (5)에 「先據險 設三營以待」라 보이듯이 羅濟決 戰인 黃山戰에 있어서 防禦守備側이었던 百濟軍은 旣存防禦施設에 擁據하 여 對敵했을 것에 想倒할 때 (5)・(8)의 「黃山之原」 (9)・(10)의 「黃山之野」 가 現 連山盆地였다는 것을 歷然히 보여주고 남음이 있다 하겠다.

이와 같이 보아올 때 『輿地勝覽』(卷18) 連山縣 山川條의 記錄(前引)이 헛되지 않은 正確한 所傳임을 우리는 確認하게 된다. 더욱 『高麗史』(卷56) 地理志一 連山縣條(前引)가 天護山 開泰寺(現 湖南線 廣石驛) 一圓을 「黃山 之谷」이라 한 것과 對比시킬 때 現 連山面 邑內里와 湖南線 連山驛 一圓을 『三國史記』가 「黃山之原」 「黃山之野」라고 表象 記錄한 것에 넉넉히 首肯이 간다 하겠다.

이곳에 덧붙이거니와 黃山之原戰에 있어서 新羅軍은 現 天護里 邑內里

一圓에 主力部隊가 布陣하고 百濟軍의 右軍은 靑銅城(內城)에 中軍은 外城에 左軍은 咸芝山城(北山城)에 各各 布陣하여 對陣했던 것을 比定할 수도 있을 듯하다. 盤屈·官昌郎의 勇戰 戰亡한 場所도 現 連山驛 近處일 것으로 想定되기도 한다.

더 보태거니와 堦伯(階伯)將軍의 主力部隊가 防禦했으리라 보아지는 靑銅城(內城)은 「連山盆地」(黃山之原·黃山之野)의 西南에 자리잡고 있어 多分히 邑治地의 性格을 지니고 있다고 나는 본다.10) 이 「靑銅城」(內城?)은 『日本書紀』 齊明天皇 6年 庚申 9月條에

(11) 「九月己亥朔癸卯 百濟達率(闕姓名) 沙彌覺從等 來奏曰(或本云 逃來告難) 今年七月 新羅恃力作勢 不親於隣 引搆唐人 傾覆百濟 君臣摠俘 略無唯類.

(或本云今年七月十日 大唐蘇定方 率船師于尾資之津 新羅王春秋智 率兵馬 軍于怒受利之山 夾攻百濟 相戰三日 陷我王城 同月十三日 始破王城 怒受利山 百濟之東境也.)

로 보이는 「怒受利山」 바로 그것이라 보고 싶다.

『三國史記』 卷第五 新羅本紀第五 太宗武烈王7年條에

(12) 「七月九日 庾信等 進軍於黃山之原……二十九日 自今突城至所夫里城……百濟餘賊 據南岑貞峴 □□□城. 又佐平正武 聚屯豆尸原嶽 抄掠羅唐人. 二十六日 攻任大兵 兵多地險 不能克但攻破小柵. 九月三日 郞將劉仁願 以兵一萬人 留鎭泗沘 百濟餘賊入泗沘 謀掠生降人 留守仁願出羅唐人 擊走之 賊退泗沘南嶺 堅四五柵 屯聚伺隙 抄掠城邑 百濟 叛而應者 二十餘城.
唐皇帝 遣左衛中郞將王文度 爲熊津都督 二十八日至三年山城 傳詔 文度面東立 大王面西立 錫命後 文度欲以宜物授王 忽疾作便死 從者攝位 畢事. 十月九日 王率太子及諸軍攻爾禮城 十八日 取其城置官守 百濟二十餘城 震懼皆降. 三十日 攻泗沘南嶺軍柵 斬首一千五百人……十月五日 王行渡鷄灘 攻王興寺岑城 七月乃克 斬首七百人 二十二日 王來自百濟論功.」

---

10) 「百濟期의 邑治城」에 對하여는 別稿할 機會를 기다리어야겠다.

云云으로 百濟滅亡 直後의 百濟人 遊擊軍의 掃蕩作戰을 볼 수가 있는데, 太宗武烈王 7年(660 A.D) 10月 9日에서 同月 18日에 걸친 十日間의 壯烈한 攻防戰이 벌어졌던 「爾禮城」은 이를 「奴斯只(內斯只)城」에 比定할 것이냐 또는 「黃等也山城」에다 比定할 것이냐는 問題는 되겠으나 三年山城(報恩) 一 泗沘(所夫里·扶餘)間의 가장 重要한 軍事的 要衝인 後者(黃等也山·靑銅城·怒受利山)에다 이를 比定하는 것이 옳을까 생각되기도 하는 것이다.

上述한 바와 같이 (1)·(5)·(8)·(9)·(10)에 보이는 「黃山之原」(黃山之野)를 現 論山郡 連山面 邑內里·朝陽里·靑銅里·閑田里 一圓의 連山盆地로 確定해 놓고 보면 新羅軍이 「進軍於黃山之原」한 通路도 自然 그 方向이 「黃山之原」의 自然地理的 交通地理的 關係에서 드러나게끔 될 것이다.

都是 「黃山之原」(黃山之野)를 羅濟間의 決戰場으로 選定한 것은 防衛側인 百濟軍의 戰略 所致였을 것으로 보아지는 것이다. 『三國史記』百濟本紀 義慈王20年 6月條의 記錄은 達率 常永[11]의 進策으로

> 「……今日之計 宜塞唐人之路 以待其師老 先使偏師擊羅軍 折其銳氣 然後 伺其便而合戰 則可得以全軍 而保國矣」

라 한 것과 大臣等이 興首의 進言을 反對하고 獻策한

> 「……莫若使唐兵入白江 沿流而不得方冊 羅軍升炭峴 由徑而不得並馬 當此之時 縱兵擊之 譬如殺在籠之鷄 離網之魚也.」

라 한 意見에 義慈王이 「然之」한 結果로 選定된 決戰場이었던 것으로 보아진다. 그보다도 百濟側은 義慈王20年(太宗王7年 顯慶5年) 5月 以來 7月에 이르는 동안 新羅軍의 動向과 唐軍의 動態에 對한 諜報·用閑에 그다지 等閑했으리라고는 보아지지 않는다. 決戰場으로서 「黃山之原」이 選定되기에는 이해 여름의 軍事的 情勢를 綜合 判斷한 結果로

---

11) 常永은 「新羅本紀」太宗王7年條에 依하면, 百濟滅亡後 新羅에 歸順하여 武烈王이 「一吉湌」의 位를 주고 「摠官」으로 삼은 것이 보인다.

05. 계백과 관창의 전투 전적지 천왕산성(청동리산성)의 확장 정밀조사

■ 천왕산성(청동리산성)의 확장 정밀조사를 건의함
 [계백과 관창의 전투 전적지 조사]

천왕산성은 별첨 약도와 같은 범위의 산성으로 확장 정밀조사 필요성이 있는 것으로 보이므로 정밀조사를 건의합니다.

천왕산성은 장수골 마을을 품은 천연의 자연지형이 형성되어 이를 이용한 요새로서 천왕산성 성내 장수골은 백제치소로 수천 명의 군사주둔이 가능한 황산벌의 중심성곽으로 추정되므로 연구조사 되어야 한다고 생각합니다. 천왕산성은 마주한 북향 북산성과 동향 황룡재와 남향 산직리산성에 둘러싸인 사비성 진로상 방어에 최적한 위치입니다.

산 정상 매봉을 기점으로 동, 서, 남, 북으로 연결된 산성을 살펴보면 인공으로 축성한 성곽보다 더 험준한 수 미터 이상 높이의 외벽을 두른 자연성곽이 산등성이로 연이어 연결되어 장수골을 둘러싸고 있습니다.

매봉에서 50m아래에 축성된 토성은 이 같은 산성을 보완하기 위한 성곽이며 매봉에서 남벽과 동벽(142.5m)으로 이어지고 한편으로 장수골을 싸고 내려가 가평이씨 평호공묘와 의병장묘가 소재한 산줄기의 서벽으로 연결된 것으로 보입니다.(논산~대전국도까지)

북산성(황산성)이 마주 보이는 북쪽 벽 정상(122.8m)에서 조망해보면 이곳을 둘러싼 지형은 험준한 천혜의 천연요새지임을 관측할 수 있습니다. (2016.4.5. 정상부에서 토기 수습)

동벽은 이곳과 연이어서 142.5m지점을 통과하여 산직리산성이 마주 보이는 산등성이 끝까지 수 미터의 험준한 자연외벽성곽이 직선으로 형성돼있으며 남벽지점은 매봉토성을 기점으로 양산등성이가 이어진 계곡사이로 기마병이 서당골을 통하여 신양리 벌판으로 진출 가능한 지형입니다. 매봉토성으로부터 아래 북쪽은 수레와 기마병의 진출입이 가능한 지형지세입니다.

서쪽방향으로 매봉 토성과 연결된 산등성이 고개에는 여수고개토성이 축성돼있습니다.

천왕산성 일대는 토질이 석별모래 또는 황토로 이루어져있어 석성의 축성은 불가하여 토성으로 축성하였음을 알 수 있습니다.

위와 같이 관찰한 천왕산성은 백제토성인 풍납토성, 부여나성 또는 어느 산성보다 수 미터, 수십 미터의 외벽 방어벽이 형성된 험준한 천연요새로서 성내 장수골에는 수천 명의 군사가 주둔하였던 산성으로 보입니다.

흑치상지가 달솔로서 백제서부 임존성 방령이었고 계백은 달솔로 동부 방령 이었을 것이라는 사실, 충남대『논산황산벌전적지』2000, 충남대백제연구소 28쪽과 북사 백제조에서 방유십군 군유장삼인(方有十郡 郡有將三人) 기록에 의거 방(方)에 군장(群將) 3인을 두어 10 군(郡)을 관장하였다는 기록과 각 군마다 3명의 군장을 두어 군사, 행정업무를 분장하였다는 기록과 관련하여보면 천왕산성 성내의 대대로 내려온 장수(將帥)골 지명은 이곳이 장수가 주둔하여 군사행정업무를 보며 주둔하였을 성내였음을 말해주는 지상의 고고학 지명이라고 생각합니다.

이와 같은 천왕산성의 대규모 위용과 위치로 보아서 계백은 황산벌의 지휘영(중영)으로서 천왕산성에 백제주력군사와 함께 포진하였을 것으로 보입니다.

■ 충남대 학술총서 『논산 황산벌 전적지』 2000. 124쪽을 보면 (박순발, 성정용)

−"황산벌 일대에 백제의 방어선이 집중되어 있기는 하지만 황산성을 제외하고 모두 300−400m이내의 소규모 산성인 점이 주목된다. 이러한 규모의 성에 주둔할 수 있는 병력수를 구체적으로 추정하기는 어려우나 성의 규모나 당시 백제의 군사편제로 볼 때 백제 5방 방령군이 700~1200명 정도임을 감안하면 동방령 관할하에 있는 10여 개 성의 평시 주둔군 규모는 모두 합쳐도 1000여 명을 상회하기 어려울 것이다. 그렇다면 백제는 황산벌 일원의 방위선을 중시하였지만, 평시에 대규모 군사를 집중하여 배치할 정도의 위험지역으로 판단하지는 않았을 가능성도 배제하기 어렵다" 하였습니다.

차후 정밀조사가 이루어진다면 산성규모와 기능과 역할이 밝혀지고 지적한 의문점은 자연히 해소되지 않겠는가 생각합니다.

■ 천왕산성(청동리산성)을 장수골을 품은 대규모 포곡형 산성으로 보는 근거

첫째, 장수골 마을을 둘러싼 북벽, 동벽, 남벽, 서벽과 천혜의 외벽이 연결되어있는 험준한 지형지세로 인력으로 축성한 성곽보다 험준하다는 것입니다.

둘째, 충남대 백제연구소 학술총서『논산 황산벌 전적지』2000의 매봉의 천왕산성 자료와 본 성곽을 기점으로 양쪽 서벽을 따라 내려온 포곡형 산성으로 추정되며 매봉으로부터 서쪽 산등성이 따라 50m지점까지의 토성은 그 지형과 위치가 중요하므로 매봉을 둘러싼 견고한 축성을 위한 것으로 보이는 점입니다[7].

셋째, 북벽 산 정상(122.8m)에서 수습한 토기를(보관중) 확인하면 이 장소가 매봉과 연결된 군사건물시설이 있는 천왕산성임을 근거하는 것으로 향후 정밀조사가 필요합니다. [북산성(황산성)을 향한 북벽은 수십 미터의 단애임]

넷째, 조상 대대로 이어져 내려온 지명은 지상의 고고학으로 장수골(將帥골)마을은 백제의 치소로서 장수가 주둔하였던 장소였음을 말해준다고 생각합니다.

다섯째, 일찍이 지헌영 교수는 천왕산성(청동리산성)을 계백 3영으로 비정하면서 이곳에 계백장군 주력군이 주둔하였을 것으로 보았고 동

---

7) 『논산 황산벌 전적지』2000. 충남대백제연구소. 박순발. 성정용

방치소였을 가능성이 있다고 하였습니다. 일본서기 제명천황조의 노수리지산(怒受利之山)을 천왕산성(청동리산성)으로 추정[8]한 것과 지헌영 교수의 백제부흥군이 김유신과 660년 10월 9일에서 18일까지 10여 일간 전투한 이례성을 천왕산성으로 추정한 것에 대하여도 많은 수의 군사가 주둔하였을 때 10여 일의 전투가 가능하였을 일로 추정됩니다. 충남대백제연구소의『논산 황산벌전적지』조사서의 천왕산성 규모의 협소함에(매봉정상부 일대 1,000여 평만을 천왕산성(청동리산성)으로 추정) 의문을 가졌고 이 같은 견해들을 뒷받침하는 것으로 천왕산성을 넓게 본다면 의문점을 해소할 수 있습니다.

여섯째, 계백은 동부방령, 방에는 장수 3명을 두어 군사, 행정을 분장하였다. 방령군에는 700~1,200명의 군사가 편제되었다.『논산 황산벌 전적지』28쪽과 같이 황산벌 성곽은 백제의 사비성 최후의 방어선이어서 중시하지 않을 수 없는 곳이며 이는 황산벌전투 역사가 말해주고 있으므로 황산벌의 중심 천왕산성에 수천 명의 대규모 군이 주둔 가능하였을 것으로 추정됩니다.

일곱째,「신라본기」태종왕 660년의 황산전투 기록(관창. 말을 달린 지형, 손으로 떠 마신 우물)과「신라본기」진평왕 629년의 고구려와 신라의 낭비성 전투기록(성 아래에 열진(列陣), 김유신 말을 달린 지형)[9]을 비교하여 볼 때 유사한 지형지세 동일한 형태의 전투 정황으로 보이는 점입니다.

---

8) 지헌영, 앞의 책 170, 171쪽(청동리 산성)

9) 천왕산 매봉 146m 과 파주 적성면 구읍리 산 낭비성(칠중성) 147m 현장을 답사 비교하여보면 삼면은 험준하고 한쪽 면은 완만한 지형지세가 유사함을 볼 수 있음.

천왕산성 매봉중심 연결 성곽지형에 백제 주력군이 주둔했다면 계백장군이 함께했을 것이고 그렇다면 계백과 관창의 전투지점은 어디인가? 조사가 진행되어야 할 것입니다. 상기 역사기록과 일치되는 지형지세가 매봉 성곽 아래 청동리(산소골)지역이라고 필자는 주장합니다.

안타깝게도 현재 대전 논산간 국도는 조용했던 역사현장 천왕산성 성내 장수골을 관통하여 파괴하였습니다. 천왕산성 동부 산등성이를 양분하여 단절시킨 현재의 고개 도로는 성의 동문 출입문이 있지 않았을까 추측됩니다. [현지주민(이보용)에 의하면 도로개설 이전 상황은 산등성이 가장 낮은 지대로 분통재(장구통의 가운데 잘록한 모양)로 불렀다 합니다.]

*본문 67쪽, 6.황산전투와 천왕산성(청동리산성) 낭비성 전투와의 문헌비교와 『삼국사기』 4권 「신라본기」 진평왕 51년조
* 『삼국사기』 28권 「백제본기」 6 의자왕
*백제침공 전초기지인 보은 신라의 삼년산성(높이125m, 둘레1,680m, 면적 232,655m)과 비교하여 규모의 타당성을 검증할수 있을 것임

(2016.7.22)

천왕산성(청동리산성) 약도

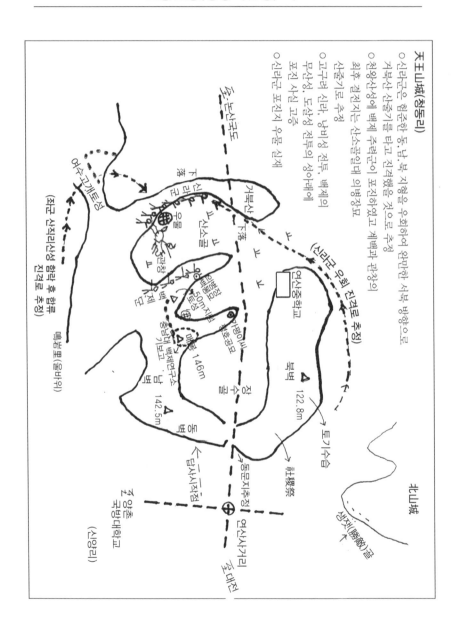

天王山城(청동리)

○ 신라군은 험준한 동, 남, 북 지형을 우회하여 완만한 서북 방향으로
계복산 산줄기를 타고 진격했을 것으로 추정

○ 천왕산성에 백제 주력군이 포진하였고 계백과 관창의
좌우 협전지는 산소골인데 의병장묘

산줄기도 추정

○ 고구려 신단, 남바위 전투, 백제의

무산성, 도설성 전투의 성아래에
포진 사실 고증

○ 신라군 포진지 우물 실재

北山城

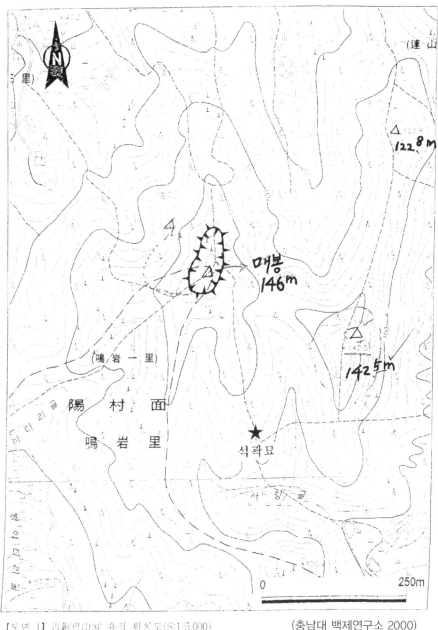

(蓮 山
里)

122.8m

매봉
146m

142.5m

(鳴 岩 一 里)

陽 村 面
鳴 岩 里

★
석곽묘

0   250m

【도면 1】青銅里(山城) 유적 위치도(S:1:5,000)   (충남대 백제연구소 2000)

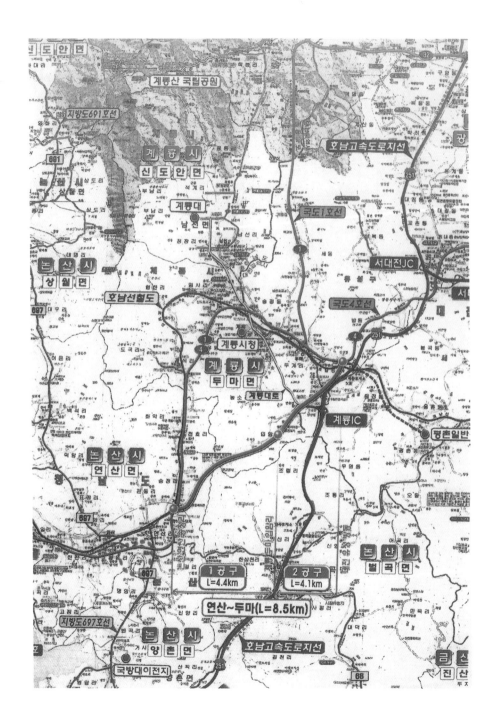

■ 천왕산성(청동리산성) 답사 순서

간편답사(차량이용)

1] 연산4거리(양촌, 국방대학교 방향) 버스정류장 근처 주차

2] 천왕산성(청동리산성) 동벽으로 올라 인력축성보다 험준한 동벽 산등성이와 장수골 관측, 142.5m지점에서 좌측 북산성(황산성), 개태사 협곡, 천호봉, 전면 황룡재(황령산성), 깃대봉보루, 산직리산성(대둔산), 국사봉등 개태사에서 국사봉까지 연이어 늘어서 있는(黃山, 連山) 36개의 산봉우리 지형 조망. 신양리 벌판(社廳벌, 社倉벌)조망.

3] 남벽 지나 매봉(146m) 성곽과 50m 아래 지점 인력축성 토성 관측. 아래 거북산, 산소골, 외성리산성, 수락산, 조망.

4] 다시 142.5m지점으로 동벽 따라 하산.

5] 차량으로 동문지 추정지, 성내 장수골 관찰, 우측 지하도 통과하여 가평이씨 평호공묘역 하차. 거북산 조망, 평호공 산줄기 자연성벽 관찰, 우측 백제군 포진 추정지(의병장 백봉묘 산줄기) 관찰, 성내 샘물(백제군 음용 추정)답사 후

6] 차량으로 연산중학교 앞에서 좌회전 국도 아래 지점 하차, 거북산(전망대 건의지)으로 올라가 연산중학교 옆에서 거북산 아래 신라

군 진군로, 천왕산 전체 지형, 산소골, 거북산 산줄기(신라군 포진 추정지, 하락)조망

7] 내려가 도보로 국도 아래 통과하여 관창우물터 답사, 건너편 백제군 포진 추정지 관찰[우물지점에서 관창이 말을 타고 돌격한 청동리지야 벌판은 현장자료 사진과 같이 답(沓)이었으나 폐농으로 버드나무 갈대 등이 무성함], ~신라군 포진추정 언덕으로 올라가 건너편 백제군 포진 추정지와 여수고개 토성 조망, 계백장군묘 조성 건의지점 관측 후 답사 종료.

[요약]
①연산사거리 주변 주차(양촌, 국방대학교 가는 방향)~동벽(142.5m 지점) 관찰-②매봉(146m)으로-다시 하산 승차 후- ③동문지 추정지점~성내 장수골 관찰 -④평호공묘 하차~성내 우물(재실)-승차 후 연산중학교 앞 좌회전.-⑤하차, 거북산올라(전망대 건의지)천왕산성(청동리산성) 일대 조망-⑥도보로 관창우물터 -⑦거북산 산줄기 언덕(신라군 포진 추정지)~(계백 묘 조성 건의지) 답사-답사종료.

도보 답사

1] 연산사거리(양촌, 국방대학교 방향) 주변 주차. 등산로(빌라 옆)—동벽 142.5m—북산성(황산성), 개태사 협곡, 천호봉, 황룡재(황령산성), 깃대봉, 산직리산성, 대둔산, 국사봉 보루, 신양리 벌판(사청벌), 조망실측.

2] 동벽 142.5m 지점에서 서쪽으로 남벽따라 매봉(146m)—남벽 산등성이 끝부분—매봉~50m 지점(단애의 인력축성 토성) 성곽실측—성 아래의 양 산줄기 백제, 신라 양군 접전 추정지 실측. 하락, 산소골, 거북산, 여수고개토성, 북산성, 외성리산성, 수락산, 조망실측.

3] 다시 동벽으로 논산—대전국도 단절 동벽지점 답사, 장수골, 도로 지하도 통과하여 사직제(社稷祭)—북벽 122.8m 지점 답사(토기 수습지점) 북산성, 개태사 협곡, 하락(산소골), 거북산 등 조망실측.

4] 도로로 다시 내려와 보도로(인도가 없음)매봉 산등성이 끝 가평이 씨 평호공묘에 올라 조망 —국도 단절지점~북벽 사이 실측, 하락 마을, 거북산, 외곽 산줄기 실측.

5] 평호공묘 옆 작은 길 올라가며 양 산줄기 관측, 매봉, 둘러 내려온 50m지점 인력축성 성곽과—성내 산 아래에서 분출되는 재실 샘물 실측(백제군사 음용 추정). [올라가는 길 좌측(매봉~평호공묘)산등성이는 장수골 품은 자연 성곽 추정, 우측에 의병장 백봉묘 산줄기 실

측(백제군 포진 추정지)]

6] 서북방향 50m 성곽 아래 산줄기-[백제군 포진 추정지-의병장 백봉묘 산줄기, 건너에 신라군 포진 추정지 *우물(샘물)답사 후, 언덕 올라가 (신라군 포진 추정지) 하락 실측]- 여수고개 토성 실측. 산직리산성 함락한 좌군이 명암리(울바위)로부터 진군, 여수고개 토성 함락 후 신라 중군 포진지 합류 추정지, 산소골까지의 가까운 지형 관측.

(계백 묘 조성 건의지)답사 후 종료.

천왕산성은 주마간산으로 보면 야산으로 보이나 자세히 실측하면 천혜의 험준한 자연성곽으로 인력으로 축성한 흔적을 발견하기는 쉽지 않아 보입니다. 산 정상에서 둘러보는 정도가 아닌 상기한 일대를 심도 있게 답사할 때 천왕산성의 실체를 발견할 수 있을 것입니다.

(2016.6.19)

06. 황산전투와 천왕산성(청동리산성) [낭비성전투와의 문헌비교]

사건	낭비성 전투	황산 전투	적요
시기	신라, 진평왕(629)	신라, 태종무열왕(660)	낭비성 전투 31년 후 황산전투
전투국가	고구려, 신라	백제, 신라	
장소	파주시 적성면 구읍리 산 낭비성(칠중성) 147m 동편 아래	논산시 연산면 청동리(산소골) 매봉 146m 아래, 의병장묘 산줄기	매봉 아래 50m 성곽아래 산소골을 둘러싼 양산 줄기에서 양군이 대치 포진한 것으로 추정
포진 지형	고구려군이 성을 나와 열을 지어 진을 침	천왕산성(청동리산성) 매봉 아래 산줄기에서 진을 친것으로 추정(백제군-의병장 백봉묘 산줄기) (신라군-건너편 거북산 연결 산줄기, 우물있는곳. 하략)	삼국시대 전투행태 포진 상황이 고증됨 「백제본기」 의자왕 647, 의직의 무산성 아래 포진, 649년 도살성 아래 포진. 천왕산성(청동리산성)도 매봉 아래 산줄기에 포진한 것으로 추정.
상황	신라군은 패배하여 전의를 잃고 있는 상황	좌동	동일한 정황
화랑 김유신 화랑 관창	화랑 김유신, 아버지 서현에 고하고 단독 적진에 돌진	화랑 관창, 아버지 품일에 고하고 단독 적진에 돌진	김유신은 15세 화랑이 됨. 낭비성전투 때 35세, 관창16세

말을 타고 단독돌진	김유신 단독돌진	관창 단독돌진	백제군 성을 나와 산아래 지형에서 포진한 사실 고증 (관창은 벌판의 끝자락에서 공격)
상동	김유신, 3차례 적장 목을 베고 깃발을 탈취해옴	관창, 1차례 생환에 다시 적진에 돌진하나 목을 베인 후 말안장에 매여옴	동일한 정황
적장과 깃발 탈취	김유신, 세차례 적장 목을 베고 깃발을 탈취해옴	관창, 한차례 생환 후 적장과 깃발 탈취를 못 한 사실에 대한 어록을 남김	동일한 정황
전투의 전개	화랑 김유신의 단독 분전을 보고 전의를 상실했던 신라군은 일제히 분격 북을 치고 함성을 지르며 돌격 함락시킴	반굴과 화랑 관창의 죽음을 보고 전의를 상실했던 신라군은 일제히 분격 북을 치고 함성을 지르며 돌격 함락시킴	동일한 정황

상기 역사기록을 살펴본 바와 같이 문헌의 낭비성전투와 황산전투의 지형지세와 전투의 진행 상황 등 모든 정황은 놀랍도록 동일함을 발견하게 됩니다. 따라서 황산전투의 계백과 관창의 전투전적지의 조사시에는 역사기록을 근거로 하여 성곽 아래에서 벌어진 지형지세의 전적지를 찾는 것과 관창이 손으로 우물물을 떠 마셨으므로 넘치는 샘물을 찾는 것은 타당성이 있을 것입니다.

(2016.7.25.)

五十一年 秋八月 王遣大將軍龍春舒玄 副將軍庾信 侵高句麗娘臂城
麗人出城列陣 軍勢甚盛 我軍望之懼 殊無鬪心 庾信曰 吾聞 振領而裘
正 提綱而網張 吾其爲綱領乎 乃跨馬拔劒 向敵陣直前 三入三出 每入
或斬將 或搴旗 諸軍乘勝 鼓噪進擊 斬殺五千餘級 其城乃降 九月 遣使
大唐朝貢

51년(서기 629) 가을 8월, 임금이 대장군 용춘(龍春)과 서현(舒玄),
부장군 유신(庾信)을 보내 고구려 낭비성(娘臂城)을 침공하였다. 고구
려인이 성에서 나와 진을 쳤는데, 군세가 매우 강성하여 우리 병사
가 그것을 바라보고 두려워하며 싸울 생각을 못했다.

유신이 말하였다.

"나는 '옷깃을 잡고 흔들면 가죽옷이 바로 펴지고 벼리를 당기면
그물이 펼쳐진다.'고 들었다, 내가 벼리와 옷깃이 되겠노라!"

그리고는 즉시 말에 올라 칼을 빼들고 적진으로 향하여 곧바로 나
아갔다. 적진에 세 번 들어갔다 나왔는데 매번 들어갈 때마다 장수
의 목을 베거나 군기를 뽑았다. 여러 군사들이 승세를 타고 북을 치
고 소리를 지르며 돌격하여 5천여 명을 목 베어 죽이니, 낭비성이
마침내 항복하였다.

建福四十六年 己丑秋八月 王遣伊湌任末里波珍湌龍春白龍 蘇判大因
舒玄等 率兵攻高句麗娘臂城 麗人出兵逆擊之 吾人失利 死者衆多 衆心
折衄 無復鬪心 庾信 時爲中幢幢主 進於父前 脫冑而告曰 我兵敗北 吾
平生以忠孝自期 臨戰不可不勇 蓋聞 振領而裘正 提綱而網張 吾其爲綱
領乎 迺跨馬拔劍 跳坑出入賊陣 斬將軍 提其首而來 我軍見之 乘勝奮
擊 斬殺五千餘級 生擒一千人 城中兇懼無敢抗 皆出降

건복 46년(서기 629) 기축 가을 8월, 왕이 이찬 임말리(任末里), 파
진찬 용춘(龍春)·백룡(白龍), 소판 대인(大因)·서현 등을 파견하여 군사
를 거느리고 고구려의 낭비성(娘臂城)을 공격하게 했다. 그때 고구려
인들이 병사를 내어 맞받아치자 우리 편이 불리해져 전사자가 매우
많았고 사기도 꺾여서 더 이상 싸울 마음이 없어졌다.

유신은 이때 중당 당주였는데 아버지 앞으로 나아가 투구를 벗고
고하였다.

"우리 군사가 패하였습니다. 저는 평생 충효를 다하기로 결심하였
으니 전쟁에 임하여 용감히 싸우지 않을 수 없습니다. 무릇 듣건대,
'옷깃을 들면 갖옷이 바르게 되고, 벼리를 당기면 그물이 펴진다.' 했
습니다. 제가 마땅히 벼리와 옷깃이 되겠습니다!"

말을 마치자마자 곧바로 말에 올라 칼을 뽑아 들고, 참호를 뛰어
넘어 적진을 드나들더니 적장을 베어 그 머리를 가지고 돌아왔다.
아군이 이를 보고 승세를 타 떨쳐 공격하여 5천여 명을 베어 죽이고
1천 명을 사로잡았다. 성 안에선 크게 두려워하여 감히 저항하지 못
하고 모두 나와 항복하였다.

七年 冬十月 將軍義直 帥步騎三千 進屯新羅茂山城下 分兵攻甘勿桐
岑二城 新羅將軍庾信 親勵士卒 決死而戰 大破之 義直匹馬而還

7년(서기 647) 겨울 10월, 장군 의직(義直)이 보병과 기병 3천 명을
거느리고 나아가 신라의 무산성(茂山城) 아래에 주둔하고, 병사를 나
누어 감물(甘勿)과 동잠(桐岑) 두 성을 공격하였다. 신라 장군 유신이
직접 장수와 병졸을 격려하며 결사적으로 싸워서 아군을 크게 깨뜨
리니, 의직이 단신으로 돌아왔다.

八年 春三月 義直襲取新羅西鄙腰車等一十餘城 夏四月 進軍於玉門
谷 新羅將軍庾信逆之 再戰大敗之

8년(서기 648) 봄 3월, 의직이 신라 서쪽 변경의 요차(腰車) 등 10
여 성을 습격하여 빼앗았다.
여름 4월, 옥문곡(玉門谷)으로 진군하였다. 신라 장군 유신이 막아
서 두 번 싸워 크게 패하였다.

九年 秋八月 王遣左將殷相 帥精兵七千 攻取新羅石吐等七城 新羅將
庾信陳春天存等 逆擊之 不利 收散卒 屯於道薩城下 再戰 我軍敗北 冬
十一月 雷 無氷

9년(서기 649) 가을 8월, 임금이 좌장(左將) 은상(殷相)을 보내 정예
병사 7천 명을 거느리고 신라의 석토(石吐) 등 일곱 성을 공격해서
빼앗게 하였다. 신라 장수 유신, 진춘(陳春), 천존(天存), 죽지(竹旨) 등
이 이를 맞받아 공격하였으나 불리해지자, 흩어진 병졸을 모아 도살
성(道薩城) 아래 진을 치고 다시 싸웠다. 우리 병사가 패배하였다.
겨울 11월, 우레가 쳤고, 물이 얼지 않았다.

논산 황산벌 전적지 2000(충남대 백제연구소)

였던 당시의 정황을 고고학적으로 뒷받침하여 준다고 할 수 있다.

삼영을 설치하고 신라군과 맞선 계백의 백제군은 처음 네 번은 기록에 나오는 바와 같이 신라군을 격파하였으나, 盤屈과 官昌의 활약으로 인해 용기를 얻은 신라군이 삼영을 돌파하고 마침내 황산벌에서 백제군을 섬멸함으로서 唐軍과의 회합 예정지점에 무사히 이르러 연합작전이 가능하게 되었다. 그 결과 백제는 나당연합군의 우세한 군사력을 감당치 못하고 결국 패망하게 된다.

그런데 황산벌이 무너지면 백제 중심부가 바로 위태로울 것은 자명함에도 불구하고, 백제가 탄현을 바로 돌파당하고 황산벌에서 무너지게 된 점을 쉽게 납득하기가 어렵다. 이와 관련하여 황산벌일대에 백제의 방어선이 집중되어 있기는 하지만, 황산성을 제외하고는 모두 둘레 300~400m 이내의 소규모산성인 점이 주목된다. 이러한 규모의 성에 주둔할 수 있는 병력 수를 구체적으로 추정하기는 어려우나, 성의 규모나 당시 백제의 군사편제로 볼 때 百濟 5方의 방령군이 700~1,200명 정도임을 감안하면 동방령 관할하에 있는 10여 개 성의 평시 주둔군 규모는 모두 합쳐도 1,000여명을 상회하기 어려울 것이다.

그렇다면 백제는 황산벌 일원의 방위선을 중시하기는 하였지만, 평시에 대규모 군사를 집중 배치할 정도의 위험 지역으로 판단하지는 않았을 가능성도 배제하기 어렵다. 이점은 성충과 흥수가 공히 탄현을 방어하여야 한다는 간언을 하였음에도 이를 소홀히 하였던 데에서 나타나고 있다. 물론 이러한 대처가 B-3에 기록에 보이는 것과 같이 백제 말기 제정치세력간의 갈등으로 인한 정책 혼선의 결과로도 볼 수 있으나, 탄현이라는 험준 요새의 방어력을 과신한 결과일 수도 있겠다.

이러한 요인들이 겹쳐 결국 백제의 멸망을 재촉하였던 것이다.

【朴淳發・成正鏞】

〈참고문헌〉

『世宗實錄地理志』

『新增東國輿地勝覽』

『輿地圖書』

『大東地志』

姜仁求 1977,「錦山의 古墳과 土器類」,『百濟研究』 제7집, 忠南大學校百濟研究所, pp.83~100.

國立公州博物館 1999,『大田 月坪洞遺蹟』.

金三龍・金善基 1988,「益山 熊浦里 百濟古墳發掘調査報告書」,『馬韓百濟文化』 11輯, 圓光大學校 馬韓百濟文化研究所.

金榮官 1999,「羅唐聯合軍의 百濟侵攻戰略과 百濟의 防禦戰略」,『STRATEGY』 21, 한국해양전략연구소, pp.149~199.

文化財管理局 1978,『雁鴨池 發掘調査報告書』.

탄현에 대하여-지헌영 교수

如何間 百濟本紀 第六 義慈王20年條가 單히

(1) 「……又聞唐羅兵 已過白江·炭峴 遣將軍堦伯 帥死士五千 出黃山 與羅兵戰 四
合皆勝之.」

라고 한 것보다 (5)가 보이는 黃山原戰의 戰況은 具體的이며 實感的이라
할 수가 있다. 앞에서 「百濟本紀」 義慈王20年條 以後의 記錄은 新羅史官의
記錄과 唐側 記錄이 그 根據가 되었을 可能性이 짙다 했거니와, 이 「黃山
原戰」의 叙述에서도 그 片影을 認知할 수가 있다 하겠다.
  左右間 이 (5)에 보이는

「先據險 設三營以待 庾信分軍爲三道」

의 句가 크게 注目된다. 이 (5)의 「據險三營」·「三道」의 記錄은 우리로 하
여금 連山盆地의 自然景觀과 人文景觀에 새삼 符合하는 것을 直覺하게 된
다. 卽 連山盆地의 咸芝山城·外城·靑銅城의 三城寨가 位置한 地域은 自
然地理的으로 能히 連山盆地의 三險이라 할 수가 있겠고, 또 이 三城寨는
連山盆地의 東北과 西方 및 南方에 位置하여 三道로 分道攻防할 地理的 條
件을 지니고 있기 때문이다. (5)에 「先據險 設三營以待」라 보이듯이 羅濟決
戰인 黃山戰에 있어서 防禦守備側이었던 百濟軍은 旣存防禦施設에 擁據하
여 對敵했을 것에 想倒할 때 (5)·(8)의 「黃山之原」, (9)·(10)의 「黃山之野」
가 現 連山盆地였다는 것을 歷然히 보여주고 남음이 있다 하겠다.
  이와 같이 보아올 때 『輿地勝覽』(卷18) 連山縣 山川條의 記錄(前引)이
헛되지 않은 正確한 所傳임을 우리는 確認하게 된다. 더욱 『高麗史』(卷56)
地理志一 連山縣條(前引)가 天護山 開泰寺(現 湖南線 廣石驛) 一圓을 「黃山
之谷」이라 한 것과 對比시킬 때 現 連山面 邑內里와 湖南線 連山驛 一圓을
『三國史記』가 「黃山之原」 「黃山之野」라고 表象 記錄한 것에 넉넉히 首肯이
간다 하겠다.
  이곳에 덧붙이거니와 黃山之原戰에 있어서 新羅軍은 現 天護里 邑內里

一圓에 主力部隊가 布陣하고 百濟軍의 右軍은 靑銅城(內城)에 中軍은 外城에 左軍은 咸芝山城(北山城)에 各各 布陣하여 對陣했던 것을 比定할 수도 있을 듯하다. 盤屈·官昌郎의 勇戰 戰亡한 場所도 現 連山驛 近處일 것으로 想定되기도 한다.

더 보태거니와 堦伯(階伯)將軍의 主力部隊가 防禦했으리라 보아지는 靑銅城(內城)은 「連山盆地」(黃山之原·黃山之野)의 西南에 자리잡고 있어 多分히 邑治地의 性格을 지니고 있다고 나는 본다.10) 이 「靑銅城」(內城?)은 『日本書紀』齊明天皇 6年 庚申 9月條에

(11) 「九月己亥朔癸卯 百濟達率 (闕 姓名) 沙彌覺從等 來奏曰 (或本云 逃來告難) 今年七月 新羅恃力作勢 不親於隣 引搆唐人 傾覆百濟 君臣摠俘 略無噍類.

(或本云今年七月十日 大唐蘇定方 率船師于尾資之津 新羅王春秋智 率兵馬 軍于怒受利之山 夾攻百濟 相戰三日 陷我王城 同月十三日 始破王城 怒受利山 百濟之東境也.)

로 보이는 「怒受利山」 바로 그것이라 보고 싶다.

『三國史記』卷第五 新羅本紀第五 太宗武烈王7年條에

(12) 「七月九日 庚信等 進軍於黃山之原……二十九日 自今突城至所夫里城……百濟餘賊 據南岑貞峴 □□□城. 又佐平正武 聚屯豆尸原嶽 抄掠羅唐人. 二十六日 攻任大兵 兵多地險 不能克但大破小柵. 九月三日 郞將劉仁願 以兵一萬人 留鎭泗沘 百濟餘賊入泗沘 謀掠生降人 留守仁願出羅唐人 擊走之 賊退泗沘南嶺 竪四五柵 屯聚伺隙 抄掠城邑 百濟 叛而應者 二十餘城.

唐皇帝 遣左衛中郞將王文度 爲熊津都督 二十八日至三年山城 傳詔 文度面東立 大王面西立 錫命後 文度欲以宜物授王 忽疾作便死 從者攝位 畢事. 十月九 王率太子及諸軍攻爾禮城 十八日 取其城置官守 百濟二十餘城 震懼皆降. 三十日 攻泗沘南嶺軍柵 斬首一千五百人……十月五日 王行渡鷄灘 攻王興寺岑城 七月乃克 斬首七百人 二十二日 王來自百濟論功.」

10) 「百濟期의 邑治城」에 對하여는 別稿할 機會를 기다리어야겠다.

云云으로 百濟滅亡 直後의 百濟人 遊擊軍의 掃蕩作戰을 볼 수가 있는데, 太宗武烈王 7年(660 A.D) 10月 9日에서 同月 18日에 걸친 十日間의 壯烈한 攻防戰이 벌어졌던 「爾禮城」은 이를 「奴斯只(內斯只)城」에 比定할 것이냐 또는 「黃等也山城」에다 比定할 것이냐는 問題는 되겠으나 三年山城(報恩) 一 泗沘(所夫里·扶餘)間의 가장 重要한 軍事的 要衝인 後者(黃等也山·靑銅城·怒受利山)에다 이를 比定하는 것이 옳을까 생각되기도 하는 것이다.

上述한 바와 같이 (1)·(5)·(8)·(9)·(10)에 보이는 「黃山之原」(黃山之野)를 現 論山郡 連山面 邑內里·朝陽里·靑銅里·閑田里 一圓의 連山盆地로 確定해 놓고 보면 新羅軍이 「進軍於黃山之原」한 通路도 自然 그 方向이 「黃山之原」의 自然地理的 交通地理的 關係에서 드러나게끔 될 것이다.

都是 「黃山之原」(黃山之野)를 羅濟間의 決戰場으로 選定한 것은 防衛側인 百濟軍의 戰略 所致였을 것으로 보아지는 것이다.『三國史記』百濟本紀 義慈王20年 6月條의 記錄은 達率 常永[11]의 進策으로

「……今日之計 宜塞唐人之路 以待其師老 先使偏師擊羅軍 折其銳氣 然後 伺其便而合戰 則可得以全軍 而保國矣」

라 한 것과 大臣等이 興首의 進言을 反對하고 獻策한

「……莫若使唐兵入白江 沿流而不得方冊 羅軍升炭峴 由徑而不得並馬 當此之時 縱兵擊之 譬如殺在籠之鷄 離網之魚也.」

라 한 意見에 義慈王이 「然之」한 結果로 選定한 決戰場이었던 것으로 보아진다. 그보다도 百濟側은 義慈王20年(太宗王7年 顯慶5年) 5月 以來 7月에 이르는 동안 新羅軍의 動向과 唐軍의 動態에 對한 諜報·用閑에 그다지 等閑했으리라고는 보아지지 않는다. 決戰場으로서 「黃山之原」이 選定되기에는 이해 여름의 軍事的 情勢를 綜合 判斷한 結果로

---

11) 常永은 「新羅本紀」 太宗王7年條에 依하면, 百濟滅亡後 新羅에 歸順하여 武烈王이 「一吉湌」의 位를 주고 「摠官」으로 삼은 것이 보인다.

07. 천왕산성(天王山城)으로 명명되기를 건의함

현재 연산면 청동리 소재 천왕산 매봉(146m)일대의 산성을 본래의 산 명칭이 아닌 마을 이름인 청동리산성으로 명명 호칭하고 있습니다.

성곽의 명칭은 소재하는 본래의 산 지명을 따라 기록되고 명칭되는 것은 다른 역사기록물이 모두 그러합니다.

계백 3영으로 추정되는 청동리의 매봉을 기점으로 한 성곽의 호칭을 마을 이름인 청동리산성으로 기록 호칭해오고 있으나 이는 현지 지명을 잘 인지하지 못한 학자들이 황산벌 전적지 논문 등의 기록상 청동리 산성으로 기록한 것에 기인하지 않나 싶습니다.

이는 유적지 조사 당시 참여한 분들이 천왕산임을 인지하지 못하였 거나 성곽이 점한 중요성을 간과하였거나 그 이전의 기록물을 답습하 여 그대로 기록함으로써 나타난 일이라고 봅니다. 백제의 성곽은 전래 되어 온 본래의 산 지명으로 기록하고 명명하는 것이 합당 한 일이며 황산벌 백제성곽의 역사성에 더 잘 부합된다고 생각합니다.[10]

필자는 황산벌 일대의 대대로 구전되는 지명이 공부상의 지도 등에 누락되어 표기되지 않은 사실을 발견하고 국립지리정보원과 논산시에

---

10) 천왕산 지명자료(가평이씨 세보).

조사하여 표기할 것을 건의(2016.5.12. 지명의 제정, 변경신청서)한바 있습니다.

한편으로 살펴보면 일본서기 제명천황 6년 9월 조의 황산전투사와 관련된 노수리지산(怒受利之山)은 학계가 천왕산성(청동리산성)으로 비정하였습니다.[11]

황산벌의 황산(黃山)은 개태사 뒤 천호산(天護山 : 고려태조 왕건이 명명)으로부터 함박봉, 깃대봉, 국사봉으로 36개의 산봉우리가 연이어 늘어서 있다는 의미(連山)로 연유되었습니다.[12]

황산벌 일대의 백제성곽 중 천호산 이외에 유일하게 정상부 매봉을 품은 산 고유지명은 천왕산(天王山)뿐입니다. 이 같은 하늘과 왕을 칭한 산 지명은 백제 황산벌의 중요 지점이었음을 추측하게 하는 지명으로서 연산 관아에서 1km 거리에 있는 조선시대 연산현감이 이곳 사직단(社稷壇)에서 토지의 신과 곡식의 신에게 제례를 행하였다 하며 이는 조선시대 연산현의 고지도에 홍살문과 함께 표시되어 확인되고 있습니다. 천왕산에 위치한 사직단은 황산벌의 중요지점이었음 말해주는 의미 있는 자료라고 생각합니다.[13]

금후 수천 명의 군사주둔이 가능한 천혜의 백제 주요 성곽임이 관계기관과 학자들에 의하여 조사 검증되고 문헌과 현장지형지세에 근거하여 발견된다면 성곽지명도 마을지명으로 격하하여 기록할 일이 아니라 다른 역사 기록물과 같이 본래의 산 지명인 천왕산성으로 기록되고 호칭되는 것이 합당한 일이라고 봅니다.

(2016.11.18.)

---

11) 지헌영, 앞의 책170쪽 도수희, 2005, 「백제어 어휘연구」 p287, 292 제이앤씨

12) 도수희, 느르달이 싸움과 지명.

13) 이철성, 박범. 2015, 『옛 지도에서 논산을 만나다』 충남지역문화연구소, 건양대 p38 목차3. 산성 주변 지명유래.

천왕산 지명자료

(가평 이씨 세보, 적개공신 평호공묘, 이조시대)

```
精忠出氣敵愾功臣諡平胡公
配位貞夫人丹陽禹氏之墓
所在  忠南  論山郡  連山面  青銅里
天王山  北岡  辰坐
廟祀  不遷之位
別擧歲祭  陰十月  六日
```

하던 시중(조선조의 정승급)을 지내심.

　고조부 우길생(禹吉生) 적성군, 문하시중

● 공의 묘(墓) 연산면 청동리 뒤골 천왕산(天王山) 진좌 술향

　배의 묘(墓) 쌍봉(雙封)

● 자녀(子女) 슬하에 3남 1녀를 두셨음.

　장남 철근(鐵根) 가성군(嘉城君)

　차남 철영(鐵榮) 익산공(益山公)

　삼남 철수(鐵壽) 참봉공(參奉公) 슬하에 1남 1녀를 두셨으나 9대손에 이르러

　　　　　절손(絶孫) 됨.

　사위 정숙돈(鄭叔敦:奉化人) 숭록대부 우의정을 지내신 정문형의 둘째 아들

　　　　사직서령(社稷署令을 지내심.

一圓에 主力部隊가 布陣하고 百濟軍의 右軍은 靑銅城(內城)에 中軍은 外城에 左軍은 咸芝山城(北山城)에 各各 布陣하여 對陣했던 것을 比定할 수도 있을 듯하다. 盤屈·官昌郎의 勇戰 戰亡한 場所도 現 連山驛 近處일 것으로 想定되기도 한다.

더 보태거니와 堦伯(階伯)將軍의 主力部隊가 防禦했으리라 보아지는 靑銅城(內城)은 「連山盆地」(黃山之原·黃山之野)의 西南에 자리잡고 있어 多分히 邑治地의 性格을 지니고 있다고 나는 본다.[10) 이 「靑銅城」(內城?)은 『日本書紀』齊明天皇 6年 庚申 9月條에

(11) 「九月己亥朔癸卯 百濟達率(開 姓名) 沙彌覺從等 來奏曰(或本云 逃來告難) 今年七月 新羅恃力作勢 不親於隣 引搆唐人 傾覆百濟 君臣摠俘 略無唯類.

(或本云今年七月十日 大唐蘇定方 率船師于尾資之津 新羅王春秋智 率兵馬 軍于 怒受利之山 夾攻百濟 相戰三日 陷我王城 同月十三日 始破王城 怒受利山 百濟之 東境也.)

로 보이는 「怒受利山」 바로 그것이라 보고 싶다.

『三國史記』卷第五 新羅本紀第五 太宗武烈王7年條에

(12) 「七月九日 庾信等 進軍於黃山之原……二十九日 自今突城至所夫里城……百濟 餘賊 據南岑貞峴 □□□城. 又佐平正武 聚屯豆尸原嶺 抄掠羅唐人. 二十六日 攻任大兵 兵多地險 不能克但攻破小柵. 九月三日 郎將劉仁願 以兵一萬人 留鎭 泗沘 百濟餘賊入泗沘 謀掠生降人 留守仁願出羅唐人 擊走之 賊退泗沘南嶺 堅 四五柵 屯聚伺隙 抄掠城邑 百濟 叛而應者 二十餘城.
  唐皇帝 遣左衛中郞將王文度 爲熊津都督 二十八日至三年山城 傳詔 文度面 東立 大王面西立 錫命後 文度欲以宜物授王 忽疾作便死 從者攝位 畢事. 十月 九日 王率太子及諸軍攻爾禮城 十八日 取其城置官守 百濟二十餘城 震懼皆降. 三十日 攻泗沘南嶺軍柵 斬首一千五百人……十月五日 王行渡鷄灘 攻王興寺岑 城 七月乃克 斬首七百人 二十二日 王來自百濟論功.」

---

10) 「百濟期의 邑治城」에 對하여는 別稿할 機會를 기다리어야겠다.

云云으로 百濟滅亡 直後의 百濟人 遊擊軍의 掃蕩作戰을 볼 수가 있는데, 太宗武烈王 7年(660 A.D) 10月 9日에서 同月 18日에 걸친 十日間의 壯烈한 攻防戰이 벌어졌던 「爾禮城」은 이를 「奴斯只(內斯只)城」에 比定할 것이냐 또는 「黃等也山城」에다 比定할 것이냐는 問題는 되겠으나 三年山城(報恩) ─ 泗沘(所夫里·扶餘)間의 가장 重要한 軍事的 要衝인 後者(黃等也山·靑銅城·怒受利山)에다 이를 比定하는 것이 옳을까 생각되기도 하는 것이다.

上述한 바와 같이 (1)·(5)·(8)·(9)·(10)에 보이는 「黃山之原」(黃山之野)를 現 論山郡 連山面 邑內里·朝陽里·靑銅里·閑田里 一圓의 連山盆地로 確定해 놓고 보면 新羅軍이 「進軍於黃山之原」한 通路도 自然 그 方向이 「黃山之原」의 自然地理的 交通地理的 關係에서 드러나게끔 될 것이다.

都是 「黃山之原」(黃山之野)를 羅濟間의 決戰場으로 選定한 것은 防衛側인 百濟軍의 戰略 所致였을 것으로 보아지는 것이다. 『三國史記』 百濟本紀 義慈王20年 6月條의 記錄은 達率 常永[11]의 進策으로

> 「……今日之計 宜塞唐人之路 以待其師老 先使偏師擊羅軍 折其銳氣 然後 伺其
> 便而合戰 則可得以全軍 而保國矣」

라 한 것과 大臣等이 興首의 進言을 反對하고 獻策한

> 「……莫若使唐兵入白江 沿流而不得方舟 羅軍升炭峴 由徑而不得並馬 當此之時
> 縱兵擊之 譬如殺在籠之鷄 離網之魚也.」

라 한 意見에 義慈王이 「然之」한 結果로 選定한 決戰場이었던 것으로 보아진다. 그보다도 百濟側은 義慈王20年(太宗王7年 顯慶5年) 5月 以來 7月에 이르는 동안 新羅軍의 動向과 唐軍의 動態에 對한 諜報·用閒에 그다지 等閒했으리라고는 보아지지 않는다. 決戰場으로서 「黃山之原」이 選定되기에는 이해 여름의 軍事的 情勢를 綜合 判斷한 結果로

---

11) 常永은 「新羅本紀」太宗王7年條에 依하면, 百濟滅亡後 新羅에 歸順하여 武烈王이 「一吉湌」의 位를 주고 「摠官」으로 삼은 것이 보인다.

都 守 熙 著

1934. 8. 29일 충남 논산에서 출생
1977년 충남대학교 대학원(문학박사)
1967-99년 충남대학교 교수(현 명예교수)
1987-88년 충남대학교 문과대학장, 예술대학장 역임
1985년 국어학회 · 진단학회 · 한글학회 평의원
1987년 한국언어문학회 회장 역임
1997년 한국지명학회 초대회장 역임
2002년 국제언어인문학회 고문
1995년 Who's Who in the World(세계 인명사전)에 등재
2002년 제37회 五 · 一六민족상 수상

논저】
1977년 『백제어 연구』(아세아문화사)
1987년 『한국어음운사 연구』(탑출판사)
1987년 『국어대용언의 연구』(탑출판사)
1987, 89년 『백제어 연구』(Ⅰ,Ⅱ)(백제문화개발연구원)
1994, 00년 『백제어 연구』(Ⅲ,Ⅳ)(백제문화개발연구원)
2003년 『한국의 지명』(아카넷)
2004년 『백제의 언어와 문학』(백제문화개발연구원)
논문은 「각자병서 연구」(1970 한글학회) 밖에
130여 편을 썼다.

느르돌이(黃等也山>黃(等也)山) 싸움(戰鬪)과
관련된 몇몇 지명의 이야기

黃山은 신라 경덕왕이 서기 757년에 백제의 지명인 黃等也山을 等也를 줄이어 黃山으로 바꾼 신라의 개정명이다. 黃等也山은 백제 지명인 '느르돌이'를 漢字로 표기한 한자지명이다. 백제어인 '느르돌이'의 '느르'(누르=黃)는 느러(서다)(連)의 뜻이고. '돌이'는 山이란 뜻이다. 黃山이란 지명은 백제가 망한 시기(서기 660년) 보다 거의 1세기 후인 신라 경덕왕 16년(서기 757년)의 개정명이기 때문에 黃山伐은 결코 백제말이 아니다. 신라가 개정해서 새로 만든 신라말이다. 개정되기 이전에는 오로지 黃等也山(부르기는 오직 '느르돌이'로)만 존재하였기 때문에 백제 계백 장군의 최후 전투지역이었던 곳의 이름도 당연히 백제말인 '느르돌이'로 불러야 마땅하다.

백제어 어휘 연구

일본서기 권26 제명천황 6년 9월조에 "노수리"는 백제의 동경이라는 표현으로 보아 "황산원"에 해당할 것이다.

黃[느러=連]산은 36개의 산봉우리가 연산의 동북에 위치한 개태사 뒷산부터 남쪽 국사봉까지 늘어선 지형으로 인하여 발생한 지명이다.

黃(느러=連,黃)
27.黃等也山>黃山>連山에서 '黃:連'의 대응이 성립한다. 黃은 훈음(누르=黃)차이고 連은 훈(느르=連)차이다. 백제어 黃, 連의 뜻으로 동음이의어 '느르'가 쓰였음을 알 수 있다. 36개의 산봉우리가 連山의 동북에 위치한 개태사의 뒷산부터 남쪽의 국사봉까지 늘어서 있다. 이런 지형으로 인하여 발생한 지명이다(위 Ⅳ. 제4장 참고).

요약컨대 현 連山面의 東岳鎭山의 古名인 '누르기재'(黃嶺)가 옛 '黃等也山'의 대표적인 殘形이며(이 山頂(黃嶺)에는 백제시대에 구축되었던 테뫼형의 土城이 남아 있다. 이 黃嶺을 중심으로 南北으로 十餘個의 山峰이 길게 늘어서 있는 山形(開泰寺의 背山인 天護山으로부터 南端 芽崎山城(이른바 爾禮城의 烽燧)까지로 因한 地形名이라 할 것이다.

5

《日本書紀》卷 26 齊明天皇 6年 9月條에

> 百濟遣達率(闕姓名) 沙彌覺從等來奏曰(或本云 逃來告難) 今年七月 新羅恃力作勢 不親於隣 引搆唐人傾覆百濟 君臣摠俘略無唯類(或本云 今年七月十日 大唐蘇定方率船師軍國尾資之津, 新羅王春秋知率兵馬 軍于怒受利之山(ヌスリノムレ) 來擊百濟 相戰三日 陷我王城 同月十三日 始破王城 怒受利山百濟之東境也

와 같은 기록이 있는데, 여기 '怒受利'는 百濟의 東境이란 표현으로 보아 黃山原에 해당할 것이다. 그러면 이 '怒受利'는 무엇을 가리키는 말인가?

이것은 '黃等也山'에 대한 日本側 기록인 듯한데, 그렇다고 이것을 '느러리뫼'의 轉寫라 성급히 速斷해서는 안될 것 같다.

우선 그 대응 관계에서 '怒'와 '黃'이 訓과 音 兩面에서 完全 一致하지 않기 때문이다. 이 '怒'字에 대한 《日本書紀》등의 기록은 久麻怒利(혹은 久麻那利)와 같이 *no, *nu를 나타내고 있기 때문에 '黃'의 音讀 *hwang과는 일단 相異함을 드러내고 있으나, '黃'의 訓 *nurə의 제1음절 *nu와는 상당히 相似한 모습을 보인다. 물론 '怒受利'의 어형이 어떤 구조이냐의 문제가 先行되는 것이나, 여기 '怒受利'는 '怒+受利'의 三形態素의 合成記錄으로 추정한다. 그리고 '受利'는 백제어 및 고구려어에서 흔하게 찾아볼 수 있는

彙 : 물휘(〃 下 2)　　輩 : 물비(〃 下 24)
特은 ᄂᆞ미 므리예 ᄠᅩ로 다ᄅᆞᆯ씨라(「釋譜詳節」六 7)
비록 사ᄅᆞ미 무레 사니고도(「釋譜詳節」六 5)
群 : 물군<「類合」上 14, 「光千文」, 「石千文」21>
衆 : 물즁<「類合」上 5>
馬山縣>馬山縣>韓山縣(물=馬=한)

와 같이 '물>*몰'인 것이다. 여기서 우리는 백제어 *meri~*muri~*me
r~*mur~(衆, 群)을 再構할 수 있을 것 같다.3)

지금까지 논의하여 온 바를 요약하면 다음과 같다.

1. '黃等也山'을 분석하여 우리는 백제어 *nurə-(黃)(形容詞), *nir-,
*nirə-(連長, 連續, 廷)(動詞)를 再構할 수 있었다. 여기 '黃'의 釋音
*nurə가 連의 意味로 通用되었다는 것은 黃과 連에 대한 백제어의 同
音(類似音)異意語 *nurə- *nire~를 推定케 하기 때문이다.

2. 《日本書紀》에 登載되어 있는 '怒受利' 역시 *nosuri~*nusuri(黃
述)의 의미일 것이나, 이 '怒受利山'의 위치를 현 連山面 青銅里에 比
定할 때 青銅의 古釋 '놋'을 寫音하기 위하여 앞의 '怒'가 借用된 것으
로 볼 수 있다. 따라서 우리는 백제어에서의 銅에 대한 釋 '놋'을 發掘
한 기쁨을 얻게 된다. 아울러 銅에 대한 백제어가 '놋'과 '구디'(仇知)의
同音異議語로 共存하였을 가능성을 얻게 된다.

3. 이른바 누르기재(黃嶺峙)—더 엄격히 말해서 大木峙下의 俗稱 屍

---

3) 李崇寧(1971 : 161)에서 다음과 같이 주장하였다.
「馬山>韓山」: 「馬」는 蒙古語 morin의 借用語라고 본다면, 15世紀에는 「ᄆᆞᆯ」이다.
百濟語의 「물」의 母音이 音素의 體系에 相當한 變化를 豫想해야 하기로 百濟語에
서도 「ᄋ」음일 可能性은 적으나 「물」(群, 衆)과 近似하다고 본다면 mʌl의 形態에
서 「衆, 多」의 意味를 거쳐 「韓山」(한=大, 多)으로 改名될 餘地가 있다. 이 改名은
新羅統一의 것이다」.

08. 계백장군과 관창의 전투 전사지점

　삼국사기 황산벌전투 기록 문헌을 보면 신라군이 백제군에 패하여 전의를 잃고 있을 때 부장 화랑 관창의 아버지 좌장군 품일이 관창을 불러 삼군(三軍)의 모범을 보이라 하자 관창이 고하고 말을 타고 창을 들어 적진으로 돌진하였다. 1차 생환 후 2차 관창의 희생 을보고 삼군(三軍)이 분격하여 북을 치고 함성을 질러 돌격하여 백제 무리를 쳐부수었다. "계백은 그곳에서 전사"하였고 좌평 충상과 상영 등 20여 명은 사로잡혔다고 기록되어 있습니다.

■ 위 기록에서 확인할 수 있는 것은

　1] 품일은 관창의 아버지로서 좌장군이었다. 신라는 3군으로 나누어(좌. 중. 우) 3도로 진격하였다. 계백과 관창의 전투는 황산전투 3일 중 마지막 날 최후의 결전이었을 것이므로 3도로 진격한 신라군은 백제 2영을 함락시킨 후 좌·우의 신라군이 중군에 합세한 것으로 보입니다.

　기록상의 품일이 아들 관창에 삼군(三軍)의 모범을 보이라 말하였고 관창의 희생 을보고 분격한 신라군이 북을 치고 함성을 지르며 돌격하여 백제 무리를 쳐부순 삼군(三軍)은 3도로 진격한 신라 좌·

중·우군을 의미한다고 보아야 할 것입니다.[14]

2] 이미 2개의 영은 함락시킨 후 [우(북산성) 좌(산직리산성)] 백제 주력군 계백장군과 접전하여 고전 중인 김유신 중군(4회 패퇴)과 천왕산성 전투에서는 3군이 합류한 후 공격하였음이 확인됩니다. 북산성을 함락시킨 신라 우군은 중군의 진격로 대로 북벽을 우회하여 연산중학교 앞 거북산 아래 청동리 지야로 진격하여 산소골(下落)로 진격하고 산직리산성을 함락시킨 신라 좌군은 험준한 천왕산성 동벽과 남벽을 우회하여 명암리(울바위)를 통과 우회하여 곧바로 여수고개 토성을 공략한 후 신라 중군이 포진한 인접한 매봉 아래의 청동리(산소골)에서 합류한 것으로 추정되는 현지 지형지세입니다.

3] 연산 신양리 지야 전투설은 금산탄현로로 전제하였을 때 3영을 황룡재, 산직리산성, 신흥리산성으로 본 견해로서 그와 같이 가정한다면 신라군은 신흥리산성을 우회하여 벌판으로 진격하여 영을 설치하지 않은 것으로 본 천왕산성을 함락시킨 후 3영으로 본 곳의 배후를 차단하고 앞뒤로 협공당하는 상황이 되면 백제군은 어떻게 대처했을 것인가 현장의 치명적인 취약 지형지세에 대하여 질문한 바 있습니다. 따라서 백제군은 천왕산성에 영을 설치하지 않을 수 없는 요충지임을 몰랐을 리 없다는 검증을 해보았습니다.[목차6. 계백3영에 관한 현장과 질문 참조]

신양리지야 전투주장은 이와 같이 현장에서 살펴보면 군사적으로

---

14) 이철성, 박범. 2015. 『옛 지도에서 논산을 만나다』 충남지역문화연구소, 건양대 p38 목차3. 산성 주변 지명유래.

중대한 치명적인 취약지임을 알 수 있음에도 우려되는 진로로 신라 좌군이 신흥리산성을 우회하고 우군은 황룡재를 넘어오고 계백장군은 산직리산성의 배후로 후퇴하여 접전했다는 견해를 주장하였습니다.

백제는 그와 같은 치명적 사태를 예측하지 못할 정도로 허술하고 어리석지는 않았을 것입니다. 백제가 천왕산성에 영을 설치하지 않을 수 없는 요충지임을 알고 계백 수력 중군이 주둔하였던 것으로 추정하는 것은 살펴본 바와 같은 고증되는 역사기록, 축성성곽, 수습토기, 지형지세, 전래되는 지명 금산 탄현로의 수레가 통과 할 수 없는 지형 조사 사실 등 자료가 충분하다고 사료되며 해답은 현장에 존재할 것입니다.[15]

4] 황산전투사와 놀랍도록 유사한 고구려와 신라군이 전쟁한(진평왕 629) 임진강이 보이는 낭비성(파주시 적성면 구읍리 산, 신라시대 칠중성 147m)은 삼국이 한강유역의 패권을 놓고 치열히 항쟁하던 교두보로 (칠중성 설명서) —현장을 답사해보면 천왕산(146m)과 높이가 거의 같고 3면은 험준하나 한쪽 편은 완만히 평지와 연결된 지형 등 지형지세가 유사함을 발견하게 됩니다.

낭비성 동편은(적성향교 소재) 완만하여 신라군은 이곳 취약지로 공격한 것으로 추정되며 역사는 고구려군이 성곽을 나와 성 아래에 열을 지어 포진하였음을 기록하고 있습니다.

자료를 보면 청주시 북이면 광암리를 낭비성으로 논하나 진평왕

---

15) 『삼국사기』 4권 「신라본기」 4권, 진평왕 51년조 629 낭비성, 『삼국사기』 권5 「백제본기」 6권, 의자왕 647 무산성, 649 도살성 전투사료

629년 낭비성전투 이전의 진흥왕 555년에 북한산 순행비가 세워졌으므로 청주는 신라의 영토였습니다. [진흥왕(540~576) 555년 북한산 순행비. 진지왕(576~579) 진평왕(579~632)]

천왕산은 산성 지형지세 중 완만한 취약지역이 매봉 서북향의 산소골일대 지역입니다. 낭비성전투에서 화랑 김유신이 세 차례 단독으로 말을 달려 돌격하였고 황산전투에서는 관창이 두 차례 단독으로 말을 달려 돌격한 역사 사실을 비교하여 볼 때 성곽 아래의 지야 유사한 지형지세였음을 알 수 있습니다.

방어군 백제는 유리한 산 아래 지형에서 포진하였음을 상정할 때 신라는 백제군을 향하여 지야벌판으로 진격하여 산 아래 불리한 지형의 벌판 끝자락 경계선에서 전투한 상황으로 볼 수 있을 것입니다.

문헌과 현장 지형지세의 실사에 근거하여 필자는 계백장군의 최후 결전지를 매봉 서쪽 산 아래 산소골의 의병장 백봉묘 산줄기로 추정합니다. 신라군은 건너편의 거북산으로 이어진 산줄기에 포진하여 대치하였을 것입니다.

지헌영 교수는 천왕산성이 계백 장군의 주력부대가 방어한 읍치지로 보았음에도 계백장군과 관창이 전투한 지점은 황산지야의 청동리지야 연산철도역 근처로 상정하였습니다.[16]

살펴본 바와 같은 고증되는 역사기록 사실, 현지 지형지세, 전투진행 정황 등을 검증하여 일치되는 곳을 찾아 모든 분이 수긍되는 결과를 도출하여 계백장군과 관창의 전투전사지점이 정립되기를 바랍니다.

(2017.5.1.)

---

16) 지헌영, 앞의 책 p170, 171

秋七月九日 庾信等 進軍於黃山之原 百濟將軍階伯 擁兵而至 先據嶮
設三營以待 庾信等 分軍爲三道 四戰不利 士卒力竭 將軍欽純謂子盤屈
曰 爲臣莫若忠 爲子莫若孝 見危致命 忠孝兩全 盤屈曰 謹聞命矣 乃入
陣 力戰死 左將軍品日 喚子官狀[一云官昌] 立於馬前 指諸將曰 吾兒年
纔十六 志氣頗勇 今日之役 能爲三軍標的乎 官狀曰 唯 以甲馬單槍 逕
赴敵陣 爲賊所擒 生致階伯 階伯俾脫冑 愛其少且勇 不忍加害 乃嘆曰
新羅不可敵也 少年尙如此 況壯士乎 乃許生還 官狀告父曰 吾入敵中
不能斬將搴旗者 非畏死也 言訖 以手掬井水飮之 更向敵陣疾鬪 階伯擒
斬首 繫馬鞍以送之 品日執其首 流血濕袂 曰 吾兒面目如生 能死於王
事 幸矣 三軍見之 慷慨有死志 鼓噪進擊 百濟衆大敗 階伯死之 虜佐平
忠常常永等二十餘人 是日 定方與副摠管金仁問等 到伎伐浦 遇百濟兵

逆擊大敗之 庾信等至唐營 定方以庾信等後期 將斬新羅督軍金文穎[或作
永]於軍門 庾信言於衆曰 大將軍不見黃山之役 將以後期爲罪 吾不能無
罪而受辱 必先與唐軍決戰 然後破百濟 乃杖鉞軍門 怒髮如植 其腰間寶
劒 自躍出鞘 定方右將董寶亮躡足曰 新羅兵將有變也 定方乃釋文穎之
罪 百濟王子使佐平覺伽 移書於唐將軍 哀乞退兵

가을 7월 9일, 유신 등이 황산(黃山) 들판으로 진군하였다. 백제의
장군 계백(階伯)이 병사를 거느리고 와서 먼저 험한 곳을 차지하여
세 군데에 진을 치고 기다리고 있었다. 유신 등은 병사를 세 길로
나누어 네 번을 싸웠으나 이기지 못하였다 장수와 병졸들의 힘이 다
하였을 무렵, 장군 흠순이 아들 반굴(盤屈)에게 말하였다.

"신하에게는 충성만한 것이 없고 자식에게는 효도만한 것이 없다.
이렇게 위급할 때에 목숨을 바친다면 충과 효 두 가지를 다하게 되
는 것이다."

반굴이 말하였다.

"삼가 분부를 알아들었습니다."

그리고 곧장 적진에 뛰어들어 힘을 다하여 싸우다가 죽었다.

좌장군 품일이 아들 관장(官狀)[혹은 관창(官昌)이라고도 한다.]을 불러
말 앞에 세우고 여러 장수들에게 보이며 말하였다.

"내 아들의 나이가 겨우 열여섯이지만 의지와 기개가 자못 용감하
니, 오늘의 싸움에서 삼군의 모범이 될 수 있을 것이다."

관장이 "예!"라 대답하고, 갑옷을 입고 말을 타고서 창 한 자루를
가지고 적진에 달려들어 갔다. 관장은 적에게 사로잡혀 산 채로 계
백에게 끌려갔다. 계백이 투구를 벗겨보고는, 나이가 어린데도 용감
한 것을 아끼어 차마 해하지 못하고 탄식하며 말하였다.

"신라에게 대적할 수 없겠구나. 소년까지 이와 같거늘 하물며 장
정들이야 어떠하겠는가!"

그리고 관장을 살려 보내도록 하였다.

관장이 본진에 돌아와 아버지에게 말하였다.

"제가 적진에 들어가 장수의 목을 베지도 못하고 깃발을 뽑지도 못한 것은 죽음이 두려워서가 아닙니다."

말을 마치고 손으로 우물물을 떠서 마신 다음 다시 적진으로 가서 맹렬히 싸웠다. 계백이 다시 붙잡아 머리를 베어 말안장에 매달아 보냈다.

품일이 그 머리를 잡고 흐르는 피에 옷소매를 적시며 말하였다.

"내 아이의 얼굴이 마치 살아있는 것 같구나. 임금을 위하여 죽을 수 있었으니 다행스런 일이로다!"

삼군이 이를 보고 분기가 복받쳐올라 모두 죽을 마음을 먹고 북을 치고 함성을 지르며 진격하여, 백제의 무리를 크게 쳐부수었다. 계백은 그곳에서 죽었고, 좌평 충상(忠常)과 상영(常永) 등 20여 명은 사로잡혔다.

이날 정방은 부총관 김인문 등과 함께 기벌포(伎伐浦)에 도착하여 백제의 병사들과 마주쳐 싸워 크게 쳐부수었다. 유신 등이 당나라 군대의 진영에 이르자, 정방은 유신 등이 약속한 날보다 늦었다는 이유로 신라의 독군(督軍) 김문영(金文穎)[혹은 영(永)이라고 한다.]을 군문에서 목 베려 하였다. 유신이 무리들에게 말하였다.

"대장군이 황산의 싸움을 보지도 않고 약속 날짜에 늦은 것만 가지고 죄를 삼으려 하는구나. 나는 죄없이 치욕을 당할 수 없으니, 반드시 먼저 당나라 병사와 결전을 치른 후에 백제를 깨뜨리겠다."

곧 커다란 도끼를 집어 들고 군문에 서자 그의 성난 머리카락이 곤두서고 허리에 찬 보검이 저절로 칼집에서 튀어나왔다. 정방의 우장(右將) 동보량(董寶亮)이 발을 구르며 말하였다.

"신라 병사들의 마음이 변하려고 합니다."

정방이 문영의 죄를 풀어주었다.

백제 왕자가 좌평 각가(覺伽)를 시켜 당나라 장군에게 글을 보내어 군대를 물릴 것을 애걸하였다.

五十一年 秋八月 王遣大將軍龍春舒玄 副將軍庾信 侵高句麗娘臂城 麗人出城列陣 軍勢甚盛 我軍望之懼 殊無鬪心 庾信曰 吾聞 振領而裘 正 提綱而網張 吾其爲綱領乎 乃跨馬拔釰 向敵陣直前 三入三出 每入 或斬將 或搴旗 諸軍乘勝 鼓噪進擊 斬殺五千餘級 其城乃降 九月 遣使 大唐朝貢

51년(서기 629) 가을 8월, 임금이 대장군 용춘(龍春)과 서현(舒玄), 부장군 유신(庾信)을 보내 고구려 낭비성(娘臂城)을 침공하였다. 고구려인이 성에서 나와 진을 쳤는데, 군세가 매우 강성하여 우리 병사가 그것을 바라보고 두려워하며 싸울 생각을 못했다.

유신이 말하였다.

"나는 '옷깃을 잡고 흔들면 가죽옷이 바로 펴지고 벼리를 당기면 그물이 펼쳐진다.'고 들었다, 내가 벼리와 옷깃이 되겠노라!"

그리고는 즉시 말에 올라 칼을 빼들고 적진으로 향하여 곧바로 나아갔다. 적진에 세 번 들어갔다 나왔는데 매번 들어갈 때마다 장수의 목을 베거나 군기를 뽑았다. 여러 군사들이 승세를 타고 북을 치고 소리를 지르며 돌격하여 5천여 명을 목 베어 죽이니, 낭비성이 마침내 항복하였다.

七年 冬十月 將軍義直 帥步騎三千 進屯新羅茂山城下 分兵攻甘勿桐
岑二城 新羅將軍庾信 親勵士卒 決死而戰 大破之 義直匹馬而還

7년(서기 647) 겨울 10월, 장군 의직(義直)이 보병과 기병 3천 명을
거느리고 나아가 신라의 무산성(茂山城) 아래에 주둔하고, 병사를 나
누어 감물(甘勿)과 동잠(桐岑) 두 성을 공격하였다. 신라 장군 유신이
직접 장수와 병졸을 격려하며 결사적으로 싸워서 아군을 크게 깨뜨
리니, 의직이 단신으로 돌아왔다.

八年 春三月 義直襲取新羅西鄙腰車等一十餘城 夏四月 進軍於玉門
谷 新羅將軍庾信逆之 再戰大敗之

8년(서기 648) 봄 3월, 의직이 신라 서쪽 변경의 요차(腰車) 등 10
여 성을 습격하여 빼앗았다.
여름 4월, 옥문곡(玉門谷)으로 진군하였다. 신라 장군 유신이 막아
서 두 번 싸워 크게 패하였다.

九年 秋八月 王遣左將殷相 帥精兵七千 攻取新羅石吐等七城 新羅將
庾信陳春天存等 逆擊之 不利 收散卒 屯於道薩城下 再戰 我軍敗北 冬
十一月 雷 無氷

9년(서기 649) 가을 8월, 임금이 좌장(左將) 은상(殷相)을 보내 정예
병사 7천 명을 거느리고 신라의 석토(石吐) 등 일곱 성을 공격해서
빼앗게 하였다. 신라 장수 유신, 진춘(陳春), 천존(天存), 죽지(竹旨) 등
이 이를 맞받아 공격하였으나 불리해지자, 흩어진 병졸을 모아 도살
성(道薩城) 아래 진을 치고 다시 싸웠다. 우리 병사가 패배하였다.
겨울 11월, 우레가 쳤고, 물이 얼지 않았다.

진흥왕(540~576) 555 북한산순행비
진지왕(576~579)
진평왕(579~632) 629 낭비성 전투

의견1.
낭비성(娘臂城)
삼국사기에 등장하는 상당수가 위치가 불명확한 반면 낭비성은 지금의 청주가 확실히 기록되어 있다.
따라서 김용춘이 **빼앗었던** 낭비성 또한 지금의 청주인 것이 정설이다.

수많은 성읍이 하루 아침에 주인이 바뀌는 시절이기에 7c 초반에는 신라가 계속되는 고구려의 나하정책과 무왕의 지도하에 다시 군사강국으로 우뚝선 백제로 인해 신라가 밀리던 형편이었다.

따라서 북한산성을 수호하여 한강유역의 패권은 지켰을지 모르지만 중부전선은 형편없이 빌려 고구려군이 청주지방까지 진출한 것이다.

의견2.
낭비성
629년 고구려와 신라의 전투가 벌어졌던 접경 지역의 성.
김유신 등이 참여한 신라군이 공격해 승리를 거둔 것으로 알려져 있는데, 위치에 대하여 의견이 일치하지 않는다. 〈신증동국여지승람〉 등의 지리서는 청주 지방으로, 일부에서는 충주 지방으로 비정하기도 한다. 그러나 〈대동지지〉에서는 경기도 적성현(파주시 적성면)으로 단정하고 있다. 이 성의 위치는 7세기 전반의 고구려와 신라의 영역과 경계를 반영하는 점에서 주목을 받아왔다.→ *적성현

*적성현
경기도 파주시 적성면, 양주시 남면 일대에 있던 옛 고을.
〈대동지지 大東地志〉에는 삼국시대에 백제(또는 고구려라고도 함)의 난은별현(難隱別縣)이었으며, 고구려에서는 낭비성(娘臂城), 신라에서는 칠중성(七重城)이라 불러 삼국의 접경 지역으로 비정하고 있다. 신라의 삼국통일 후 757년(경덕왕 16)에 중성현(重城縣)으로 개칭, 내소군(來蘇郡)의 영현이 되었다. 고려초에 적성현으로 개칭되었으며, 1018년(현종 9)에 장단(長湍)의 속현이 되었다. 1062년(문종 16)에 개성부 관할이 되었다가 1106년(예종 1)에 감무를 두어 독립했다. 군현제 개편으로 1413년(태종 13)에 적성현이 되어 조선시대 동안 유지되었다. 지방제도 개정에 의해 군이 되어 1895년에 한성부, 1896년 경기도에 속하게 되었다. 1906년 하북면을 마전군(麻田郡)에 이관했으며, 1914년 적성군이 폐지됨에 따라 적성군 남면은 그대로, 동면·서면이 적성면으로 통합되어 연천군에 병합되었다. 1945년 38°선이 연천군 남부를 지남에 따라 적성면·남면이 파주군에 이관되었다. 1946년 남면이 양주군에 편입되었다. 1996년 파주군이 시로 승격되면서 적성면은 파주시에 속하게 되었다.

탄현에 대하여-지헌영 교수

如何間 百濟本紀 第六 義慈王20年條가 單히

(1) 「……又聞唐羅兵 已過白江·炭峴 遣將軍堦伯 帥死士五千 出黃山 與羅兵戰 四
合皆勝之.」

라고 한 것보다 (5)가 보이는 黃山原戰의 戰況은 具體的이며 實感的이라
할 수가 있다. 앞에서 「百濟本紀」義慈王20年條 以後의 記錄은 新羅史官의
記錄과 唐側 記錄이 그 根據가 되었을 可能性이 짙다 했거니와, 이 「黃山
原戰」의 叙述에서도 그 片影을 認知할 수가 있다 하겠다.

左右間 이 (5)에 보이는

「先據險 設三營以待 庾信分軍爲三道」

의 句가 크게 注目된다. 이 (5)의 「據險三營」·「三道」의 記錄은 우리로 하
여금 連山盆地의 自然景觀과 人文景觀에 새삼 符合하는 것을 直覺하게 된
다. 卽 連山盆地의 咸芝山城·外城·靑銅城의 三城寨가 位置한 地域은 自
然地理的으로 能히 連山盆地의 三險이라 할 수가 있겠고, 또 이 三城寨는
連山盆地의 東北과 西方 및 南方에 位置하여 三道로 分道攻防할 地理的 條
件을 지니고 있기 때문이다. (5)에 「先據險 設三營以待」라 보이듯이 羅濟決
戰인 黃山戰에 있어서 防禦守備側이었던 百濟軍은 旣存防禦施設에 擁據하
여 對敵했을 것에 想倒할 때 (5)·(8)의 「黃山之原」 (9)·(10)의 「黃山之野」
가 現 連山盆地였다는 것을 歷然히 보여주고 남음이 있다 하겠다.

이와 같이 보아올 때 『輿地勝覽』(卷18) 連山縣 山川條의 記錄(前引)이
헛되지 않은 正確한 所傳임을 우리는 確認하게 된다. 더욱 『高麗史』(卷56)
地理志一 連山縣條(前引)가 天護山 開泰寺(現 湖南線 廣石驛) 一圓을 「黃山
之谷」이라 한 것과 對比시킬 때 現 連山面 邑內里와 湖南線 連山驛 一圓을
『三國史記』가 「黃山之原」「黃山之野」라고 表象 記錄한 것에 넉넉히 首肯이
간다 하겠다.

이곳에 덧붙이거니와 黃山之原戰에 있어서 新羅軍은 現 天護里 邑內里

一圓에 主力部隊가 布陣하고 百濟軍의 右軍은 靑銅城(內城)에 中軍은 外城에 左軍은 咸芝山城(北山城)에 各各 布陣하여 對陣했던 것을 比定할 수도 있을 듯하다. 盤屈·官昌郎의 勇戰 戰亡한 場所도 現 連山驛 近處일 것으로 想定되기도 한다.

더 보태거니와 堦伯(階伯)將軍의 主力部隊가 防禦했으리라 보아지는 靑銅城(內城)은 「連山盆地」(黃山之原·黃山之野)의 西南에 자리잡고 있어 多分히 邑治地의 性格을 지니고 있다고 나는 본다.10) 이 「靑銅城」(內城?)은 『日本書紀』齊明天皇 6年 庚申 9月條에

(11) 「九月己亥朔癸卯 百濟達率.(闕姓名) 沙彌覺從等 來奏曰(或本云逃來告難) 今年七月 新羅恃力作勢 不親於隣 引搆唐人 傾覆百濟 君臣摠俘 略無唯類.

(或本云今年七月十日 大唐蘇定方 率船師于尾資之津 新羅王春秋智 率兵馬 軍于怒受利之山 夾攻百濟 相戰三日 陷我王城 同月十三日 始破王城 怒受利山 百濟之東境也.)

로 보이는 「怒受利山」 바로 그것이라 보고 싶다.

『三國史記』卷第五 新羅本紀第五 太宗武烈王7年條에

(12) 「七月九日 庾信等 進軍於黃山之原……二十九日 自今突城至所夫里城……百濟餘賊 據南岑貞峴 □□□城. 又佐平正武 聚屯豆尸原嶺 抄掠羅唐人. 二十六日 攻任大兵 兵多地險 不能克但攻破小柵. 九月三日 郎將劉仁願 以兵一萬人 留鎭泗沘 百濟餘賊入泗沘 謀掠生降人 留守仁願出羅唐人 擊走之 賊退泗沘南嶺 竪四五柵 屯聚伺隙 抄掠城邑 百濟 叛而應者 二十餘城.

唐皇帝 遣左衛中郎將王文度 爲熊津都督 二十八日至三年山城 傳詔 文度面東立 大王面西立 錫命後 文度欲以宜物授王 忽疾作便死 從者攝位 畢事. 十月九日 王率太子及諸軍攻爾禮城 十八日 取其城置官守 百濟二十餘城 震慴皆降. 三十日 攻泗沘南嶺軍柵 斬首一千五百人……十月五日 王行渡鷄灘 攻王興寺岑城 七月乃克 斬首七百人 二十二日 王來自百濟論功.」

10) 「百濟期의 邑治城」에 對하여는 別稿할 機會를 기다리어야겠다.

云云으로 百濟滅亡 直後의 百濟人 遊擊軍의 掃蕩作戰을 볼 수가 있는데, 太宗武烈王 7年(660 A.D) 10月 9日에서 同月 18日에 걸친 十日間의 壯烈한 攻防戰이 벌어졌던 「爾禮城」은 이를 「奴斯只(內斯只)城」에 比定할 것이냐 또는 「黃等也山城」에다 比定할 것이냐는 問題는 되겠으나 三年山城(報恩) ── 泗沘(所夫里·扶餘)間의 가장 重要한 軍事的 要衝인 後者(黃等也山·青銅城·怒受利山)에다 이를 比定하는 것이 옳을까 생각되기도 하는 것이다.

上述한 바와 같이 (1)·(5)·(8)·(9)·(10)에 보이는 「黃山之原」(黃山之野)를 現 論山郡 連山面 邑內里·朝陽里·青銅里·閑田里 一圓의 連山盆地로 確定해 놓고 보면 新羅軍이 「進軍於黃山之原」한 通路도 自然 그 方向이 「黃山之原」의 自然地理的 交通地理的 關係에서 드러나게끔 될 것이다.

都是 「黃山之原」(黃山之野)를 羅濟間의 決戰場으로 選定한 것은 防衛側인 百濟軍의 戰略 所致였을 것으로 보아지는 것이다. 『三國史記』百濟本紀 義慈王20年 6月條의 記錄은 達率 常永[11]의 進策으로

> 「……今日之計 宜塞唐人之路 以待其師老 先使偏師擊羅軍 折其銳氣 然後 伺其便而合戰 則可得以全軍 而保國矣」

라 한 것과 大臣等이 興首의 進言을 反對하고 獻策한

> 「……莫若使唐兵入白江 沿流而不得方冊 羅軍升炭峴 由徑而不得並馬 當此之時 縱兵擊之 譬如殺在籠之鷄 離網之魚也.」

라 한 意見에 義慈王이 「然之」한 結果로 選定한 決戰場이었던 것으로 보아진다. 그보다도 百濟側은 義慈王20年(太宗王7年 顯慶5年) 5月 以來 7月에 이르는 동안 新羅軍의 動向과 唐軍의 動態에 對한 諜報·用閑에 그다지 等閑했으리라고는 보아지지 않는다. 決戰場으로서 「黃山之原」이 選定되기에는 이해 여름의 軍事的 情勢를 綜合 判斷한 結果로

---

11) 常永은 「新羅本紀」 太宗王7年條에 依하면, 百濟滅亡後 新羅에 歸順하여 武烈王이 「一吉飡」의 位를 주고 「摠官」으로 삼은 것이 보인다.

官昌 以甲馬單槍 徑赴敵陣

『삼국사기』권5「신라본기」5, 태종왕7년조(서기660년 7월 9일)

고구려 고분 벽화에 갑마를 타고 단창을 들고 싸우는 장수의 모습이 있다. 갑마(甲馬)는 말의 다리까지 전신이 보호되도록 갑옷이 둘러쳐 있다. 관창이 갑마를 타고 백제 진영에 돌진한 모습도 같은 모습이었을 것이다.

09. 계백장군과 관창의 전투전사 지점과 우물

옛날의 성곽은 군사들이 음용하는 물의 확보가 제1의 요건이었다고 합니다. 천왕산성(청동리산성) 매봉 아래 성안(재실 앞)에는 산에서 옛적부터 있었을 것으로 보이는 샘솟는 샘물이 있습니다. 이 샘물은 천왕산에 주둔한 백제군사가 음용한 샘물이었을 것입니다.

한편 5만 신라군이 3일간 여름의 전투수행 시 취사와 음용할 우물의 확보는 필수적이었을 것입니다. 천왕산성 매봉 토성 아래 청동리(산소골)의 신라군 포진지점으로 추측되는 산줄기 아래에는 문헌을 뒷받침할 수 있는 우물(샘물)이 있습니다.

계백 3영 중 천왕산성이 계백 3영의 중심 성곽으로서 수천 명의 백제군사가 주둔한 성곽으로 확인된다면 주력군과 계백이 함께했을 것이고 그렇다면 자연히 대두되는 것은 계백과 관창의 접전 전사지점과 관창이 손으로 떠 마신 우물터는 어느 장소인가 찾는 작업이 진행되어야 할 것입니다.

종래의 학계는 황산전투가 벌판에서 벌어진 것으로 본 문헌 해석의 오류가 있습니다.[17] 계백 3영과 계백의 전투전사지점 논해시 지헌영 교수는 천왕산성을 계백장군과 주력군이 주둔한 계백 3영으로 보았으면서도 계백과 관창의 전투지는 청동리지야 연산철도역 근처로 비정하였습니다. 그 외 학자도 살펴본 바와 같은 관점에서의 조사는 하지 않았으므로 금후 학자들과 관계기관의 현장 조사 시 단서를 제공하는 문헌과 현장의 지형지세에 따라 역사기록과 일치되는 지점의 해답이 나오기를 바랍니다.

천왕산성은 황산벌의 중심으로 매봉(146m)의 서쪽 방향 산등성이 아래 50m지점의 인력축성성곽과 연결되어 내려온 산줄기는(의병장 백봉묘 소재) 현재의 국도까지 이어져 있으며 본 산줄기와 함께 매봉 줄기에서 갈라져 이어 내려온 건너편 산줄기는 청동리 지야 끝자락 산소골을 양편으로 감싸 내려가 거북산으로 이어져 있습니다.

신라군 포진 추정지에 있는 우물은 50년대에는 마을 우물로 사용 되었으며 현재의 논과 같은 높이가 아니라 조금 경사가 있는 지대로 물이 넘쳐흘러 논으로 흘러들어 갔습니다. [현지 샘물 옆 1939년생. 여, 이상남(낭꼬)씨 에 의하면 어렸을 때 동생의 익사사고로 기존우물 바로 아래에 붙여 논 쪽으로 이동시켰음을 증언함.] 50년대 샘물은 측면에서 보았을 때 언덕 안쪽에 네모진 형태로 시멘트의 사용 없이 큰 돌로 1개 층으로 얕게 우물 주변을 둘러쳤으며 앉아서 우물 물을 떠먹을 수 있는 형태였습니다.

관창은 손으로 샘물을 떠서 마신 후 2차로 백제군에 돌진하였으므로 우물은 지표에 넘쳐흐르는 상태였을 것입니다.

---

17) 목차11. 황산지원 황산지야에 대하여

관창은 2차 출격전 좌장군 아버지 품일에게 "제가 적진에 들어가 장수의 목을 베지도 못하고 깃발을 뽑지도 못한 것은 죽음이 두려워서가 아닙니다", 말을 마치고 샘물을 손으로 떠 마신 후 곧바로 돌진하였으므로 김유신을 비롯한 신라군 지휘부는 신라군 포진언덕 우물 주변에 포진하고 있었음을 상정할 수 있을 것입니다. 천왕산은 산성 지형지세 중 완만한 지역이 매봉 중심 서북향의 산소골 일대 지역입니다.

낭비성전투에서는 화랑 김유신이 단독으로 말을 달려 돌격하였고 황산전투에서도 관창이 단독으로 말을 달려 돌격한 역사 사실을 볼 때, 지야 끝자락의 유사한 지형지세였음을 알 수 있습니다. [이전부터 답(畓)이었으나 폐농으로 버드나무와 갈대가 무성한 상태로 변하고 있음. 현장자료 사진 참조]

살펴본 바와 같이 문헌의 기록 사실, 현지 지형지세, 전투진행 정황 등이 부합되므로 이 같은 지형의 조사 필요성과 역사 사실을 고증하여 뒷받침할 수 있는 우물의 조사 필요성이 있을 것입니다.

앞으로 역사현장에 대한 관련 조사가 학자들과 관계기관에서 이루어져 계백과 관창의 전투전사지점이 정립되는데 참고되는 현장 설명이 되기를 바라 인지하고 있는 지형의 자료를 기술합니다.

(2017.5.1.)

10. 연산 신양리의 황산전투 유적지 조성의 재검토를 건의함

제례 하옵고

논산시에서는 황산벌전투사의 정립을 위하여 일부의 학자만이 참여한 학술세미나를 개최하였고(2016.5.26.) 충남역사문화연구원에 황산벌 전적지 문화재 지정을 위한 연구용역을 의뢰하여 보고서를 제출받았으며(2016.7) 이를 근거로 하여 연산면 신양리 일대(산직리산성 배후. 나래재 넘어 구 한민대학교 앞)를 황산벌 전적지로 조성하는 작업을 추진 중인 것으로 압니다. 이는 순서가 뒤바뀐 제2의 하자 있는 계백묘소를 조성하려는 것과 같은 행정 방향이라고 문제를 제기합니다.

[국민들은 정립되지 않고 조성된 현재의 계백 장군 묘소로 인하여 그곳을 계백과 관창의 전투지 전사지로 오해하여 인식하고 있으며 이 같은 사실은 관계기관과 학자로부터 확인한 사실입니다.]

그렇다면 논산시는 문제점을 인정하고 현재 진행중인 신양리 전적지 조성안을 중단하고 차제에 과감하게 황산전투사의 진실된 역사사실의 정립에 나서는 결단을 할 것을 촉구합니다.

역사진실을 판단할 때 해답에 대한 설명이 복잡하기보다 단순할수록 해답에 가까워진다. 『고대 동아시아 세계대전』 2015, 서영교 교수님이

깨달았다는 말씀에 동감하면서 관계기관과 학자들께 별첨과 같은 몇 가지 단순하고 상식적인 질문을 드립니다. 기본적인 서생의 질문사항이 검증되어 수긍되지 않는다면 현재와 미래의 어느 역사가가 현재 진행중인 신양리 황산전투지가 수긍될 수 있겠는지요. 황산유적은 고증되고 이론이 해소되어 정립한 후 사적으로 지정되고 유적 복원과 관광개발계획이 수립되어야 할 것입니다.

이론이 있는 정립되지도 않은 장소를 사적지로 지정하고 세계문화유산 등록을 추진할 수는 없을 것입니다.

신양리 벌판 백제전적지 조성은 현재의 충곡리 계백장군묘 조성과 마찬가지로 계백과 관창의 전투지 전사지점으로 오해하는 결과를 초래하게 될 것입니다.

금산 탄현로와 신양리 벌판 전투설은 별첨 질문 1항의 사실만으로도 판단 가능한 단순한 과제일 수 있다고 봅니다.

기존의 하자 있는 계백 묘소를 기정사실로 하여 역사의 진실을(계백 3영. 계백과 관창 전투전사지점) 찾고자 하는 노력과 조치를 외면하지 마시기를 간절히 바랍니다.

논산시가 진행하는 황산유적지 조성사업은 모든 관련 학자와 국민에게 공개하고 현재 진행하는 신양리 전적지 조성안은 유보하여 재검토하여 주기를 건의합니다.

공정 투명한 절차에 의하지 아니하고 졸속으로 진행된다면 견해가 다른 고금의 학자들의 연구 성과와 역사의 진실은 발견되지도 정립되지도 아니하고 앞으로도 논란이 계속되고 학자들 견해를 나열 할 수밖에 없는 일이 될 것으로 보입니다.

이와 같은 결과는 황산전투 유적지 보존복원대상과 세계문화유산

등재근거에도 부정적 영향을 미치게 될 것으로 보입니다.

별첨 단순하고 기본적인 의문에 대한 답변과 검증, 공정 투명한 절차 후의 결과는 모든 분이 수긍될 수 있으리라고 봅니다. 본 건의안에 대한 입장에 대하여 답변을 요청드립니다.

감사합니다.

(본 내용은 관계 학자분들과 관계기관 함께 공유합니다.)

별첨: 질문의 내용

(2017.3.22.)

황산전투 현장 출신으로서 황산전투에 관한 학자들과 관계기관의 견해 등을 접하고 서생으로서 상식적이고 기본적인 몇 가지의 의문점에 대하여 질문을 드립니다.

질문의 내용

---

[1] 탄현과 신라군의 진로판단에 대하여

[2] 계백 3영 위치에 대하여

[3] 계백과 관창의 전투지(신라3군 진군로)에 관하여

[4] 신라군 지휘부의 3영 성곽 함락작전에 대하여—성곽 취약지의 공략

[5] 3일간의 전투와 신라 좌군과 우군의 행선지는? (별첨 약도참조)

[6] 황산전투와 역사기록 낭비성전투를 비교한 계백과 관창의 전투
    지점과 포진형태에 관하여(별첨. 낭비성전투와 황산전투 비교표 참조)

[7] 관창이 2차 출격 전 손으로 떠 마신 넘쳐흐르는 우물(샘물)에 관하여

[8] 천왕산성(청동리산성) 지형지세와 수습토기(북벽 122.8m 지점)와 지명
    유래에 대하여 (목차3. 지명유래 참조)

(1) 탄현과 신라군의 진로판단에 대하여

문헌은 나당연합군이 백제 사비성과 웅진성을 점령하여 주둔하고 있을 때 백제 부흥군이 진현성(흑석동산성)에서 신라에서 오는 양도(糧道)를 차단함으로써 기아의 곤경에 처하여 당나라장수 유인궤가 신라군과 출동하여 진현성을 함락하여 군량 수송로를 뚫었다고 기록되어있습니다.[18]

금산 탄현로로 신라 5만 대군이 수레를 이용하여 황산으로 진격하였다면 그 진로로 식량을 운반하였을 것이 분명할 터인데 어떻게 해서 진현성과 웅진도를 차단하자 사비성과 웅진성의 나당 군사가 기아의 곤란한 지경에 처하게 되었는지요. 이는 당시에 금산로는 수레 이동이 어려운 지형지세로서 황산으로 진군하지 않았음을 고증하는 역사기록이라고 봅니다.

[황산전투는 신라의 전 국력을 동원한 준비한 전쟁, 여름철에 신라 5만 대군 진군시 식량, 취사 도구, 무기, 갑옷, 천막 등을 적재한 수레의 이용은 필수적이었을 것으로 판단된다. 문무왕 2년 662, 신라의 고구려 침공시 수레 2,000여 대에 쌀(米) 4,000여 섬, 조(租) 2만 2천여 섬을 싣고 간 고증되는 기록참조.[19]]

---

18) 서정석, 「백제산성을 통해본 황산전투의 현장」, 144. 145쪽 김영관, 「백제부흥운동 연구」, 2005, 서경문화사, 145.146쪽 조성욱, 탄현의 위치

19) 「삼국사기」 6권 「신라본기」 6권 문무왕 2년조 662(고구려 침공 시 수레 기록)

금산 탄현로를 주장하는 성주탁 교수의 논지는 강이 있고 산이 험준하기 때문임을 주장하면서 일제 강점기에 남이면 역평리 수리고개의 경우 가장 넓은 길로 한사람이 소를 끌고 지날 수 있는 정도였음을 조사기록하고 있습니다.[20]

상기 2가지 기록과 사실만으로도 금산탄현로는 대규모 수레 이동은 불가하여 황산으로 진군하지 아니하였음을 판단 가능한 것이 아닌지 질문 드립니다.

강과 대둔산을 벗어난 당시 은진, 논산 일대는 거사리천(居士里川)이 있고 이녕(泥濘. 진수렁) 지대였다고 합니다.[21]

---

20) 성주탁, 앞의 책 8, 9, 15, 123쪽.

21) 지헌영, 앞의 책 174쪽, 금산, 운주, 논산지형[이녕(泥濘) 진수렁 지대]

F - ① 福信等 以眞峴城臨江高險 又當衝要 加兵守之 仁軌引新羅之兵乘夜薄城 四
　　　面攀堞而上 比明而入據其城 斬首八百級 遂通新羅運糧之路(『舊唐書』卷
　　　199 上「列傳」149 上 東夷. 百濟國)
　　② 福信等以眞峴城 臨江高嶮 又當衝要 加兵守之 仁軌夜督新羅兵 薄城板堞 比

---

35) 炭峴에 대한 위치는 다음의 논문에 잘 정리되어 있다.
　　成周鐸,「百濟 炭峴 小考」『百濟論叢』2, 百濟文化開發硏究院, 1990, pp.12~15 ; 金
　　甲童,「高麗 太祖 王建과 後百濟 神劍의 전투」『滄海朴秉國敎授停年紀念史學論叢』,
　　1994, pp.272~273 ; 徐程錫, 앞의 논문. 2003, pp.92~96.
36) 池憲英,「炭峴에 對하여」『語文硏究』6, 1970, p.95.

明而入城斬殺八百人 遂通新羅饋道(『三國史記』卷28, 「百濟本紀」6, 義慈王 20年 龍朔 2년 7月條)

사비도성이 함락된 후 熊津과 泗沘에 머무르던 나당연합군에 대항하기 위해 백제의 부흥군들이 웅진 동쪽에 주둔하면서 신라에서 웅진·사비로 전해지는 식량을 차단하자 연합군은 곤경에 처한다. 마침내 기다리다 못한 유인궤는 신라병사들을 이끌고 백제 眞峴城을 공격하여 800명을 베어 죽이고 군량 수송로를 뚫고 있다.

여기에서 보면 백제의 眞峴城은 신라에서 웅진·사비로 연결되는 중요한 군량 수송로상에 있었음을 알 수 있다. 그런데, 이 眞峴城은 사료 B-①에서 보듯이 오늘날의 대전시 진잠지역이었다. 마침 이곳에는 黑石洞山城이 자리하고 있는데, 산성의 입지, 규모, 출토유물 등을 종합해 볼 때 史書에 보이는 眞峴城으로 비정된다.[37] 다시 말해서 적어도 대전 남쪽의 현 黑石洞에서 連山을 통해 부여, 공주로 가는 길이 당시 백제와 신라 사이의 중요한 간선도로였음을 확인할 수 있다. 지금까지의 연구에서는 이 점을 간과했다. 당시 신라에서 공주, 부여로 군량이 수송되어 오는 유일한 통로였는데도 불구하고 별다른 주목을 받지 못했다.

당시 신라에서 웅진·사비에 이르는 길 중에 현재의 대전을 거치지 않고도 우회할 수 있는 길이 있었다면, 웅진·사비지역의 연합군이 대전지역에 자리하고 있던 백제 부흥군에 의해 식량공급이 차단되어 고통받는 일은 없었을 것이다. 그러나 실제로는 그런 일이 벌어졌다. 할 수 없이 661년에는 唐軍 1천명이 웅진 동쪽으로 부흥군을 공격하러 나섰다가 한명도 돌아오지 못하고 몰사하는 일도 있었다.[38] 그 후 웅진에서 신라쪽으로 군사를 청합이 밤낮으로 계속되었다는 것은[39]

---

37) 沈正輔, 「百濟 復興軍의 主要 據點에 關한 硏究」『百濟硏究』14, 忠南大 百濟硏究所, 1983, pp.167~169 ; 徐程錫, 『百濟의 城郭』, 學硏文化社, 2002, pp.318~323.

38) 『三國史記』卷7, 「新羅本紀」7, 文武王 11年條, 文武王報書 "至六年 福信徒黨漸多 侵取江東之地 熊津漢兵一千 往打賊徒 被賊摧破 一人不歸…"

39) 『三國史記』卷7, 「新羅本紀」7, 文武王 11年條, 文武王報書 "自敗已來 熊津請兵 日夕相繼…"

당시 웅진·사비지역에 고립되어 있었던 연합군이 얼마나 절박한 처지에 몰려 있었는지를 단적으로 말해주는 것이다.

사정이 이렇게 절박한 데도 신라로부터의 군사와 군량은 제대로 조달되지 않았다. 웅진 동쪽, 즉 대전지역을 백제 부흥군이 장악하고 있어 웅진·사비로 통하는 이른바 '熊津道'가 차단되고 있었기 때문이다.[40] 그런 점에서 당시 신라에서 웅진·사비로 오기 위해서는 반드시 거쳐야 했던 곳이 대전지역임을 다시 한 번 확인할 수 있다.

660년 여름에 신라군이 그랬듯이 대전을 직접 통과하지 않고 금산이나 진산, 혹은 雲洲쪽으로 우회하는 도로가 있었다면 웅진과 사비에 고립되어 있던 연합군이 그렇게 고통을 겪지는 않았을 것이다. 백제 부흥군 역시 대전지역에서 저항할 필요가 없었을 것이다. 그런데 부흥운동기에 백제의 부흥군들이 대전을 근거지로 해서 부흥운동을 전개했다는 것은 이곳이 그 만큼 요충지이자 다른 지역으로 우회할 수 있는 길이 없었음을 뜻한다. 또한, 660년 7월에 신라군이 이곳을 통과할 때 이곳에 자리하고 있던 백제군들과 교전을 피하면서 진격하였음을 의미하는 것이기도 하다.

탄현의 위치추정 – 조성욱 교수

표1. 탄현의 위치추정

주장 학자		비정 위치
1.津田左右吉. 1913	*	보은과 옥천방면
2.大原利夫. 1922		금산제원면내천리와 영동군양산면가선리 사이의 묵현
3.小田省吾. 1927		완주군운주면 탄현
4.今西龍. 1934		부여군석성면성각리 숫고개
5.池內宏. 1941	*	대전과 금산군추부면사이의 마도령(마달령)
6.이병도. 1959	*	대전의 식장산성
7.홍사준. 1967		완주군운주면 탄현
8.지헌영. 1970	*	대전의식장산성(탄산)북쪽 자무실고개
9.정영호. 1972		완주군운주면 탄현
10.이기백. 1982	*	대전의 식장산성
11.전영래. 1982		완주군운주면 탄현
12.성주탁. 1990		금산군진산면교촌리 숫고개
	*	표시는 대전 식장산 탄현로 주장학자

조성욱, 「백제탄현의 지형조건과 관계적 위치」, 71쪽.

는커녕 부흥운동군에게 포위된 채 '虎吻之危難'을 겪고 있었다. 사비성의 유인원이 거느린 留鎭唐軍과 신라군은 고립되어 있었고, 부흥운동군의 공격을 감당하기에는 역부족인 상태였다. 또한 신라군의 지원과 보급이 없이는 1만 당병을 유지하는 것도 매우 어려웠다. 答薛仁貴書에 留鎭唐軍의 열악한 상황이 다음과 같이 표현되어 있다.

> 平定已後 先王遂共蘇大摠管平章 留漢兵一萬 新羅亦遣弟仁泰 領兵七千 同鎭熊津 大軍廻後 賊臣福信 起於江西 取集餘燼 圍逼府城 先破外柵 摠奪軍資 復攻府城 幾將陷沒 又於府城側近四處 作城圍守 於此府城不得出入 某領兵往 赴解圍 四面賊城 並皆打破 先救其危 復運糧食 遂使一萬漢兵 免虎吻之危難 留鎭餓軍 無易子而相食 至(顯慶)六年 福信徒黨轉多 侵取江東之地 熊津漢兵 一千 往打賊徒 被賊摧破 一人不歸 自敗已來 熊津請兵 日夕相繼 新羅多有疫病 不可徵發兵馬(『三國史記』新羅本紀 文武王 11년 答薛仁貴書).

위 기록에 의하면 나당연합군이 백제를 멸망시킨 후 당병 1만과 신라군 7천이 사비성과 웅진성을 지켰는데, 복신 등 부흥운동군이 일어나 府城의 外柵을 공격하고 軍資를 빼앗아 府城을 공격하니 거의 함락될 지경에 이르렀고, 또한 府城의 사방에 성을 쌓아 포위하니 府城을 출입할 수 없었다는 것이다. 여기서 府城은 사비도성을 가리키는 것이고, 府城의 네 곳에 성을 쌓아 포위하였다는 것은 부흥운동군이 사비 南岑 등 사비도성 주위에 목책을 설치하고 사비도성을 포위하였던 사실을 전하는 것이다. 즉 사비성의 留鎭唐軍은 사방을 포위당한 채 부흥운동군의 지속적인 공격에 시달리고 있었던 상황을 표현한 것이다. 또한 부흥운동군에게 포위당한 당군과 신라군은 군량이 부족하여 기아에 시달리게 되었다. 이에 신라군이 출정하여 府城의 포위를 풀고 당군을 위기에서 구출하고 군량을 운송하여 기아에서 벗어날 수 있게 해주었다는 것이다. 그리고 熊津

府城의 당군 1천이 부흥운동군에게 전멸당하는 사태를 당하자 당군은 신라군에게 계속해서 구원을 청하였으나 신라의 국내 사정으로 말미암아 구원군을 보내기가 매우 어려웠던 사실을 알려주고 있는 것이다.

이렇듯 부흥운동군이 사비성을 사방에서 포위하고 공격하여 留鎭唐軍에 대한 보급로를 끊자 당군은 굶주림에 시달리며 함락의 위기에 몰리는 등 매우 곤핍한 처지가 되었다. 그러나 신라군도 5만 대군이 660년 여름에 출정해 겨울에서야 돌아가게 되어 매우 지치고 피곤한 상태였다. 더군다나 국내에 역병이 돌아 병마를 징발할 형편이 아니었다. 신라군의 곤핍한 사정은 사비성의 留鎭唐軍을 구원하러 출병하는 것을 매우 어렵게 하였다. 당 본국에서도 사비성의 留鎭唐軍을 지원하지 못했다.

유진당군은 오직 신라군의 지원만을 기다릴 수밖에 없었다. 다음의 기사를 통하여 당군이 신라군에게 매우 의존하고 있었다는 사실을 살필 수 있다.

J-① 詔起劉仁軌檢校帶方州刺史 將王文度之衆 便道發新羅兵 以救仁願 (중략) 仁軌以衆小與仁願合軍 休息士卒 上表請合新羅圖之 羅王春秋奉詔 遣其將金欽將兵救仁軌等 至古泗 福信邀擊敗之 欽自葛嶺道遁還 新羅不敢復出(『三國史記』 百濟本紀 義慈王 20년).

② 時郞將劉仁願留鎭於百濟府城 道琛等引兵圍之 帶方州刺史劉仁軌代文度統衆 便道發新羅兵合契 以救仁願(『舊唐書』 권199 列傳 제149 東夷 百濟國).

③ 詔仁軌檢校帶方州刺史 代文度統衆 便道發新羅兵 合勢以救仁願(『舊唐書』 권84 列傳 제34 劉仁軌).

④ 詔仁軌檢校帶方州刺史 統文度之衆 幷發新羅兵爲援(『新唐書』 권108

논산 황산벌 전적지 2000(충남대 백제연구소)-성주탁 교수

山北里, 長仙里를 거쳐서 連山 黃山벌로 집결하였다고 주장하고 있다. 鷄龍山 줄기가 남쪽으로 뻗어 내려와서 天護山, 國師峯으로 연결되는 험준한 山陵이 서남쪽 茅村里까지 연결되어 있다. 이 산줄기를 넘어서 황산벌로 들어오려면 大田에서 豆溪와 양정고개를 거쳐 天護里, 開泰寺를 지나 들어오는 통로가 있는데 이곳 양정고개 길목은 단일통로일 뿐만 아니라 아무런 방어시설도 없으므로 階伯將軍의 三營設置 시설이 있을 수 없다. 따라서 김유신 장군의 分軍三道의 통로도 있을 수 없다. 그 다음에는 汗三川에서 누룩이재(黃嶺)를 넘어 황산벌로 들어오는 통로가 있는데 이곳 고개 정상의 표고 390m 지점에 山城이 축조되어 있다. 이 산성은 둘레 300m의 테뫼형 토성인데, 성 안에서는 백제 토기편이 수습되므로 백제 산성임이 분명하다. 이 山陵의 중간 지점에는 山直里에도 둘레 600m의 테뫼형 석축산성이 있다. 城 안에서는 백제계 승석문 토기편을 비롯해서 기와편도 많이 출토되고 있다. 고려 청자편과 조선 백자편도 용이하게 수습할 수 있어서 백제시대부터 고려 · 조선시대까지 사용되어 내려온 산성임을 입증해 주고 있다. 이곳에서 수습되는 백제 토기편들은 珍山에서 수습할 수 있는 토기편과 같은 종류이므로 동일시대의 백제산성임을 알 수 있다. 이 山陵이 끝나는 곳에 茅村里 부락이 위치하고 있다. 茅村里山城은 茅村里 부락 뒷산 표고 163m 지점에 토축에 의존하여 축조되어 있으며, 둘레는 600m이다. 城안에서는 백제 토기편을 수습할 수 있으며, 山城 밖의 북쪽 경사면에는 백제시대 고분군이 있다. 茅村里山城에서 서쪽 1.5km떨어진 속칭 貴名峯에는 둘레 20m정도의 석축보루가 있어서 앞산에 가리워 시야가 좁은 茅村里山城의 보조역할을 하고 있다. 山直里山城과 茅村里山城이 있는 중간 지점에는 적을 이겼다고 해서 지어진 이름이라고 전하는 숭적골(勝敵洞)이란 지명이 전설과 함께 지금까지 전해 내려오고 있다. 바로 이 3城이 백제 계백장군이 험준한 곳에 먼저 와서 설치하였다고 하는 '三營'으로 비정되는 곳이다. 따라서 三營의 중간 지점에 있는 山直里山城에는 階伯將軍의 中軍이 포진하고, 왼쪽에 있는 黃嶺山城에는 左軍이 그리고 오른쪽에 있는 茅村里山城에서는 右軍이 포진하고 있었다. 階伯將軍이 주둔하였던 곳으로 비정되는 山直里山城에서 건너다보면 곰티재(熊峙)가 있는데, 이곳에도 山城이 있다. 속칭 熊峙山城이라고 하며 둘레 약 300m의 테뫼식 석축산성이다. 이 산성에서 골짜기를 타고 내려가면 伐谷面 檢川里, 德谷里, 道山里에 이르게 되고 道山에서 고개를 넘어 서면 바로 숯고개 (炭峙, 沈峴, 炭峴)으로 연결되어 있다. 이곳은 珍山面 校村里 · 浮岩里와 웅내리의 접경지대에 해당된다.

(3) 百濟 '炭峴'의 위치 비정

탄현의 위치문제는 신라군의 진격로를 비롯해 계백장군이 설치한 삼영과 김유신의 삼도를 구명하는게 선결조건이라고 하겠다. 먼저 이제까지 제기된 제견해를 살펴보면 다음의 3가지로 요약된다. 첫째는 大田 東方이라는 설로 대전 동쪽의 食藏山 부근에서 구하는 견해, 둘째는 錦山 · 高山界의 炭峙說, 셋째는 珍山의 炭峴(숯고개, 炭峙)에서 구하는 견해로 신라군의 진격로를 영동-금산-진산-연산의 통로로 이해하는 견해 등이 있다.

그런데 백제 계백장군이 설치한 '三營'의 위치가 論山市 連山面 黃嶺山城과 山直里山

城, 茅村里山城으로 연결되는 산능에 배치하였음을 앞에서 고증한 바 있다. 산성이 배치된 산릉 배후에는 최후 격전기로 알려진 '黃山벌'이 위치하고 있음도 이미 밝혀진 바 있다. 그렇다고 하면 新羅 5만 군대가 넘었으리라고 하는 '炭峴'의 위치는 이와 마주하고 있는 珍山·錦山으로 통하는 단일 통로밖에 없다고 하겠다. 이와 같은 전제하에서 珍山·錦山 방면에서 '炭峴'의 위치를 본 장에서는 고증하고자 한다.

忠南 錦山郡 珍山面의 연혁을 살펴보면, 백제시대에는 珍同縣 또는 珍洞縣이라 했는데 신라가 三國을 통일한 후 黃山郡(지금의 連山 지방) 領縣으로 되었다.

본고에서 고증하고자 하는 珍山面 지역에 대한 지형 및 지세를 1986년에 국립지리원에서 제작한 5만분의 1 지형도 '錦山'에서 살펴보면, 珍山面 校村里 표고 148m지점에 '숯고개'가 있으며, 그 아래에 있는 4~5호의 자연부락을 속칭 '숯골'이라고 부르고 있다. 이곳 숯고개의 순수한 우리말이 漢字로 표기화하는 과정에서 '炭峴'으로 바뀌어지게 된 것이다. '숯고개'가 '炭峴', '炭峙'로, '숯골'이 '炭洞' 등의 지명으로 바뀌게 된 것은 大田 부근에 있는 '숯골'이 '炭洞'으로, '숯방이'가 '炭坊洞'으로 그리고 大田市 二沙洞과 所好洞 사이에 있는 '炭峴'을 '숯재'라고 부르는 것만 보더라고 용이하게 이해할 수 있다(成周鐸 1990).

珍山面 校村里 숯고개(炭峙·炭峴) 앞에는 동쪽에서 내려오는 물과 大屯山에서 발원한 물이 珍山面 邑內里를 거쳐 이곳에서 합류한 다음 大田의 柳等川으로 흘러 내려가고 있다. 이곳은 비가 조금만 많이 와도 물에 잠기는 저지대이다.《東國輿地勝覽》山川조에는 郡의 남쪽 10리 되는 곳에 淸澄淵이 있는데 물이 대단히 깊다고 하였고,《大東地志》에도 같은 내용이 기록되어 있으며, 또한 그 물은 水心臺에서 합쳐지게 되어 있다고 기록되어 있다. '水心臺'라고 하는 이름도 물이 깊다고 하는 '水深臺'라고 하는 뜻에서 유래되었을 가능성이 있으며, 위 지형도에서는 '수심대'라고 표기되어 있다. 또한 '浮岩里'라고 하는 지명도 물이 불면 바위도 떠내려간다고 하는 뜻에서 지어진 이름이라고 하며, 馬田 地方 2만5천분의 1지형도에 '부수바위'라고 하는 지명도 기재되어 있다. 따라서 '숯고개 (炭峙)'가 위치하고 있는 이 부근은 물이 깊은 침수지대이므로 沈峴이라고 하는 지명이 생겨났을 가능성이 충분히 있다. 이 沈峴의 지명은 백제 충신 成忠과 興首가 똑같이 말한 바 있는 百濟 방어의 요새지인 沈峴과도 관계가 있으리라고 생각된다.

'숯고개'가 위치하고 있는 이 지점에서 서쪽으로 고개를 넘으면 論山市 伐谷面 道山里와 大德里·檢川里에 이르게 되고, 檢川里에서 서쪽으로 '곰치재'를 넘으면 論山市 陽村面 山直里를 거쳐 論山市 連山面 新良里 '황산벌'에 도달하게 된다. 또한 이 '숯고개'에서 동쪽으로 大路를 따라 가면 馬田-沃川-報恩으로 연결되어 있으며, 남서쪽 통로는 大屯山 배티고개를 넘어 全州지방과 連山地方으로 통하게 되어 있다.

이 숯고개(炭峙)의 교통 요충지를 방어하기 위하여 두 곳에 山城을 축조하였는데, 그 하나는 동쪽으로 浮岩里 표고 340m지점에 있는 산성이고, 또 하나는 서남쪽 진산면 邑內里 표고 300m 지점에 있는 山城이다. 이들 산성은 교통의 요충지 炭峴(炭峙), 즉 숯고개의 통로를 방비하기 위하여 축조된 백제 산성들이다.

고 있어야 한다. 그렇다고 하면 新羅의 또 하나의 근거지라고 할 수 있는 報恩 三年山城과도 연결되는 珍山 炭峴(숯고개, 炭峙)이 바로 신라 5만 군대가 넘어선 炭峴이 됨을 제시해 둔다. 이 주변에는 珍山城과 浮岩里山城이 양 길목을 지키고 있고, 또 물이 깊어서 생긴 '수심대'라고 하는 지명과 바위도 물에 떠내려갔다고 하는데서 생긴 '부수바위'의 지명, 또 '浮岩里'라는 지명 등, 沈峴에 해당되는 지명들이 있어서 珍山 '炭峴'(숯고개, 炭峙)에 대한 주장을 더욱 굳게 해주고 있다. 珍山 '炭峴'의 위치 비정이 확정됨에 따라 자연적으로 계백 장군의 '三營'의 위치 비정과 김유신 장군의 '三道' 비정도 따라서 확정되게 됨은 자연스러운 귀결이다. 濟·羅 최후 격전지인 '黃山벌'은 자타가 공인하는 連山面 新良里 '황산벌'이기에 이론의 여지가 없다.   【成周鐸】

참고문헌〉

周鐸 1990, 「百濟 炭峴 小考」, 『百濟論叢』 제2집.
____ 1973, 「助川城의 位置에 對하여」, 『百濟研究』 제4집, 忠南大學校 百濟研究所.
____ 1974, 「大田附近 古代城址考」, 『百濟研究』 제5집, 忠南大學校 百濟研究所.
____ 1975, 「百濟山城研究-黃山城을 중심으로-」, 『百濟研究』 제6집, 忠南大學校 百濟研究所.
____ 1976, 「新羅三年山城研究」, 『百濟研究』 제7집, 忠南大學校 百濟研究所.
____ 1977, 「錦山地方 城址調査報告書」, 『論文集』 제4권 제3호, 忠南大學校 人文科學研究所.
忠南大學校 博物館 1998, 『鷄足山城 1次 發掘調査略報告書』.
忠南大學校 百濟研究所 1999, 『鷄足山城 2次 發掘調査略報告書』.
池憲英 1970, 「炭峴에 대하여」, 『語文研究』 6.
洪思俊 1967, 「炭峴考」, 『歷史學報』 35·36합집, 歷史學會.
鄭永鎬 1970, 「金庾信의 百濟 攻擊路研究」, 『史學志』 6.

건천리 사이에 험준한 백령고개가 있으며 운주까지 좁은 계곡이 이어지고 있어 기록상의 炭峴과 연관된 모습을 보이고 있다. 이 점으로 보면 금산과 운주 사이의 교통로에 탄현이 비정될 수 있는 여지가 많으며[98], 이곳만 돌파한다면 셋째 코-스는 양촌 모촌리까지 별다른 저항없이 다다를 수 있는 매력적인 길이어서 이 통로의 이용 가능성도 높다고 할 수 있다.

그러므로 또 다른 중요한 증거가 추가로 나오지 않는 한 2개의 경로 모두 신라군의 진격로로서 가능성이 공히 남아 있는 셈이다. 특히 5만명의 대군이 일시에 진격하기에는 2코-스 그 자체로서는 협소할 뿐만 아니라 어느 경로를 선택하든 황산벌 입구에서 만나게 되는 점으로 미루어, 당시 신라의 진격로는 진산로와 대둔산 남로를 모두 이용하였을 가능성도 충분히 있다고 생각한다[99].

5. 황산벌전투

지금까지 신라군이 황산벌로 진격하게 되기까지의 과정을 살펴보았다. 이제 김유신이 이끄는 신라군은 금산 방면에서 탄현을 돌파하여 황산벌로 진격하게 되자 황산벌 일대에 三營을 설치하고 기다리는 계백의 5천 결사대와 대치하게 된다. 여기서 계백이 설치한 삼영과 이에 맞서 김유신이 分軍 진격한 三道는 어디에 해당될 수 있을까?

황산벌의 중심적인 위치는 전술한 바와 같이 連山面 新良里 일대의 들판으로 비정할 수 있다. 계백이 설치한 삼영은 방어력이 높은 험준한 곳에 의지하여 설치된 것으로 보아야 할 것인데, 연산 일원의 산성들은 비록 그 규모는 각 교통로상의 요점에 위치하고 있음이 관찰된다. 이러한 정황으로 본다면, 갈마산성과 모촌리산성 사이의 통로, 웅치에서 산직리 산성을 지나 신양리로 들어가는 길, 그리고 벌곡면 한삼천리에서 황령재를 넘는 길의 길목 상에 계백의 삼영이 위치하였을 것임은 쉽게 짐작된다. 그리고 이에 대응하는 진라의 진격로 즉 三道가 이를 통과하는 경로였을 것이다. 이러한 통로 중 하나에 위치한 웅치산성에서 7세기 후반대의 신라토기가 출토된 점은 백제와 신라가 이곳에서 처음 결전을 하

---

98) 전영래는 운주 삼거리와 산북리 사이에 있는 쑥고개를 탄현으로 비정하여 신라군이 건천리에서 산북리쪽으로 탄현을 우회한 것으로 보고 있다(전영래 1982), 《여지도서》 전라도 高山縣 지도상에는 용계원에서 진산으로 넘어가는 통로상에 炭峴이 표시되어 있기는 하나, 전술한 교통로를 보면 이곳은 무주에서-용담-주천-운주 삼거리를 거쳐 운주로 갈 때 이용될 수 있는 것이어서 濟羅간에 꼭 필요한 접경이었는지 의문이 있다. 이 점에서 금산-운주 간 통로상에 있는 백령고개가 탄현과 관련하여 주목되며, 이곳에 있는 소규모의 백령산성에서 백제토기와 瓦片이 채집되어 그 가능성을 높여준다. 한편 柵이 설치된 탄현은 특정 지점이겠지만, 기록상의 표현으로 볼 때 탄현은 대군이 운신하기에 불편한 통로까지 포함하여 지칭한 것일 가능성도 있다.

99) 당시 군대의 행군 방식이나 교통로의 크기 등에 대해 알고 있는 것이 거의 없으므로, 이를 구체적으로 파악하기는 어렵다. 그런데 금산에서 同 남이면 역평리로 통하는 수리고개의 경우 주민의 전언에 의하면 일제시대 초에 이 일대의 가장 넓은 길로 한 사람이 소를 끌고 지나갈 수 있는 정도였다고 한다. 고대의 교통로 또한 이보다 넓다고 하기는 어려우므로, 2~3명이 1m 내외의 거리를 두고 행군할 경우, 5만대군의 행렬 길이는 16~25km에 달하게 된다. 그러므로 당시 행군과 관련된 진격로는 이 점도 염두에 두어야 할 것으로 생각된다.

탄현에 대하여-지헌영 교수

여 山岳戰(黃嶺)이 벌어졌을 것이 뻔함으로써다.

끝으로 太宗王7年 當時 新羅軍이 永同(吉同)의 「陽山」을 侵攻基地로 삼아 陽山—黔峴—內仁江—濟原—錦山—珍山方面의 峻嶺을 이리저리 누비고 「黃山之原」(連山)에 進軍했으리라고는 想像해 볼 價值조차 없는 것이다. 萬若에 當時의 新羅軍이 이 路程을 거쳤다면 錦山·珍山方面에서 水汗峙(連山南 二十里 兜率山城下)—仁川(陽村)을 거쳐 論山川 下流의 低濕地帶를 건너 扶餘 南方에 進出했을 것이니12) 加知奈原戰(市津縣·現 論山 皇華山城下)쯤에 벌어졌을 것이기 때문이다. 卽 速戰速決·羅唐聯合을 目標로 扶餘南으로 志向하여 急進軍하는 新羅侵攻軍이 進軍의 障害가 되지 않는 百濟軍까지를 索敵하여 戰鬪를 위한 戰鬪를 벌린 것으로는 볼 수 없기 때문에, 羅軍은 百濟軍이 「據險設三營以待」하는 것을 본체 만체하고 黃山郡地域 南部를 通過하게 되어 「黃山之原」戰鬪는 벌어지지 않았을 것이다. 이곳에 더 짓궂게 蛇足인대로 添加한다면 永同의 陽山地域은 新羅의 對百濟侵攻基地로서 戰略的으로나 地理的으로나 그 價值를 度外視하여도 無妨할 것이다. 오히려 新羅側은 이 陽山地域의 防禦에 汲汲했던 形跡을 우리는 史上 記錄에서 볼 따름이다. 또 혹 太宗武烈王7年 7月 新羅軍이 이 方面으로 迂廻하여 行動을 開始했다고 假定한다면, 錦山·珍山의 山岳地帶에서 防禦戰이 벌어졌거나 黃等也山郡南의 熊峙(連山南 十里 有築城趾) 水汗峙(連山南 三十里 兜率山城下)에서 더 僅少한 兵力으로써 羅軍을 專守防禦했을 것이요 五千으로 헤아리는 精銳를 投入시켜 攻擊態勢로까지 나왔던 「黃山之原」戰鬪는 벌어지지 않았을 것이다.

더욱 侵攻新羅側이 兵略으로써 보더라도 兵器軍糧의 輸送補給에 至極히 不便한 山間의 窮谷地帶를 擇했을 理는 萬無한 것이며 設令 僥倖과 奇計로써 黃山郡 南部地域까지 新羅軍이 奇襲 到着했다손 想像할지라도 여름의 雨季가 完全히 가시지 않은 7月에 論山川 下流의 泥濘地帶로 五萬의 大軍을 몰아가는 愚昧한 作戰計劃은 아니했을 것이 分明타 하겠다.

---

12) 太宗7年 羅軍의 行動目標는 扶餘南에서 蘇定方軍과 合流聯合함에 있었다.

二年春正月 唐使臣在館 至是 冊命王爲開府儀同三司上柱國樂浪郡王
新羅王 拜伊飡文訓爲中侍 王命庾信與仁問良圖等九將軍 以車二千餘兩
載米四千石租二萬二千餘石 赴平壤 十八日 宿風樹村 氷滑道險 車不得
行 竝載以牛馬 二十三日 渡七重河 至祘壤 貴幢弟監星川軍師述川等
遇賊兵於梨峴 擊殺之

2년(서기 662) 봄 정월, 객관에 머물고 있던 당나라 사신이 이때에
이르러 임금을 개부의동삼사상주국낙랑군왕신라왕(開府儀同三司上柱國
樂浪郡王新羅王)으로 책봉하였다.
　　이찬 문훈을 중시(中侍)로 삼았다.
　　임금이 유신에게 명하여 인문과 양도 등 아홉 장군과 더불어 수레
2천여 대에 쌀 4천 섬과 조 2만2천여 섬을 싣고 평양으로 가도록
명하였다. 그들은 18일에 풍수촌(風樹村)에 머물렀다. 얼음이 얼어 미
끄럽고 길이 험하여 수레가 나아갈 수 없으므로 군량을 모두 소와
말의 등에 싣고 갔다. 23일, 칠중하(七重河, 임진강)를 건너 산양(祘壤)
에 이르렀다. 귀당 제감 성천(星川)과 군사 술천(述川) 등이 이현(梨峴)
에서 적군과 마주쳐, 공격하여 죽였다.

二月一日 庾信等至獐塞 距平壤三萬六千步 先遣步騎監裂起等十五人
赴唐營 是日 風雪寒沍 人馬多凍死 六日 至楊隩 庾信遣阿飡良圖大監
仁仙等致軍糧 贈定方以銀五千七百分細布三十匹髮三十兩牛黃十九兩
定方得軍糧 便罷還 庾信等聞唐兵歸 亦還渡瓢川 高句麗兵追之 廻軍對
戰 斬首一萬餘級 虜小兄阿達兮等 得兵械萬數 論功 中分本彼宮財貨田
莊奴僕 以賜庾信仁問 靈廟寺災 耽羅國主佐平徒冬音律[一作津] 來降
耽羅自武德以來 臣屬百濟 故以佐平爲官號 至是 降爲屬國

2월 1일, 유신 등이 장새(獐塞)에 이르렀다. 그곳은 평양으로부터
3만6천 보 떨어진 곳이었다. 먼저 보기감 열기(裂起) 등 15인을 당나

(2) 계백3영 위치에 대하여

금산 탄현로를 주장하는 학자들은 산직리산성에 백제 중군이 계백과 주둔하고 신흥리산성(우군), 황령산성(좌군)에 백제의 영을 설치하였으며 전투는 계백 3영의 배후인 신양리 벌판에서 이루어졌다고 주장합니다.

현장의 지형지세를 볼 때 서생의 상식적 소견으로는 계백 3영에서 전투가 벌어져야지 어떻게 해서 3영의 배후에서 전투가 벌어졌다고 보는 것인지 수긍이 안 됩니다. 이는 앞뒤가 바뀐 모순된 상황설정입니다. 이 같은 설정은 문헌의 관창이 마신 샘물 등 구체적인 현장도 사료와 일치되게 고증하거나 설명되지 아니하고 있습니다. 이는 전투지가 계백 3영이 아니라 황산지원(黃山之原) 황산지야(黃山之野)를 단순히 문리해석(文理解釋)하여 벌판에서 전투가 벌어진 것으로 보았기 때문이라고 봅니다.

백제는 신흥리산성을 우회하는 벌판으로의 진격등 취약상황을 예측하지 않았다고 볼 수는 없을 것입니다. 당시 전쟁에 대비하여 황산 여러 곳에 석성 또는 토성을 구축하고 전쟁 상황에 대비하였을 백제는 그와 같이 허술하고 어리석지는 않았을 것입니다.

계백과 관창의 전투지점은 명백한 몇 가지 역사기록으로 판단할 수 있는 단순한 과제일 수 있다고 생각됩니다.

*목차 4. 계백3영에 관한 현장과 질문 참조
13. 황산지원, 황산지야에 대하여

(3) 계백과 관창의 전투지(신라 3군 진군로)에 대하여

신라군은 대전을 지나 진현성(흑석동산성), 기성(杞城)에 이르러 좌군은 벌곡으로 진군하여 한삼천(汗三川)을 건너 산직리산성으로 진격한 것으로 추정합니다. (조선시대 연산현 고지도의 도로, 흑석동~개태사길과 산직리산성길, 흑석동~한삼천~산직리산성~모촌(신흥)리~은진, 전라도)[22] 이는 삼국시대에도 지형이 통로였을 가능성이 있음을 추측할 수 있습니다.

주력군은 수레를 동반하여 개태사길로 진군한 후 개태사 협곡을 나와 군사를 나누어 우군은 연산리 벌판을 지나 북산성을 공격하여 산성 아래 생잿골(勝敵골)에서 접전한 것으로 봅니다.[23]

김유신의 중군은 계백과 백제 주력군이 포진한 천왕산성을 함락하기 위하여 취약 지를 공략하는 전술전략대로 연산리 지야를 진격하여 청동리 지야에 접한 천왕산성의 동벽, 북벽의 험준한 지점을 우회한 것으로 추정합니다.

취약지인 서쪽 방향을 향하여 연산중학교앞 거북산 아래를 통과하여 매봉 성곽 아래 청동리 벌판 끝자락 산소골로 접근하였을 것입니다.

신라군은 매봉 성곽 아래에 포진한 백제군에 마주하여 건너편 거북산과 연결된 산줄기 일대에 포진하였을 것입니다.[24]

이는 산성의 산등성이를 둘러보는 정도가 아닌 심도 있게 수차례 현장을 답사할 때 발견할 수 있는 지형지세임을 알 수 있습니다.

---

22) 이철성. 박범. 건양대. 충남지역문화연구소 『옛 지도에서 논산을 만나다』 2015, 38쪽

23) 지헌영. 앞의 책 165쪽.

24) 목차5. 청동산성 확장 정밀조사 건의, 11. 황산지원 황산지야에 대하여

[도면2] 開泰寺, 山直里山城 길 - 1872

연산현지도

연산현지도 | 連山縣地圖 | 1872년 | 25.5cm×36cm | 서울대학교 규장각 한국학연구원 소장

1871년 중앙정부의 명령에 따라 1872년에 연산현에서 만들어 올린 채색 지도이다.

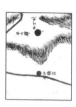

1 사교점

연산현 지도에는 점(店)이 길 위에 표기되어 있다. 개태점, 검천점, 고양점, 사교점, 삼거리점, 상개태점, 신흥점, 영정점, 장동점의 총 9개 점이 있다. 점(店)은 대개 주막을 가리킨다. 그만큼 연산을 중심으로 주변지역과 교통이 활발했음을 보여준다.

2 장대

두마면에 섰던 두계장을 가리킨다. 장대는 두계장이 열린 장터를 말한다.

3 신고운사

대둔산 자락 아래 신고운사, 영은사, 대승암이 함께 자리하고 있음을 확인할 수 있다.

4 달리성고지

대둔산에 있는 성으로 『여지도서』에는 하늘이 빚은 성이라고 한다. 고려시대에 '달리'라는 지방 도적이 산성에 의거해 마음대로 마을을 침범했다. 관군이 힘겹게 싸워 이겨 달리성이라 했다고 한다.

5 철정

연산천변 읍내 장터 건너편에 철솥 그림이 보인다. 둘레가 7파(把)라고 기록되어 있다. 현재 개태사에 보관되어 있는 철확이다. 원래는 개태사에 있던 것으로 절이 폐허가 되자 홍수로 2km정도 떠내려 왔다고 한다. 이 지도에는 개태사가 보이지 않는다.

6 돈암서원

연산면 임리에 있는 서원으로 김장생의 문인들이 스승을 추모하기 위해 사우를 건립하고 제사를 지내오다 사당 앞에 강당을 건립하면서 서원으로 발전했다. 1659년과 1660년 두 번 사액을 받은 특이한 사례를 가지고 있다. 흥선대원군의 훼철령에도 보존된 대표적인 서원이다.

7 암용추 수용추

계룡산 자락에 위치한 연못으로 서쪽 골짜기에는 웅용추, 동쪽 골짜기에는 자용추라고 표기되어 있다. 계룡산의 정기를 받은 연못으로 옛날 용이 승천하여 올라간 자리라는 설에서 유래되었다.

8 읍장과 고탑

연산현 읍내에 개설된 읍내장을 가리킨다. 연산 읍내장은 객사 근처에 자리하고 있다. 읍장 옆에 고탑이 표기되어 있다. 이 탑은 현재 연산리석탑이라고 불리는 고려시대 석탑으로 연산공원 안에 있다.

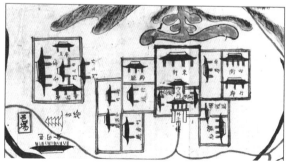

9 연산현 관아

연산현의 관아는 동헌을 중심으로 하는 공간과 객사를 중심으로 하는 공간으로 구분되어 있다. 동헌 공간에는 남쪽으로 책방, 내아, 행랑, 난호청, 작청이 있고, 북쪽에는 향청, 장청, 현사, 공수청, 형방청이 있었다. 객사 공간에는 객사를 비롯하여 고직과 군기고가 있었다. 한편 감옥은 동헌 공간 남쪽에 자리하고 있다.

(4) 신라군 지휘부의 3영 성곽 함락작전에 대하여

김유신과 지휘부는 성곽을 공략하는 전략을 세울 때 무모하게 닥치는 대로 험준한 성곽을 향하여 군사를 내몰지는 않았을 것입니다. 성곽의 가장 취약지점을 선택하여 공격하였을 것임은 지극히 당연하였을 것입니다. 신라는 이미 좌평임자와 내통하였으므로 천왕산성(청동리산성)의 취약지점을 파악하고 있었을 것입니다.

백제 중군은 북벽(122.8m)과 동벽(142.5m) 지점에서 개태사 협곡을 돌파한 신라군 동태를 파악하다가 신라 중군이─천왕산성의 취약 지를 향하여 청동리 벌판을 거쳐 거북산으로 진군하는 것을 관찰하고 계백장군은 그에 대응하여 장수골과 매봉 일대에 대기 중이던 백제군을 매봉 성곽 아래의 산줄기(의병장 백봉묘 지역)로 이동시켜─황산전투사와 놀랍도록 동일한 낭비성 전투기록과 같이 성곽 아래에 포진하였고 신라군은 건너편 매봉 줄기에서 이어진 거북산 산줄기 일대에 포진하여 대치하였을 것으로 추측합니다.

이와 같은 추정은
  ⑴ 문헌의 낭비성전투 등에 비교하여 고증되는 사실과
  ⑵ 신라 삼군이 합류한후 최후 결전한 역사기록과 관창이 말을 달릴 수 있는 현지 지형지세와
  ⑶ 신라군 포진 추정지에 관창이 손으로 떠서 마신 우물로 추정되는 우물(샘물)이 있고
  ⑷ 성곽의 취약지를 선택하여 공략전략을 세웠을 신라전술전략과
  ⑸ 신라군이 포진한 산줄기로 추정되는 언덕과 서쪽의 마을 일

대 지명이 함락되었다는 뜻으로 추정되는 하락(下落) 마을인 점 등 문헌의 기록과 현장 지형지세, 구전지명 등이 일치되는 지점이 매봉 성곽 아래 청동리 지야 끝자락 산소골 일대임을 발견할 수 있습니다.

신라군이 평호공묘 앞으로 진격하여 천왕산성 내 장수골로 진입하는 것은 전술상 있을수 없는 일이므로 성 외곽에 포진하였을 것으로 추정합니다.

(5) 황산전투 3일간의 전투와 신라좌군과 우군의 행선지는?

산직리산성을 함락시킨 신라 좌장군 품일은 산직리산성 배후 나래재(羅來峙)를 넘어 신양리 벌판으로 진격하여 험준한 천왕산성 남벽을 우회하여 명암리(울바위) 벌판을 통과하여 여수고개토성을 함락하고 인접한 신라 중군이 포진하여 고전중인(9. 10일 4회 패퇴) 산소골에 합류한 것으로 추정합니다.

신라 우 장군 김흠순은 북산성을 함락시키고(최초 접전지는 생잿(勝敵)골 추정, 북산성 아래 관동리 초입의 산 아랫마을 지명으로 사비성으로 향하는 길목) 청동리 지야 벌판으로 진격하여 중군의 진격로인 거북산줄기를 타고 접근하여 중군이 포진하여 고전 중인 산소골 산줄기에 중군과 합류한 것으로 봅니다.

황산전투 사서 기록(태종왕660)은 신라 좌장군 품일이 아들 관창에게 3군의 모범을 보이라 말하자 관창은 홀로 말을 타고 창을 들어 백제군에 돌진하였습니다. 관창 사건 직전에 같은 장소에서 김흠순이 아들 반굴에게 나라가 위태로울 때 목숨을 바쳐 충효를 다하라 말하자 반굴이 단독으로 말을 타고 백제군에 돌진하여 사망한 사실을 기록한 것으로 볼 때 김흠순(김유신의 제)은 신라 우장군으로 판단할 수 있습니다.

역사적인 계백과 관창의 최후전투는 신라 좌, 우, 군이 중군에 합류한 상태에서 벌어졌습니다. 신라군 지휘부 김유신과 좌장군 품일, 우장군 김흠순이 함께하였고 좌장군 품일이 아들관창에게 삼군(三軍)의 모범을 보이라 한 사실과 관창의 희생 을보고 분격한 삼군(三軍)이 북을 치고 함성을 지르며 백제 무리를 쳐부수었다는 사실이 문헌에 기록되어 있습니다.(「신라본기」, 태종왕 660년 7월)

*천왕산성(청동리산성) 약도 (신라군 진격로 추정)

천왕산성(청동리산성)

天王山城(靑銅里) 全景

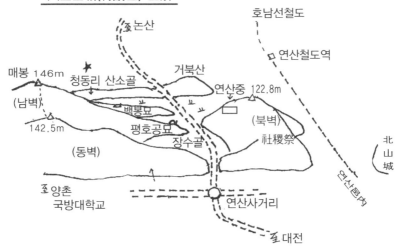

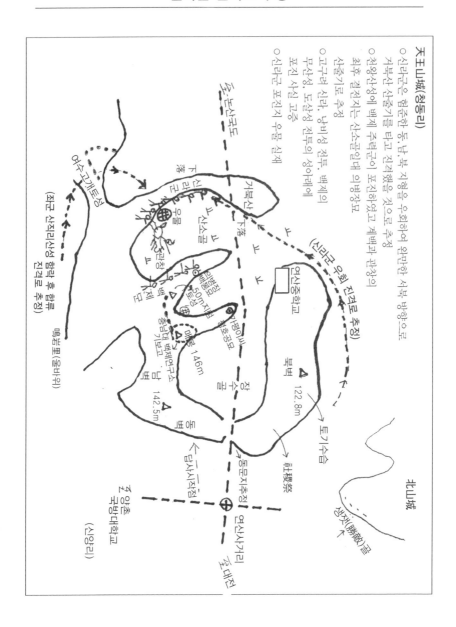

天王山城(청동리)

○ 신라군은 험준한 동.남.북 지형을 우회하여 완만한 서북 방향으로 개복산 산중기를 타고 진격했을 것으로 추정

○ 천왕산성에 백제 주력군이 포진하였고 계백과 관창의 최후 결전지는 산소골일대 의병장묘 산중기로 추정

○ 고규련 신라, 남비성 진투, 백제의 무산성, 도살성 진투의 성아래에

○ 신라군 포진지 우물 실제

슬로산국도

여수고개토성

거복산 下落

신라군소골

(신라군 우회 진격로 추정)

역산중학교

옥병정100m까지 50m가량 토성

중심대 백제연구소 기념물

매동 146m

함라리산성 후 하류 (좌진 산작리산성 함라리산성 진격로 추정)

맹골리(돌바위)

북벽

122.8m

토기습

社稷察

장수골

동벽

142.5m

역산사거리 돌대전

동문지토성 역산사거리 돌대전

남벽

(신암리)

금살사적블

八양촌 국망대학교

北山城

勝戰(승전)를

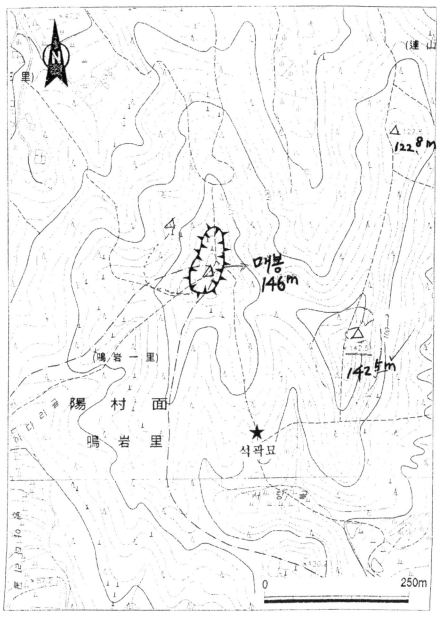

【도면 1】 靑鶴里山城 유적 위치도(S:1/5,000) (충남대 백제연구소 2000)

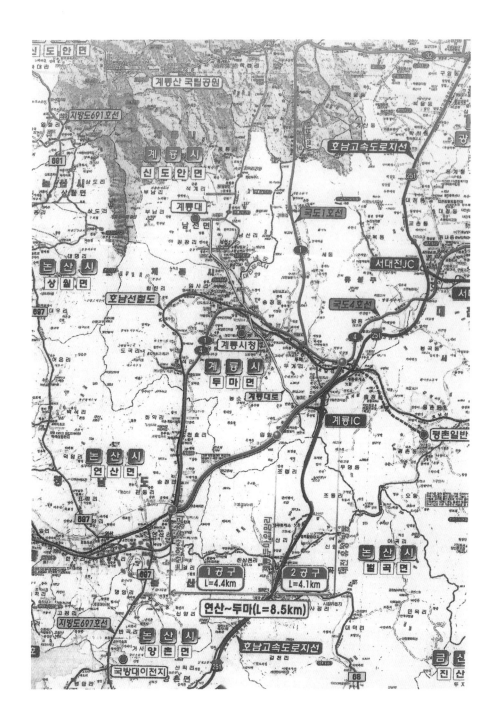

(6) 황산전투와 사서기록 낭비성전투를 비교한
계백과 관창의 전투지점과 포진형태에 관하여

황산전투 30년 전의 파주시 적성면 구읍리 산 낭비성(칠중성147m)]에서의 고구려군과 신라군의 전투역사기록은 황산전투와 전투전개 상황과 어록 등이 동일합니다.

본 역사기록 하나만으로도 전투 지점과 계백과 관창의 전사지점을 찾을 수 있는 단초가 충분히 되는 역사 고증사료입니다.

낭비성 기록은 고구려군 6,000여 명이 성을 나와 산 아래에 열진(列陣)한 사실과 신라 화랑 김유신이 패하여 전의를 잃은 신라군의 벼리가 되기 위하여 세 차례 단독으로 말을 타고 돌격하였습니다.

황산전투에서도 이와 동일하게 재현되어 관창은 두 차례 말을 타고 돌격하였습니다.

이는 백제군이 성곽 아래 포진 사실이 고증되는 명백한 사실입니다. 신라군은 말이 달릴 수 있는 지형에서 공격하였음을 알 수 있습니다.

계백은 11일 최후 전투에서 관창과 함께 장렬히 전사하였음을 역사는 기록하고 있습니다.

이 같은 문헌과 일치되는 지점이 매봉 성곽 서북방향 50m 인력축성 성곽 아래 산소골 일대이며 계백과 신라군 최후 결전지는 의병장묘 산줄기의 유리한 지형에서 포진한 백제군과 불리한 지야 벌판 끝자락에서 말을 타고 돌진한 접전 경계선으로 추정되므로 현장실사를 통하여 검증된 후 비정되기를 바랍니다.

*목차6. 황산전투와 천왕산성(청동리산성)(청동리)[낭비성전투와의비교]
*『삼국사기』 4권 「신라본기」 4권 진평왕 51년조(629) 낭비성전투.「백제본기」 6권 의자왕. 무산성(647), 도살성(649), 전투

황산전투와 천왕산성(청동리산성)
[낭비성전투와의 문헌비교]

사건	낭비성 전투	황산 전투	적요
시기	신라, 진평왕(629)	신라, 태종무열왕(660)	낭비성 전투 31년 후 황산전투
전투국가	고구려, 신라	백제, 신라	
장소	파주시 적성면 구읍리 산 낭비성(칠중성) 147m 동편 아래	논산시 연산면 청동리(산소골) 매봉 146m 아래, 의병장묘 산줄기	매봉 아래 50m 성곽아래 산소골을 둘러싼 양산 줄기에서 양군이 대치 포진한 것으로 추정
포진 지형	고구려군이 성을 나와 열을 지어 진을 침	천왕산성(청동리산성) 매봉 아래 산줄기에서 진을 친것으로 추정(백제군-의병장 백봉묘 산줄기) (신라군-건너편 거북산 연결 산줄기, 우물있는곳. 하략)	삼국시대 전투행태 포진 상황이 고증됨「백제본기」의자왕 647, 의직의 무산성 아래 포진, 649년 도살성 아래 포진. 천왕산성(청동리산성)도 매봉 아래 산줄기에 포진한 것으로 추정.
상황	신라군은 패배하여 전의를 잃고 있는 상황	좌동	동일한 정황
화랑 김유신 화랑 관창	화랑 김유신, 아버지 서현에 고하고 단독 적진에 돌진	화랑 관창, 아버지 품일에 고하고 단독 적진에 돌진	김유신은 15세 화랑이 됨. 낭비성전투 때 35세, 관창16세

말을 타고 단독돌진	김유신 단독돌진	관창 단독돌진	백제군 성을 나와 산아래 지형에서 포진한 사실 고증 (관창은 벌판의 끝자락에서 공격)
상동	김유신, 3차례 적장 목을 베고 깃발을 탈취해옴	관창, 1차례 생환에 다시 적진에 돌진하나 목을 베인 후 말안장에 매여옴	동일한 정황
적장과 깃발 탈취	김유신, 세차례 적장 목을 베고 깃발을 탈취해옴	관창, 한차례 생환 후 적장과 깃발 탈취를 못 한 사실에 대한 어록을 남김	동일한 정황
전투의 전개	화랑 김유신의 단독 분전을 보고 전의를 상실했던 신라군은 일제히 분격 북을 치고 함성을 지르며 돌격 함락시킴	반굴과 화랑 관창의 죽음을 보고 전의를 상실했던 신라군은 일제히 분격 북을 치고 함성을 지르며 돌격 함락시킴	동일한 정황

상기 역사기록을 살펴본 바와 같이 문헌의 낭비성전투와 황산전투의 지형지세와 전투의 진행 상황 등 모든 정황은 놀랍도록 동일함을 발견하게 됩니다. 따라서 황산전투의 계백과 관창의 전투전적지의 조사시에는 역사기록을 근거로 하여 성곽 아래에서 벌어진 지형지세의 전적지를 찾는 것과 관창이 손으로 우물물을 떠 마셨으므로 넘치는 샘물을 찾는 것은 타당성이 있을 것입니다.

(7) 관창이 2차출격전 손으로 떠 마신 넘쳐흐르는 우물에 관하여

황산전투의 관창은 1차 생환 후 아버지 품일에게 제가 적진에 들어가 장수의 목과 깃발을 탈취하지 못한 것은 죽음이 두려워서가 아닙니다. 는 어록을 남기고 2차 말을 타고 백제군에 단독 돌진하기 전 우물물을 손으로 떠 마셨다 기록되고 있습니다.

이와 관련하여 북산성(황산성) 정상부 성내에 있는 우물은 1300년 이 지난 오늘에도 그 현상이 변치 않고 흐르는데 산성 아래에서 분출되던 관창이 마신 우물도 변함없이 현재에도 분출되는 것으로 볼 수 있을 것입니다.(지질학서를 보면 커다란 압축이나 단절이 없는 이상 물 흐름의 현상은 변동이 없다고 합니다.)

7월 하절기에 5만의 신라군이 3일간 백제군과 대치 포진하고 있었을 때에는 취사하였을 것이고 물을 음용 하였을 것이므로 신라군의 포진지에는 반드시 우물이 있는 지점이었을 것입니다. 우물(샘물)은 현존할 것이므로 성곽조사와 연관하여 주요과제로 선정하여 조사되어야 할 대상으로 사료되는 것입니다.

역사기록을 뒷받침할 수 있는 현장 우물이 매봉 성곽 아래의 산소골 거북산줄기 신라군 포진지 우물로 추정되므로 조사와 복원대책이 필요합니다.

관창이 마신 우물(샘물)은 국민 모두가 역사현장을 찾아서 계백의 충절과 인의정신과 관창의 의로운 행적을 그리면서 한 모금 떠 마시고 싶은 역사현장으로 관심 받는 관광의 현장이 될 것입니다.

*목차 9. 계백장군과 관창의 전투전사지점과 우물 참조

(8) 천왕산[청동리]성곽 지형지세와 수습토기와 지명유래에 관하여

성곽 동벽은 연산리와 황룡재 함박봉 보루를 정면하고 있고 북벽은 북산성과 마주 보고 있고 개태사협곡이 전망됩니다. 남면은 산직리산성과 면하고 있으며 인력으로 축성한 성곽보다 수 미터 수십 미터의 천혜의 자연벽으로 둘러쳐 있습니다.

소생이 북벽 122.8m 지점에서 수습한 토기 조각 편들은(보관 중) 이곳에 군사시설이 있었음을 입증하는 것이므로, 매봉 146m에서 남벽, 동벽(142.5m)으로 연결되고 동문지로 추정되는 분통재(도로)에서 사직제로 연결되어 북벽정상(122.8m)으로 연결된 천혜의 포곡형 성곽으로 추정되는 것입니다.

천왕산성 주변의 지명유래는 면면히 구전되어 내려오고 있으며 이는 천왕산성의 황산전투로 인한 당시 역사상황을 말해주고 있는 대대로 구전되어 내려온 지상의 고고학이므로 지도 공부상에 기록하여 전래되어야 한다고 생각합니다.

*목차 3. 지명유래 참조

충남도지사 회신문

함께해요! 2017년 전국장애학생체전·전국소년체전 성공개최!

충 청 남 도

정부 7.0

수신 이명현 귀하(경기도 수원시 영통구 중부대로 281, 401호 원천동 삼우빌딩
(경유)
제목 황산벌전투 유적지 조성 관련 민원 회신

1. 문화유산에 대한 깊은 관심에 감사드립니다.

2. 귀하께서 제출하신 민원내용은 논산시가 추진하고자 하는 연산면 신양리 일원의 황산벌 전적지 조성과 관련한 사항으로 위치에 대해 학자들의 공정한 재검토를 통해 삼국시대 탄현, 3영, 황산벌 등에 대한 이견을 해소한 후 유적지조성을 추진하여야 한다는 내용으로 사료되며, 이에 대해 아래와 같이 회신드립니다.

가. 논산시는 2016년에 황산벌 전적지 문화재 지정을 위한 연구용역을 통해 연산면 신양리 일원을 문화재로 지정하고자 주민공청회를 실시한 바 있으며

나. 이를 근거로 논산시가 황산벌전적지에 대한 문화재 지정을 신청할 경우 관련 학계전문가 및 문화재위원의 객관적 조사를 거쳐 문화재위원회의 심의로 문화재 지정 여부를 결정할 계획임을 알려드립니다. 회신내용과 관련하여 문의하시거나 궁금한 사항이 있으실 경우 연락주시면 성실히 답변드리겠습니다. 끝.

충 청 남 도

시행 문화유산과-3656   (2017. 3. 23.)   접수

우 32255   충청남도 홍성군 홍북면 충남대로 21, 충남도청 문화재과 / http://www.chungnam.go.kr

전화번호 041-635-3914   팩스번호 041-635-3087 / anthis@korea.kr   / 대국민 공개

행복한 변화 새로운 충남

논산시장 회신문

NONSAN   논 산 시   옛스원

수신 이명현 귀하 (우16503 경기도 수원시 영통구 중부대로 281, 401호 원천동 삼우빌딩 (원천동))

(경유)

제목 연산 신양리 황산전투유적지 조성의 재검토 건의에 대한 답변 보냄

1. 우리 시 시정 발전과 문화재 보존 관리에 관심을 가져 주셔서 감사합니다.

2. 귀하께서 건의하신 내용은 연산면 신양리 일원의 황산벌전적지 조성과 관련한 사항으로, 위치에 대해 학자들의 공정한 재검토를 통하여 삼국시대 탄현, 3영, 황산벌 등에 대한 이견을 해소한 후 전적지 조성을 추진하여야 한다는 말씀으로 여겨집니다.

3. 현재, 삼국시대 탄현, 3영, 황산벌 등에 대하여는 여전히 학계 또는 관계 전문가들 사이에서 논의되어 오고 있습니다. 지속적인 연구 등이 활발하게 이루어져, 그 성과에 의해 관계 전문가 및 학계의 정설 또는 통설로 자리매김할 수 있도록 우리 시에서도 적극적으로 노력하겠습니다. 끝.

논 산 시

협조자

시행 문화예술과-7259   (2017. 4. 27.)   접수

우 32916   충청남도 논산시 시민로 210번길 9, 문화예술과   / www.nonsan.go.kr

전화번호 041-746-5412   팩스번호 041-746-5399   / ate2175@korea.kr   / 부분공개(6)

개인정보는 이용목적이 달성되면 반드시 파기하세요!

11. 黃山之原 黃山之野의 해석에 대하여

■ 황산전투와 관련된 기록을 살펴보면

1. 『신라본기』, 태종왕 660년, 가을 7월 9일.-유신 등이 "황산 들판으로 진군"하였다. 백제의 장군 계백이 병사를 거느리고 와서 먼저 험한 곳을 차지하여 세 군데에 진을 치고 기다리었다. 유신 등은 병사를 세 길로 나누어 네 번을 싸웠으나 이기지 못하였다.

2. 『백제본기』, 의자왕 660년.- 신라군사가 탄현을 지났다는 말을 듣고 장군 계백을 시켜 결사대 5,000명을 거느리고 "황산으로 출동" 시켰다.[25](황산벌판과 계백 3영을 포함한 연산지역 전체를 의미)

3. 『삼국사기』, 열전. 김영윤.-가을 7월에 "황산지원에 이르러" 장군 계백과 마주 싸웠다.[26]

4. 『삼국사기』, 열전, 계백. -장군이 "황산지야에 이르러" 3개의 영을 설치하였다.

5. 『삼국사기』, 열전, 관창.- 신라군이 "황산지야에 이르러" 양군이 대치하였다.

---

25) 『삼국사기』 28권 『백제본기』 6권 의자왕 20년조 660 -장군 계백 "黃山"으로 출전

26) 『삼국사기』 47권 열전7 - 김영윤. 계백. 관창

상기 기록된 황산지원, 황산지야 의 전체적인 의미를 살펴보면 황산
지원(黃山之原), 황산지야(黃山之野)는 황산 일대의 벌판과 험준한 곳에 3
영을 설치한 성곽을 포함한 연산지역 전체를 의미한 것으로 해석함이
합당하다고 생각합니다.

연산지역의 성곽이 있는 산악은 배제하고 단지 들판만으로 해석하여
황산전투가 벌판에서 벌어졌다고 보는 것은 단순한 문리해석(文理解釋)
에 따른 오류(誤謬)라고 봅니다.

백제 5,000의 군사가 50,000 대군을 맞이하여 벌판에서 3일간 4회
승전했다고 보는 것은 있을 수 없는 일입니다. 문헌의 지형지세, 전투
정황, 관창 우물 등도 현장과 부합되게 고증되지도 아니합니다.

지헌영 교수는 이에 대하여 사서(고려사지리지, 여지승람 연산현)에서 개태
사 일원을 황산지곡이라 하였으며 황산, 황산지원, 황산지야 가 연산분
지를 의미한다고 해석하였으며 황산전투는 청동리 벌판에서 벌어진 것
으로 보았습니다.[27]

도수희 교수는 황산(黃 山)은 신라 경덕왕이 757년에 황등야산(黃等也
山)을 줄이어 황산(黃山)으로 개명한 개정명이며 황산벌(黃山伐) 은 백제
말이 아니고 신라가 만든 신라 말이며 36개의 산봉우리가 개태사뒤편
천호산(天護山)으로부터 남쪽 국사봉까지 늘어서 있는 지형으로 인하여
발생한 지명이다 설명합니다.[28]

문헌은 구체적으로 계백장군이 신라군에 대항하기 위하여 먼저 "험
준한 곳에 3개의 영을 설치"하였음이 기록되어있고 신라군은 3영을 향

---

27) 지헌영, 앞의 책 169,170,171쪽

28) 도수희, 앞의 책 287, 292쪽. 黃山 (느르 달이)

하여 황산벌판으로 진군하였을 것입니다.

『삼국사기』의 「신라본기」, 진평왕 51년조 629년 가을 8월의 고구려군과 신라군의 낭비성 전투 기록에서 고구려 방어 측은 성곽을 나와 성 아래에 열을 지어 포진한 사실과 전투상황을 알 수 있는 자세한 기록을 발견할 수 있고 낭비성전투의 화랑 김유신이 단독으로 말을 타고 세 차례 돌진하였듯이 30년 후 재현된 황산전투에서 화랑 관창 역시 단독으로 말을 타고 두 차례 돌진하였다는 기록은 백제군이 성곽아래 유리한 지형에 의존 포진하여 신라군에 대응하였음이 고증됩니다.[29]

한편 황산전투에서 공격자인 신라군은 불리한 지형인 지야 벌판에서 공격하였을 것입니다. 방어군과 공격군의 경계선을 두고 신라는 말이 달릴 수 있는 지야의 끝자락 불리한 지형에서 전투한 상황임을 알 수 있습니다.

계백 3영은 황산벌의 중심성곽 천왕산성(청동리산성)의 매봉(146m)과 동편(142.5m)에서 동서남북 사방의 지형지세[북편의—북산성(황산성), 개태사 협곡,연산리지야, 동편의—황룡재, 함박봉, 남편의—산직리산성 방향, 나래재, 신양리지야, 깃대봉, 국사봉, 신흥리산성, 서편의—여수고개토성, 거북산, 청동리지야, 산소골, 수락산, 외성리산성]를 조감하면서 백제가 신라군의 침투를 저지하기 위하여 어떠한 방어 군사전략을 가지고 천왕산성, 북산성, 산직리산성에 영을 설치하였는가. 현장에서 시뮬레이션 검증하여 수긍되는 답을 찾을 수 있다고 봅니다.

신라군은 이 세 곳의 성곽을 돌파하지 않으면 사비성으로 가는 길이

---

29) 목차 6 참조

없는 요충지임을 발견할 수 있습니다.

천왕산성에 백제 주력군이 주둔했다면 지휘 영으로서 계백장군이 함께했을 것으로 추정됩니다. 그렇다면 계백과 관창의 전투전사지점이 어디인가 찾아 조사하는 작업이 구체적으로 진행되어야 할 것입니다.

역사 사실과 일치되는 지형과 관창이 손으로 떠 마신 우물과 낭비성 전투 역사기록을 단서로 한 백제군의 성 아래 포진지점과 취약 지를 공략했을 신라군 전술전략과 일치되는 지점을 발견하게 될 것입니다.

일부 사가(史家)는 사서(史書)의 황산지원, 황산지야를 단순히 문리해석(文理解釋)하여 벌판에서 전투한 것으로 보아 신라군이 계백장군이 설치한 3영을 공격하지 아니하고 사비성을 향하여 그냥 지나쳐 진군하므로 계백장군은 부득이 벌판에서 대응하지 않을 수 없었을 것으로 추측하였습니다.

소수의 군사가 유리한 성곽을 버리고 벌판에 영을 설치할리 없으며, 나당 군사가 사비성과 웅진성을 점령하여 주둔하고 있을 때 백제 부흥군이 웅진도의 양도(糧道)를 차단함으로써 기아의 곤경에 처한 문헌을 살펴본다면 고대전투에서 공격군은 예외적인 사례를 제외하고 적진의 성곽을 차례차례 점령해가지 않으면 안 되는 이유를 알게 됩니다.

신라 5만 대군이 소수의 병사가 포진한 백제군의 최후 보루를 방치하고 지나치려 하지는 않았을 것이며 소수의 백제군사가 황산전투 3일 동안 벌판에서 전투하여 4회 승전했다고 보는 것은 상식적이지 않습니다.

상기한 몇 가지들은 신속하고 단순하게 관계기관과 학자들이 참여한 가운데 공정 투명하게 현장에서 검증한다면 모두가 수긍될 수 있는 결과를 도출할 수 있는 과제라고 생각합니다.

살펴본 바와 같이 지야 벌판에서 전투하였다고 보는 종래의 해석은 재해석(再解釋) 되어야 합니다.

그러함에도 일부 역사가와 대다수의 국민은 황산벌판에서 전투가 있었던 것으로 오인하고 있는 것이 현실인 것 같습니다.

강(白江)[혹은 기벌포(伎伐浦)라고도 한다.]과 탄현(炭峴)[혹은 침현(沈峴)이라고도 한다.]은 우리나라의 요충지로서 한 명이 한 자루의 창을 가지고도 만 명을 당해낼 수 있는 곳이니, 마땅히 용감한 병사를 뽑아서 그곳에 가서 지키게 하여, 당나라 병사가 백강으로 들어오지 못하게 하고, 신라 병사가 탄현을 통과하지 못하게 해야 합니다. 대왕께서는 성문을 굳게 닫고 지키면서 그들의 물자와 군량이 떨어지고 장수와 병졸들이 지칠 때를 기다린 후에 힘을 떨쳐 공격한다면 반드시 저들을 쳐부술 수 있을 것입니다."

於時 大臣等不信曰 興首久在縲紲之中 怨君而不愛國 其言不可用也 莫若使唐兵入白江 沿流而不得方舟 羅軍升炭峴 由徑而不得幷馬 當此之時 縱兵擊之 譬如殺在籠之雞離網之魚也 王然之 又聞唐羅兵已過白江炭峴 遣將軍堦伯 帥死士五千 出黃山 與羅兵戰 四合皆勝之 兵寡力屈 竟敗 堦伯死之 於是 合兵禦熊津口 瀕江屯兵 定方出左涯 乘山而陣 與之戰 我軍大敗

이때 대신들이 이를 믿지 않고 말하였다.

"홍수는 오랫동안 옥중에 있어서 임금을 원망하고 나라를 사랑하지 않을 것이니, 그의 말을 따라서는 안됩니다. 당나라 병사로 하여금 백강으로 들어오게 해서 강물을 따라 배를 나란히 가도록 할 수 없게 하고, 신라 군사로 하여금 탄현에 올라가 좁은 길을 따라 말을 나란히 몰 수 없게 하는 것이 낫습니다. 이때에 병사를 풀어 공격하면, 그것은 마치 닭장에 든 닭과 그물에 걸린 물고기를 잡는 일과 같을 것입니다."

임금이 이 말을 옳게 여겼다.

임금은 당나라와 신라의 병사들이 이미 백강과 탄현을 지났다는 소식을 듣고서 장군 계백(堦伯)을 보내 결사대 5천 명을 거느리고 황산(黃山)으로 가서 신라 병사와 싸우게 하였다. 계백은 네 번 싸워서

김영윤(金令胤)

金令胤 沙梁人 級湌盤屈之子 祖欽春[或云欽純]角干 眞平王時爲花郎
仁深信厚 能得衆心 及壯 文武大王陟爲冢宰 事上以忠 臨民以恕 國人
翕然稱爲賢相 太宗大王七年庚申 唐高宗命大將軍蘇定方 伐百濟 欽春
受王命 與將軍庾信等 率精兵五萬以應之 秋七月 至黃山之原 値百濟將
軍階伯戰 不利 欽春召子盤屈曰 爲臣莫若忠 爲子莫若孝 見危致命 忠
孝兩全 盤屈曰 唯 乃入賊陣 力戰死

김영윤(金令胤)은 사량(沙梁) 사람으로 급찬 반굴(盤屈)의 아들이다.
할아버지인 각간 흠춘(欽春)[혹은 흠순(欽純)이라고도 한다.]은 진평왕(眞
平王) 때 화랑이 되었는데 인덕이 깊고 신의가 두터워 뭇 사람들의
마음을 얻었다. 장성하자 문무대왕이 발탁하여 재상으로 삼았는데,
임금을 충성으로 섬기고 백성을 너그럽게 대하니 나라 사람들이 모
두 어진 재상이라고 칭송했다. 태종대왕 7년 경신(서기 660)에 당 고
종이 대장군 소정방(蘇定方)에게 명하여 백제를 정벌할 때, 흠춘은 왕
명을 받들어 장군 유신(庾信) 등과 함께 정예병 5만을 거느리고 당군
에 호응하였다. 가을 7월에 황산(黃山, 충남 논산)벌에 이르러 백제 장
군 계백(階伯)과 마주 싸우다가 전세가 불리하게 되자, 흠춘은 아들
반굴(盤屈)을 불러 말했다.

"신하가 되어서는 충성이 으뜸이요 자식의 도리로는 효성이 제일
이니, 위급함을 보면 목숨을 바쳐야 충과 효가 모두 온전해진다."

반굴이 "알겠습니다."라고 하고, 곧 적진으로 들어가 힘껏 싸우다
가 죽었다.

계백(階伯)

階伯 百濟人 仕爲達率 唐顯慶五年庚申 高宗以蘇定方爲神丘道大摠
管 率師濟海 與新羅伐百濟 階伯爲將軍 簡死士五千人 拒之曰 以一國
之人 當唐羅之大兵 國之存亡 未可知也 恐吾妻孥 沒爲奴婢 與其生辱
不如死快 遂盡殺之 至黃山之野 設三營 遇新羅兵將戰 誓衆曰 昔句踐
以五千人 破吳七十萬衆 今之日 宜各奮勵決勝 以報國恩 遂鏖戰 無不
以一當千 羅兵乃却 如是進退 至四合 力屈以死

계백(階伯)은 백제 사람으로 벼슬이 달솔(達率)이었다.

당 현경(顯慶) 5년 경신(서기 660)에 당 고종이 소정방(蘇定方)을 신
구도 대총관으로 삼아 군대를 거느리고 바다를 건너 신라와 함께 백
제를 치게 하였다. 계백은 장군이 되어 결사대 5천을 뽑아 이를 막
고자 하며 말하였다.

"한 나라의 사람으로 당과 신라의 많은 병사를 당해내자니, 나라
의 존망을 알기 어렵다. 내 처자식이 붙잡혀 노비가 될까 두렵구나.
살아서 치욕을 당하는 것보다 흔쾌히 죽는 것이 나으리라."

그리고 마침내 처자식을 다 죽였다.

황산(黃山)의 들에 이르러 세 개의 진영을 설치하였다. 신라 병사
들과 맞닥뜨려 싸우려 할 때 여러 사람에게 맹세하며 말했다.

"옛날 월(越)왕 구천(句踐)은 5천의 군사로 오(吳)의 70만 대군을
격파하였다. 오늘 우리는 마땅히 각자 분발해서 승리를 쟁취하여 나
라의 은혜에 보답해야 하리라!"

그리고 드디어 처절하게 싸웠다. 백제군 한 명이 천 명을 당해내

관창(官昌)

官昌[一云官狀] 新羅將軍品日之子 儀表都雅 少而爲花郎 善與人交 年十六 能騎馬彎弓 大監某薦之太宗大王 至唐顯慶五年庚申 王出師 與 唐將軍侵百濟 以官昌爲<u>副將</u> <u>至黃山之野</u> <u>兩兵相對</u> 父品日謂曰 爾雖幼 年 有志氣 今日是立功名取富貴之時 其可無勇乎 官昌曰 唯 卽上馬橫 槍 直擣敵陣 馳殺數人 而彼衆我寡 爲賊所虜 生致百濟元帥階伯前 階 伯俾脫冑 愛其少且勇 不忍加害 乃嘆曰 新羅多奇士 少年尙如此 況壯 士乎 乃許生還 官昌曰 向吾入賊中 不能斬將搴旗 深所恨也 再入必能 成功 以手掬井水 飮訖 再突賊陣疾鬪 階伯擒斬首 繫馬鞍送之 品日執 其首 袖拭血曰 吾兒面目如生 能死於王事 無所悔矣 三軍見之 慷慨有 立志 鼓噪進擊 百濟大敗 大王贈位級湌 以禮葬之 賻其家唐絹三十四二 十升布三十四穀一百石

관창(官昌)[혹은 관장(官狀)이라고도 한다.]은 신라 장군 품일(品日)의 아들이다. 용모가 우아하였으며 젊어서 화랑이 되었는데 사람들과 잘 사귀었다. 16세에 말타기와 활쏘기에 능숙하여 어떤 대감이 그를 태종대왕에게 천거하였다.

당 현경(顯慶) 5년 경신(서기 660)에 왕이 군대를 내어 당나라 장군과 함께 백제를 치는데, 관창을 부장으로 삼았다. <u>황산벌에 이르러</u> 양쪽 병사가 대치하였는데 아버지 품일이 그에게 말했다.

"네가 비록 나이는 어리지만 뜻과 기개가 있다. 오늘이야말로 공명을 세워 부귀를 얻을 때이니 어찌 용기가 없을쏘냐?"

관창은 "그렇습니다."라 하고, 즉시 말에 올라 창을 비껴들고 바로

　　五十一年　秋八月　王遣大將軍龍春舒玄　副將軍庾信　<u>侵高句麗娘臂城</u>
<u>麗人出城列陣</u>　軍勢甚盛　我軍望之懼　殊無鬪心　庾信曰　吾聞　振領而裘
正　提綱而網張　吾其爲綱領乎　乃跨馬拔劒　向敵陣直前　三入三出　每入
或斬將　或搴旗　諸軍乘勝　鼓噪進擊　斬殺五千餘級　其城乃降　九月　遣使
大唐朝貢

　　51년(서기 629) 가을 8월, 임금이 대장군 용춘(龍春)과 서현(舒玄),
부장군 유신(庾信)을 보내 고구려 낭비성(娘臂城)을 침공하였다. 고구
려인이 성에서 나와 진을 쳤는데, 군세가 매우 강성하여 우리 병사
가 그것을 바라보고 두려워하며 싸울 생각을 못했다.
　　유신이 말하였다.
　　"나는 '옷깃을 잡고 흔들면 가죽옷이 바로 펴지고 벼리를 당기면
그물이 펼쳐진다.'고 들었다, 내가 벼리와 옷깃이 되겠노라!"
　　그리고는 즉시 말에 올라 칼을 빼들고 적진으로 향하여 곧바로 나
아갔다. 적진에 세 번 들어갔다 나왔는데 매번 들어갈 때마다 장수
의 목을 베거나 군기를 뽑았다. 여러 군사들이 승세를 타고 북을 치
고 소리를 지르며 돌격하여 5천여 명을 목 베어 죽이니, 낭비성이
마침내 항복하였다.

七年 冬十月 將軍義直 帥步騎三千 進屯新羅茂山城下 分兵攻甘勿桐
岑二城 新羅將軍庾信 親勵士卒 決死而戰 大破之 義直匹馬而還

7년(서기 647) 겨울 10월, 장군 의직(義直)이 보병과 기병 3천 명을
거느리고 나아가 신라의 무산성(茂山城) 아래에 주둔하고, 병사를 나
누어 감물(甘勿)과 동잠(桐岑) 두 성을 공격하였다. 신라 장군 유신이
직접 장수와 병졸을 격려하며 결사적으로 싸워서 아군을 크게 깨뜨
리니, 의직이 단신으로 돌아왔다.

八年 春三月 義直襲取新羅西鄙腰車等一十餘城 夏四月 進軍於玉門
谷 新羅將軍庾信逆之 再戰大敗之

8년(서기 648) 봄 3월, 의직이 신라 서쪽 변경의 요차(腰車) 등 10
여 성을 습격하여 빼앗았다.
여름 4월, 옥문곡(玉門谷)으로 진군하였다. 신라 장군 유신이 막아
서 두 번 싸워 크게 패하였다.

九年 秋八月 王遣左將殷相 帥精兵七千 攻取新羅石吐等七城 新羅將
庾信陳春天存等 逆擊之 不利 收散卒 屯於道薩城下 再戰 我軍敗北 冬
十一月 雷 無氷

9년(서기 649) 가을 8월, 임금이 좌장(左將) 은상(殷相)을 보내 정예
병사 7천 명을 거느리고 신라의 석토(石吐) 등 일곱 성을 공격해서
빼앗게 하였다. 신라 장수 유신, 진춘(陳春), 천존(天存), 죽지(竹旨) 등
이 이를 맞받아 공격하였으나 불리해지자, 흩어진 병졸을 모아 도살
성(道薩城) 아래 진을 치고 다시 싸웠다. 우리 병사가 패배하였다.
겨울 11월, 우레가 쳤고, 물이 얼지 않았다.

■ 著者 紹介

池 憲 英(1911~1981)

雅號 藏菴 · 雲嶽

延禧專門學校 文科 修學, 獨自研鑽

前 忠南大學校 文理科大學 敎授

著書 『鄕歌麗謠新釋』(正音社, 1947)

　　　『鄕歌麗謠의 諸問題』(太學社, 1991)

忠淸南道文化賞 學術賞 受賞(1957)

語文研究學術叢書 第5輯
韓國地名의 諸問題

초 판 인 쇄 ㅣ2001년　7월　5일
초 판 발 행 ㅣ2001년　7월　10일

지 은 이 ㅣ池 憲 英
펴 낸 곳 ㅣ景仁文化社
회　　　장 ㅣ韓 相 夏
펴 낸 이 ㅣ韓 政 熙

출판등록번호 ㅣ제10-18호 1973. 11. 8.
주　　　소 ㅣ서울 마포구 마포동 324-3 경인빌딩2층
전　　　화 ㅣ(02)718-4831
팩　　　스 ㅣ(02)703-9711
E - m a i l ㅣkyunginp@chollian.net

printed in Korea 2001
ISBN 89 - 499-0123-4　93900
값 28,000원

• 저자와의 협의에 의해 인지는 생략합니다.
• 잘못 만들어진 책은 바꿔드리겠습니다.

탄현에 대하여-지헌영 교수

如何間 百濟本紀 第六 義慈王20年條가 單히

(1) 「……又聞唐羅兵 已過白江·炭峴 遣將軍堦伯 帥死士五千 出黃山 與羅兵戰 四合皆勝之.」

라고 한 것보다 (5)가 보이는 黃山原戰의 戰況은 具體的이며 實感的이라 할 수가 있다. 앞에서 「百濟本紀」 義慈王20年條 以後의 記錄은 新羅史官의 記錄과 唐側 記錄이 그 根據가 되었을 可能性이 짙다 했거니와, 이 「黃山原戰」의 叙述에서도 그 片影을 認知할 수가 있다 하겠다.

左右間 이 (5)에 보이는

「先據險 設三營以待 庾信分軍爲三道」

의 句가 크게 注目된다. 이 (5)의 「據險三營」·「三道」의 記錄은 우리로 하여금 連山盆地의 自然景觀과 人文景觀에 새삼 符合하는 것을 直覺하게 된다. 卽 連山盆地의 咸芝山城·外城·靑銅城의 三城寨가 位置한 地域은 自然地理的으로 能히 連山盆地의 三險이라 할 수가 있겠고, 또 이 三城寨는 連山盆地의 東北과 西方 및 南方에 位置하여 三道로 分道攻防할 地理的 條件을 지니고 있기 때문이다. (5)에 「先據險 設三營以待」라 보이듯이 羅濟決戰인 黃山戰에 있어서 防禦守備側이었던 百濟軍은 旣存防禦施設에 擁據하여 對敵했을 것에 想倒할 때 (5)·(8)의 「黃山之原」, (9)·(10)의 「黃山之野」가 現 連山盆地였다는 것을 歷然히 보여주고 남음이 있다 하겠다.

이와 같이 보아올 때 『輿地勝覽』(卷18) 連山縣 山川條의 記錄(前引)이 헛되지 않은 正確한 所傳임을 우리는 確認하게 된다. 더욱 『高麗史』(卷56) 地理志一 連山縣條(前引)가 天護山 開泰寺(現 湖南線 廣石驛) 一圓을 「黃山之谷」이라 한 것과 對比시킬 때 現 連山面 邑內里와 湖南線 連山驛 一圓을 『三國史記』가 「黃山之原」「黃山之野」라고 表象 記錄한 것에 넉넉히 首肯이 간다 하겠다.

이곳에 덧붙이거니와 黃山之原戰에 있어서 新羅軍은 現 天護里 邑內里

一圓에 主力部隊가 布陣하고 百濟軍의 右軍은 靑銅城(內城)에 中軍은 外城에 左軍은 咸芝山城(北山城)에 各各 布陣하여 對陣했던 것을 比定할 수도 있을 듯하다. 盤屈·官昌郎의 勇戰 戰亡한 場所도 現 連山驛 近處일 것으로 想定되기도 한다.

더 보태거니와 堦伯(階伯)將軍의 主力部隊가 防禦했으리라 보아지는 靑銅城(內城)은 「連山盆地」(黃山之原·黃山之野)의 西南에 자리잡고 있어 多分히 邑治地의 性格을 지니고 있다고 나는 본다.[10) 이 「靑銅城」(內城?)은 『日本書紀』齊明天皇 6年 庚申 9月條에

(11) 「九月己亥朔癸卯 百濟達率 (關 姓名) 沙彌覺從等 來奏曰 (或本云 逃來告離) 今年七月 新羅恃力作勢 不親於隣 引搆唐人 傾覆百濟 君臣摠俘 略無唯類.

(或本云今年七月十日 大唐蘇定方 率船師于尾資之津 新羅王春秋智 率兵馬 軍于 怒受利之山 來攻百濟 相戰三日 陷我王城 同月十三日 始破王城 怒受利山 百濟之 東境也.)

로 보이는 「怒受利山」 바로 그것이라 보고 싶다.

『三國史記』卷第五 新羅本紀第五 太宗武烈王7年條에

(12) 「七月九日 庾信等 進軍於黃山之原……二十九日 自今突城至所夫里城……百濟 餘賊 據南岑貞峴 □□□城. 又佐平正武 聚屯豆尸原嶽 抄掠羅唐人. 二十六日 攻任大兵 兵多地險 不能克但攻破小柵. 九月三日 郎將劉仁願 以兵一萬人 留鎭 泗沘 百濟餘賊入泗沘 謀掠生降人 留守仁願出羅唐人 擊走之 賊退泗沘南嶺 竪 四五柵 屯聚伺隙 抄掠城邑 百濟 叛而應者 二十餘城.
唐皇帝 遣左衛中郎將王文度 爲熊津都督 二十八日至三年山城 傳詔 文度面 東立 大王面西立 錫命後 文度欲以宜物授王 忽疾作便死 從者攝位 畢事. 十月 九日 王率太子及諸軍攻爾禮城 十八日 取其城置官守 百濟二十餘城 震懼皆降. 三十日 攻泗沘南嶺軍柵 斬首一千五百人……十月五日 王行渡鷄灘 攻王興寺岑 城 七月乃克 斬首七百人 二十二日 王來自百濟論功.」

---

10) 「百濟期의 邑治城」에 對하여는 別稿할 機會를 기다리어야겠다.

云云으로 百濟滅亡 直後의 百濟人 遊擊軍의 掃蕩作戰을 볼 수가 있는데, 太宗武烈王 7年(660 A.D) 10月 9日에서 同月 18日에 걸친 十日間의 壯烈한 攻防戰이 벌어졌던 「爾禮城」은 이를 「奴斯只(內斯只)城」에 比定할 것이냐 또는 「黃等也山城」에다 比定할 것이냐는 問題는 되겠으나 三年山城(報恩) 一 泗沘(所夫里・扶餘)間의 가장 重要한 軍事的 要衝인 後者(黃等也山・靑 銅城・怒受利山)에다 이를 比定하는 것이 옳을까 생각되기도 하는 것이다.

上述한 바와 같이 (1)・(5)・(8)・(9)・(10)에 보이는 「黃山之原」(黃山之 野)를 現 論山郡 連山面 邑內里・朝陽里・靑銅里・閑田里 一圓의 連山盆地 로 確定해 놓고 보면 新羅軍이 「進軍於黃山之原」한 通路도 自然 그 方向이 「黃山之原」의 自然地理的 交通地理의 關係에서 드러나게끔 될 것이다.

都是 「黃山之原」(黃山之野)를 羅濟間의 決戰場으로 選定한 것은 防衛側 인 百濟軍의 戰略 所致였을 것으로 보아지는 것이다. 『三國史記』 百濟本紀 義慈王20年 6月條의 記錄은 達率 常永[11]의 進策으로

「……今日之計 宜塞唐人之路 以待其師老 先使偏師擊羅軍 折其銳氣 然後 伺其 便而合戰 則可得全軍 而保國矣」

라 한 것과 大臣等이 興首의 進言을 反對하고 獻策한

「……莫若使唐兵入白江 沿流而不得方舟 羅軍升炭峴 由徑而不得並馬 當此之時 縱兵擊之 譬如殺在籠之鷄 離網之魚也.」

라 한 意見에 義慈王이 「然之」한 結果로 選定한 決戰場이었던 것으로 보아 진다. 그보다도 百濟側은 義慈王20年(太宗王7年 顯慶5年) 5月 以來 7月에 이르는 동안 新羅軍의 動向과 唐軍의 動態에 對한 諜報・用間에 그다지 等 閑했으리라고는 보아지지 않는다. 決戰場으로서 「黃山之原」이 選定되기에 는 이해 여름의 軍事的 情勢를 綜合 判斷한 結果로

_____

11) 常永은 「新羅本紀」 太宗王7年條에 依하면, 百濟滅亡後 新羅에 歸順하여 武烈王 이 「一吉湌」의 位를 주고 「摠官」으로 삼은 것이 보인다.

⁴野 [yě〈广韵〉羊者切,上馬,以。又承與切,上語,禪。] ❶郊外，离城市较远的地方。〈诗·邶风·燕燕〉:"之子于歸，遠送于野。"毛传:"郊外曰野。"南朝齐谢朓〈新亭渚别范零陵〉诗:"雲去蒼梧野，水還江漢流。"唐柳宗元〈捕蛇者说〉:"永州之野産異蛇，黑質而白章。"❷指周代王畿内的特定地区。周制王城外百里曰"郊"，郊外至五百里疆域中又分"甸、稍、县、都"，各百里。〈周礼·天官·司会〉:"掌國之官府郊、野、縣、都之百物財用。"郑玄注:"野，甸，稍也。甸，去國二百里。稍，三百里。据〈周礼〉注疏，言"野"者，有五解。盖对文各有专属；散文甸、稍、县、都通谓之野。参阅〈周礼·天官·甸师〉清沈彤详正义。❸旷野；荒野。〈易·同人〉:"同人于野。"孔颖达疏:"野是廣遠之處。"汉班固〈封燕然山铭〉:"蕭條萬里，野無遺寇。"乐府诗集·杂歌谣辞四·敕勒歌〉:"天蒼蒼，野茫茫，風吹草低見牛羊。"朱德〈感事八首用杜甫〈秋兴〉诗韵·冀中战况〉:"颯颯秋風透樹林，燕山趙野陣雲深。"引伸为荒凉；偏僻。元无名氏〈冯玉兰〉第一折:"這船泊在河下，人又生，路又生。"吕氏春秋·审己〉:"稼生於野而藏於倉。"汉班昭〈东征赋〉:"到長垣之境界，察農野之居民。"唐韩愈〈祭竹林神文〉:"有苗盈野，而天不雨。"陈毅〈大柳巷春游〉诗:"淮水中分柳巷洲，平沙緑野柳絲抽。"亦泛指村野。〈管子·权修〉:"土地博大，野不可無更。"❹边鄙；边境。〈战国策·齐策三〉:"〔秦〕今又刻地魏，疏中國，封割之東于。"亦指以之为边鄙或边遠。〈公羊传·桓公十一年〉:"古者鄭國處於留也。鄭伯有善於鄭公者，通乎夫人，以取其國而違鄭焉，而野留。"何休注:"野，鄙也。"陈立义疏:"鄭邑都於鄙地，故以留爲邊邑焉。"〈战国策·楚策一〉:"越亂，故楚南察瀨湖而野江東。"鲍彪注:"以江之東爲野。"❺区域；范围。〈淮南子·原道训〉:"上游于霄霳之野，下出于無垠之門。"晋潘岳〈为贾谧作赠陆机〉诗:"畫野離疆，爰分衆子。"唐玄宗〈过罗阳宫〉诗:"俯寮伊晉野，仰觀乃參虛。"❼指民间，不当政的地位。与"朝"相对。〈书·大禹谟〉:"君子在野，小人在位。"〈汉书·刘向传〉:"衆賢和於朝，則萬物和於野。"〈宋书·袁豹传〉:"居位無義從之徒，在野靡并兼之黨。"石三友〈金陵野史·龚德柏其人其事〉:"只有社论，確实与众不同，言人之所不敢言，朝野侧目。"❽质朴，不浮华。与"文"相对。〈庄子·寓言〉:"自吾聞子之言，一年而野，二年而從，三年而通。"成玄英疏:"野，質樸也。聞道一年，學心未熟，稍能樸素，去浮華耳。"南朝梁鍾嶸〈诗品〉卷上:"雖野於陸機，而深於潘岳。"唐柳宗元〈柳宗直〈西汉文类集〉序〉:"首紀殷周之前，其文簡而野；魏晉以降，則盡而靡。"毛泽东〈在延安文艺座谈会上的讲话结论〉二:"这里有文野之分，粗细之分。亦谓天然而不加修饰。宋苏轼〈司马君实独乐园〉诗:"中有五畝園，花竹

秀而野。"❾不合礼仪；不拘礼节。〈礼记·仲尼燕居〉:"敬而不中禮謂之野。"宋赵与时〈宾退录〉卷三:"故人楊晉翁嘗語予:昔爲瀧水令，初謁郡，時盛暑，德慶林守衣纱公服出延客，謂'迢陬辟郡，敢於縱肆'，其野如此。"亦指鄙俗；粗野。〈论语·子路〉:"野哉，由也!"朱熹集注:"野，謂鄙俗。"❿放浪不羈；不受约束。〈大慧宗门武庫〉:"〔大惠普覺禪師〕一日請假往謁李商老云:'一月且便歸。'後四十日方歸。元〈元首座〉見遽云:'噁，野了也! 無常迅速。'師亦賣汗下。"〈二刻拍案惊奇〉卷三八:"大凡女人心一野，自然七顛八倒，如癡如呆。"吕剧〈李二嫂改嫁〉第三场:"你野的白天滿街跑，你瘋的晚上不回家。"⓫野生的。参见"野獸"，"野菊"。⓬非正式的；不合法的。参见"野公"，"野鴛鴦"。⓭谦辞。参见"野人"❸，"野僧"。⓮方言。很；非常。〈海上花列传〉第二回:"小村冷笑道:'清倌人只該吃酒勿許吵，倒沕得野咮!'"〈九尾龟〉第一六四回:"利錢重得野篤。"❺通"宇"。屋宇。墨子·非乐上〉:"非以高臺厚榭彄野之居，以爲不安也。"王念孙〈读书杂志·墨子三〉引之曰:"野，即宇字也。古讀野如宇，故與宇通。〈楚辭·招魂〉:'高堂邃宇，'王注曰:'邃，深也。宇，屋也。'〈鹽鐵論·取下篇〉:'高堂邃宇，廣厦洞房，'〈易林·恒之剥〉曰:'深堂邃宇，君安其所，'皆其證。"

²【野人】❶上古谓居國城之郊野的人。与"国人"相对。〈左传·定公十四年〉:"大子蒯聵獻盂于齊，過宋野，野人歌之曰:'既定爾婁豬，盍歸吾艾豭,'"〈仪礼·丧服〉:"禽獸知母而不知父，野人曰:'父母何算焉!'都邑之士則知尊禰矣。賈公彦疏引〈论语〉郑玄注:"野人粗略，與都邑之士相對。亦謂國外爲野人。后亦泛指村野之人。三国魏嵇康〈与山巨源绝交书〉:"野人有快炙背而美芹子者，欲獻之至尊，雖區區之意，亦已疏矣。"〈百喻经·比种田喻〉:"昔有野人，來至田裏，見好麥苗，生長蓊茂。"清钱泳〈履园丛话·杂记下·牛次原〉:"幾樹垂楊官道斜，不成村落野人家。"范文澜蔡美彪等〈中国通史〉第一编第三章第五节:"农夫住在田野小邑，野人也；後進於禮樂，君子也。"刘宝楠正义:"野人者，凡民未有爵禄之稱也。"唐白居易〈访陈二〉诗:"出去爲朝客，歸來是野人。"明方孝孺〈绿畴轩记〉:"君子修德，以教野人。"❸士人自谦之称。唐杜甫〈赠李白〉诗:"野人對羶腥，蔬食常不飽。"仇兆鳌注:"野人，公自謂也。"明刘基〈樵渔子对〉:"大高屋大廈，百鬼所闞；妖孽賈禍，先哲物鑒；是豈野人之所願欲哉!"❹借指隐逸者。唐元稹〈晨起爲使病不因过王十一馆居〉诗之二:"野人愛静仍耽寢，自向黄昏背去來無?"宋王禹偁〈题张处士溪居〉诗:"雲裏寒溪竹裏橋，野人居處絶塵器。"❺粗野之人。指缺乏教养，没有礼貌，蛮不讲理的人。〈荀子·大略〉:"管仲之爲人，力功不力義，力知不力仁，野人也；不可以爲天子大夫。"杨倞注:"類郊野之人，未漫漬於仁義，故不可爲王者佐。"〈红楼梦〉第五二回:"比如方才說話，謂背地裏，姑娘就直叫他名字；在姑娘們就使得，在我們就成了野人了。"洪深〈五奎桥〉:"周乡绅:放屁! 这是什么野人，敢说这种野话!"❻旧指未开化的民族。〈吕氏春秋·恃君〉:"氐羌呼唐離水之西，僰人、野人篇笮之川，舟人、送龍突人之鄉，多無君。"高诱注:"西方之戎無君者。"清顾祖禹〈读史方舆纪要·云南七·车里等各羁縻土司〉:

家的主兒。"〈红楼梦〉第八五回："他原該來的，只因無人看家，所以不來。"魯迅〈书信集·致刘岘〉："欧洲木刻，在十九世纪中叶，原是画者一人，刻者又是一人，自画自刻，仅是近来的事。❺原样，老样。〈水浒传〉第六回："鲁智深見了包裹，依原背了。"魯迅〈孔乙己〉："涨红的脸色渐渐复了原。"❻依旧。〈西游补〉第十四回："沙僧道：'如今不做丞相了；另從一個師父，原到西方。'"〈海上花列传〉第十四回："〔趙樸齋〕心想陸秀寶如此無情，倒不如原和王阿二混混，未始不妙。"洪深〈香稻米〉第二幕："承蒙你胡先生的好意，要买我们谷子，每担多出两角钱，可是定要用漕法秤，比公秤大得多，教我们在秤头上原要吃亏！❼指未经加工的。参见"原木"、"原油"。❽宽广平坦之地。〈诗·大雅·緜〉："周原膴膴，菫荼如饴。"郑玄笺："廣平曰原。"〈新唐书·突厥传下〉："賀魯先擊原上，三犯，軍不動。"明李东阳〈送伍广州诗〉序："廣之去京師，其遠則數千里也。或航於波，或騎於原，或興於山，其久則數月日也。"毛泽东〈沁园春·雪〉词："山舞銀蛇，原驰蠟象，欲與天公試比高。"原注："原指高原，即秦晋高原。"叶圣陶〈登雁塔〉："回到原上看，那两棵白楊的上截高过原面一丈左右。"❾宽恕；原谅。〈史记·高祖本纪〉："城降，令出駡者斬之，不駡者原之。"〈三国志·魏志·张鲁传〉："犯法者，三原，然後乃行刑。"〈新唐书·李林甫传〉："至德中，兩京平，大赦，唯緣山支黨及林甫、杨國忠、王鉷子孫不原。"明袁宏道〈问方子公病〉诗之二："貧病知何極，高天也不原。"清魏源〈圣武记〉卷二："老師糜餉，誤國病民，情罪重大，在他人尚不可原，況王、貝勒等國家同休戚之人乎？"魯迅〈书信集·致许寿裳〉："然据中以言，则此次风涛，别有由绪，学生之哄，不无可原。"参见"原省"。❿免，赦免。〈陈书·高祖纪下〉："晚訂軍資未送者竝停，元年軍粮逋餘者原其半。"⓫再。〈易·比〉："吉。原筮，元永貞，無咎。"〈礼记·文王世子〉："食下，問所膳，命膳宰foot。"郑玄注："末猶勿也。原，再也。"〈後汉书·张衡传〉："曩滯日官，今又厭之。"李贤注引〈尔雅〉："原，再也。"⓬古国名，姬姓。初在今山西沁水，后东迁至河南省济源县西北。〈韩非子·外储说左上〉："晋文公攻原。"⓭通"蠯"。〈周礼·考工记·梓人〉："以脣鳴者"汉郑玄注："脣鳴，榮原屬。"陆德明释文："原，亦作蠯。"⓮通"羱"。〈周礼·羊羊〉。参见"原馬"。⓯通"隰"。参见"原隰"。⓰姓。春秋时鲁有原壤。见〈礼记·檀弓下〉。

原² [yuán 〈字彙〉虞怨切。]"愿"的古字。谨慎老实。〈论语·阳货〉："鄉原，德之賊也。"朱熹集注："原，同愿。"

²【原人】 原始人。康有为〈大同书〉甲部第一章："同當大地開闢之後，雜處文明國土之間，飛樓四十層以侵天，鐵道電綫百數十萬里以縮地……而尚有此原人之俗，如在數千年狉狉榛榛之間，豈不哀哉！"李大钊〈史观〉："例如火的发明，衣裳的发明，农业及农器的发明，在原人时代，不知几经世代，经社会上的多人，于有意无意中发见，应用的结果积累而成者。"魯迅〈花边文学·法会和歌剧〉："原人和现代人的心，也许很有些不同。"

²【原人】 老实谨慎的人。〈孟子·尽心下〉："一鄉皆稱原人焉，無所往而不爲原人，孔子以爲德之賊，何哉？"朱熹集注："原亦謹厚之稱。"

³【原子】 构成化学元素的最小粒子，也是物质进行

原¹ [yuán 〈广韵〉愚袁切，平元，疑。]❶"源"的古字。水源。〈左传·昭公九年〉："猶衣服之有冠冕，木水之有本原。"〈荀子·君道〉："官人守數，君子養原；原清則流清，原濁則流濁。"〈汉书·西域传上〉："南北有大山，中央有河……其河有兩原：一出葱嶺山，一出于闐。"宋司马光〈初除中丞劄子〉："臣開澄其原則流清，固其本則末茂。"清俞樾〈群经平议·周易一〉"原筮元永貞无咎"："原之本義，水泉，本也。今俗加'水'作'源'，即'其字'也。"❷本原；根本。〈荀子·非十二子〉："佚而不惰，勞而不侵，宗原應變，曲得其宜，如是然後聖人也。"王先谦解："宗原者，以本原爲宗也。"〈汉书·叙传上〉："〈詩〉〈書〉淫亂之戒，其原皆在於酒。"唐韩愈〈送王秀才序〉："故學焉而皆得其性之所近。其後離散，分處諸侯之國，又各以所能授弟子，原遠而末益分。"明陈鎜〈对策〉卷五："朔厥字原，廣其音訓，〈爾雅〉之間，是其權輿，〈说文〉爲詞，乃其解詁。"严复〈原强〉："其論一事，持一說，必根據理極，引其端於至真之原，究其極於不遁之效。亦指来源或起因。"〈史记·老子韩非列传论〉："皆原於道德之意，而老子深遠矣。"明李东阳〈修建广平府庙学记〉："聖人之道原於人心之同。"阿英〈重读殷夫遗稿〈写给一个哥哥的回信〉〉："他和哥哥的決裂，所以拖得那久才解決，就是原于对母亲的爱。"❸推究；考究。〈荀子·儒效〉："俄而原仁義，分是非，圖回天下於掌上而辨白黑，豈不愚而知矣哉！"〈汉书·刘向传〉："原其所以然者，讒邪並進也。"唐韩愈〈应所在典贴良人男女等状〉："原其本末，或因水旱不熟，或因公私債負，遂相典帖，漸以成風。"宋沈括〈梦溪笔谈·杂志一〉："磁石之指南，猶柏之指西，莫可原其理。"明何景明〈应诏陈言治安疏〉："當初那箇奇夢被我原出来了。"❹原本；起初。〈醒世恒言·赫大卿遗恨鸳鸯绦〉："他原是個真念佛，假修行，愛風月，嫌冷静，怨恨出

『中韓 사전』 민중서림, 2011.

野〈埜〉 yě (야) ❶ 명 들. 야외. ¶ ~地; ⇩ / ~战; ⇩ ❷ 명 한계. 경계. 범위. ¶ 分~; 분야 / 视~; 시야. ❸ 명 민간. 재야(在野). ¶ 在~; 재야. 민간에 있다. ❹ 형 야생의. ¶ ~菜; ⇩ / ~兔; ⇩ ❺ 형 예의를 모르다. 난폭하다. 상스럽다. 제멋대로이다. ¶ 说话别这么~好不好? 말 좀 그렇게 상스럽게 안 하면 안 되겠냐? / 那家伙实在太~了; 그 자식은 정말 너무 무례하다. ❻ 형 구속받지 않다. 자유분방하다. 마음대로 하다. ¶ 上姥姥家去玩了几天, 都玩~了; 외갓집에 가서 며칠을 자유롭게 마음껏 놀았다. ❼ 형 미개하다. 야만스럽다. ‖ =〔〈書〉 埜〕 ❽ (Yě) 명 성(姓)의 하나.

〔野菜〕 yěcài 명 산채(山菜). 산나물.

〔野餐〕 yěcān 동 야외에서 식사하다. 소풍 가다. 피크닉 가다. 명 야외 식사. 피크닉.

〔野蚕〕 yěcán 명 《蟲》 ① 산누에. ¶ ~茧; 산누에 고치. ② 야생 누에.

〔野操〕 yěcāo 명 야외 연습〔훈련〕. =〔野外操演〕

〔野草〕 yěcǎo 명 들풀. 야초.

〔野草闲花〕 yěcǎo xiánhuā 명 ① 야생풀과 꽃. ②〈比〉 유녀(遊女). 기녀. ‖ =〔野花闲草〕

〔野传〕 yěchuán 명 《體》 (야구에서) 폭투. ¶ ~球; 패스 볼.

〔野炊〕 yěchuī 동 야외 취사하다.

〔野导〕 yědǎo 명 무면허 관광. 가이드.

〔野的〕 yědí 명 무면허 택시.

〔野地〕 yědì 명 들. 벌판. 황야.

〔野刁〕 yědiāo 형 악랄하고 난폭하다. ¶ 这个流氓~得利害; 이 건달은〔불량배는〕 매우 난폭하다.

〔野调无腔〕 yědiào-wúqiāng 〈成〉 언행이 난폭하고 무례하다.

〔野鸽〕 yěgē 명 《鳥》 양(洋)비둘기. =〔原鸽〕 →〔鸽子〕

〔野葛〕 yěgé 명 《植》 칡.

〔野狗〕 yěgǒu 명 《動》 들개.

〔野果〕 yěguǒ 명 야생의 과실.

〔野汉子〕 yěhànzi 명 ①〈口〉 샛서방. 정부(情夫). 내연의 남자. =〔姘夫〕 ② 떠돌이 사나이. 부랑자.

〔野合〕 yěhé 동 야합하다. 사통(私通)하다.

〔野鹤〕 yěhè 명 ① 야학. 들에 사는 두루미. ②〈比〉 은사(隱士).

〔野狐禅〕 yěhúchán 명 《佛》 야호선.

〔野胡萝卜〕 yěhúluóbo 명 《植》 ① 긴사상자. ② 당근의 원생종.

〔野花〕 yěhuā 명 ① 들꽃. 야생화. ②〈轉〉 창부. 창기(娼妓).

〔野火〕 yěhuǒ 명 야화. 들을 태우는 불. 들불. ¶ ~烧不尽, 春风吹又生; 〈成〉 들불이 들의 풀을 다 태워도, 봄바람이 불면 다시 자라난다《생명력이 강한 것은 어떤 세력도 억누를 수 없다》. =〔野烧〕

〔野鸡〕 yějī 명 ①《鳥》 꿩. =〔〈方〉山鸡〕 ②〈轉〉 옛날, 사창가(私娼街)에서 손님을 잡아끌던 창녀. 길에서 호객하던 매춘부. 형〈比〉 무허가의. 불법의. 비인가의. 잠상(潛商)의. ¶ ~大学; 무허가 대학.

〔野景〕 yějǐng 명 야외의 경치. 교외의 풍경.

〔野菊〕 yějú 명 《植》 산국(山菊)《국화과의 산야에 나는 다년초, 꽃을 약용함》. =〔苦kǔ薏〕

〔野狼〕 yěláng 명 야생 늑대. ¶ ~养不成家狗; 〈諺〉 야생 늑대는 집개로 키울 수 없다《본성이 나쁜 사람은 가르쳐 키울 수 없다》.

〔野驴〕 yělú 명 《動》 야생 당나귀.

〔野麻〕 yěmá 명 《植》 야생의 삼의 총칭.

〔野马〕 yěmǎ 명 ①《動》 몽골 초원에 주로 서식하는 말의 일종. ② 야생마. ¶ ~无缰; 〈成〉 고삐 풀린 야생마와 같다《버릇없고 제멋대로이다》. ③〈比〉 떠다니는 구름. 뜬구름. ¶ ~尘埃; 〈成〉 없어지기 쉬운 것.

〔野麦〕 yěmài 명 ⇨〔雀què麦〕

〔野蛮〕 yěmán 형 ① 야만스럽다. 미개(未開)하다. ② 난폭하다. 잔인하다. 상스럽다. 무지막지하고 거칠다. ¶ ~的屠杀; 잔인한 대학살 / ~行为; 잔인한 행위.

〔野猫〕 yěmāo 명 ① 주인 없는 고양이. 도둑 고양이. 들고양이. ②〈方〉 ⇨〔野兔〕

〔野牛〕 yěniú 명 ①《動》 들소. ② 길들지 않은 소. 야생소.

〔野炮〕 yěpào 명 《軍》 야포.

〔野漆树〕 yěqīshù 명 《植》 거망옻나무.

〔野蔷薇〕 yěqiángwēi 명 《植》 찔레나무.

〔野禽〕 yěqín 명 들새. 야생 조류.

〔野趣〕 yěqù 명 전원의 정취. ¶ ~横生; 전원의 정취가 물씬 풍긴다.

〔野人〕 yěrén 명 ① 야인. 재야의 사람. 민간인. ② 촌사람. 농민. ③ 미개인. ④ 거칠고 몰상식한 사람. 촌스럽고 천박한 사람.

〔野人献曝〕 yěrén xiànpù 촌사람이 (임금에게) 따뜻한 햇살을 바치다. 〈謙〉 비록 천박하고 비루한 소견이지만 진심에서 우러나와 바친다.

〔野山参〕 yěshānshēn 명 《植》 야생 인삼. 산삼. →〔人参〕

〔野山楂〕 yěshānzhā 명 《植》 산사나무.

〔野烧〕 yěshāo 명 ⇨〔野火〕

〔野芍药〕 yěsháoyào 명 《植》 산작약.

〔野生〕 yěshēng 형 야생의. ¶ ~的花

原 **yuán** (원)

❶［형］최초의. 처음의. 시초의. ¶~人；↓/~生；↓ ❷［형］원래의. 본래의. ¶~计划十天完成，结果七天就完成了；원래는 열흘 내에 완성할 계획이었는데, 결과적으로 7일 만에 완성했다/~任；↓ ❸［형］본디 대로의. 가공하지 않은. ¶~木；↓/~油；↓ ❹［동］용서하다. 양해하다. 이해하다. ¶~谅；↓ ❺［명］평원. 들판. ¶草~；초원. ❻［명］⇒［塬］❼ (Yuán)［명］성(姓)의 하나.

〔原案〕yuán'àn［명］원안.

〔原班人马〕yuánbān rénmǎ 〈口〉 원래의 인원이나 조직. 기존의 멤버.

〔原板〕yuánbǎn［명］《樂》중국 전통극이나 음악의 박자. →〔板眼①〕

〔原版〕yuánbǎn［명］원판. ① 서적. 음반·영상물의 원판(해적판이나 복제판과 구별됨). ② 번역을 거치지 않은 서적이나 영상물.

〔原本〕yuánběn［명］① 저본(底本). →〔传抄本〕② 초판본(初版本). →〔重刻本〕③ (번역의) 원서.［부］본래. 원래. ¶我~是教学生的；나는 원래 학생들을 가르치던 사람이다.

〔原材料〕yuáncáiliào［명］원료와 재료. 원재료.

〔原蚕〕yuáncán［명］〈書〉하잠(夏蠶). 여름 누에.

〔原产地〕yuánchǎndì［명］원산지.

〔原虫〕yuánchóng［명］⇒〔病原虫〕

〔原初〕yuánchū［명］⇒〔原先〕

〔原创〕yuánchuàng［동］창시하다. 최초로 만들다.

〔原处(儿)〕yuánchù(r)［명］원래의 장소. 제자리. ¶放回~；제자리에 도로 가져다 놓다/他还住在~；그는 아직도 원래 살던 곳에 산다.

〔原地〕yuándì［명］① 본래의 자리. ② 그 자리. 제자리. ¶~踏步；제자리걸음하다/~踏步走；제자리 걸어!《구령》.

〔原电池〕yuándiànchí［명］《電》일차전지.

〔原动机〕yuándòngjī［명］《機》원동기.

〔原动力〕yuándònglì［명］원동력.

〔原封(儿)〕yuánfēng(r)［형］개봉하지 않은(널리 원래의 모양을 유지하고 변하지 않은 것을 가리킴). ¶~退回；원래의 상태대로 돌려주다〔반환하다〕/~不动；〈成〉개봉하거나 손대지 않고 원래의 상태 그대로 두다.

〔原稿〕yuángǎo［명］원고. 초고.

都 守 熙 著

1934. 8. 29일 충남 논산에서 출생
1977년 충남대학교 대학원(문학박사)
1967-99년 충남대학교 교수(현 명예교수)
1987-88년 충남대학교 문과대학장, 예술대학장 역임
1985년 국어학회 · 진단학회 · 한글학회 평의원
1987년 한국언어문학회 회장 역임
1997년 한국지명학회 초대회장 역임
2002년 국제언어인문학회 고문
1995년 Who's Who in the World(세계 인명사전)에 등재
2002년 제37회 五 · 一六민족상 수상

논저】
1977년 『백제어 연구』(아세아문화사)
1987년 『한국어음운사 연구』(탑출판사)
1987년 『국어대용언의 연구』(탑출판사)
1987, 89년 『백제어 연구』(Ⅰ,Ⅱ)(백제문화개발연구원)
1994, 00년 『백제어 연구』(Ⅲ,Ⅳ)(백제문화개발연구원)
2003년 『한국의 지명』(아카넷)
2004년 『백제의 언어와 문학』(백제문화개발연구원)
논문은 「각자병서 연구」(1970 한글학회) 밖에
130여 편을 썼다.

느르둘이(黃等也山>黃(等也)山) 싸움(戰鬪)과
관련된 몇몇 지명의 이야기

　黃山은 신라 경덕왕이 서기 757년에 백제의 지명인 黃等也山을 等也를 줄이어 黃山으로 바꾼 신라의 개정명이다. 黃等也山은 백제 지명인 '느르둘이'를 漢字로 표기한 한자지명이다. 백제어 '느르둘이'의 '느르'(누르=黃)는 느러(서다)(連)의 뜻이고, '둘이'는 山이란 뜻이다. 黃山이란 지명은 백제가 망한 시기(서기 660년) 보다 거의 1세기 후인 신라 경덕왕 16년(서기 757년)의 개정명이기 때문에 黃山伐은 결코 백제말이 아니다. 신라가 개정해서 새로 만든 신라말이다. 개정되기 이전에는 오로지 黃等也山(부르기는 오직 '느르둘이'로)만 존재하였기 때문에 백제 계백 장군의 최후 전투지역이었던 곳의 이름도 당연히 백제말인 '느르둘이'로 불러야 마땅하다.

백제어 어휘 연구

　일본서기 권26 제명천황 6년 9월조에 "노수리"는 백제의 동경이라는 표현으로 보아 "황산원"에 해당할 것이다.

　黃[느러=連]산은 36개의 산봉우리가 연산의 동북에 위치한 개태사 뒷산부터 남쪽 국사봉까지 늘어선 지형으로 인하여 발생한 지명이다.

VII. 單語 解釋과 言語 資料 531

　黃(느러=連,黃)
　27.黃等也山>黃山>連山에서 '黃:連'의 대응이 성립한다. 黃은 훈음(누르=黃)차이고 連은 훈(느르=連)차이다. 백제어 黃, 連의 뜻으로 동음이의어 '느르'가 쓰였음을 알 수 있다. 36개의 산봉우리가 連山의 동북에 위치한 개태사의 뒷산부터 남쪽의 국사봉까지 늘어서 있다. 이런 지형으로 인하여 발생한 지명이다(위 Ⅳ. 제4장 참고).

요약컨대 현 連山面의 東岳鎭山의 古名인 '누르기재'(黃嶺)가 옛 '黃等也山'의 대표적인 殘形이며(이 山頂(黃嶺)에는 백제시대에 구축되었던 테뫼형의 土城이 남아 있다. 이 黃嶺을 중심으로 南北으로 十餘個의 山峰이 길게 늘어서 있는 山形(開泰寺의 背山인 天護山으로부터 南端 芽峙山城(이른바 爾禮城의 烽燧)까지로 因한 地形名이라 할 것이다.

(5)

《日本書紀》卷 26 齊明天皇 6年 9月條에

百濟遣達率(闕姓名) 沙彌覺從等來奏曰(或本云 逃來告難) 今年七月 新羅恃力作勢 不親於隣 引搆唐人傾覆百濟 君臣摠俘略無唯類(或本云 今年七月十日 大唐蘇定方率船師軍國尾資之津, 新羅王春秋知率兵馬 軍于怒受利之山(ヌスリノムレ) 來擊百濟 相戰三日 陷我王城 同月十三日 始破王城 怒受利山百濟之東境也

와 같은 기록이 있는데, 여기 '怒受利'는 百濟의 東境이란 표현으로 보아 黃山原에 해당할 것이다. 그러면 이 '怒受利'는 무엇을 가리키는 말인가?

이것은 '黃等也山'에 대한 日本側 기록인 듯한데, 그렇다고 이것을 '느러리뫼'의 轉寫라 성급히 速斷해서는 안될 것 같다.

우선 그 대응 관계에서 '怒'와 '黃'이 訓과 곱 兩面에서 完全 一致하지 않기 때문이다. 이 '怒'字에 대한 《日本書紀》등의 기록은 久麻怒利(혹은 久麻那利)와 같이 *no, *nu를 나타내고 있기 때문에 '黃'의 곱 讀 *hwang과는 일단 相異함을 드러내고 있으나, '黃'의 訓 *nurə의 제1음절 *nu와는 상당히 相似한 모습을 보인다. 물론 '怒受利'의 어형이 어떤 구조이냐의 문제가 先行되는 것이나, 여기 '怒受利'는 '怒+受利'의 三形態素의 合成記錄으로 추정한다. 그리고 '受利'는 백제어 및 고구려어에서 흔하게 찾아볼 수 있는

彙 : 물휘(〃 下 2)   輩 : 물비(〃 下 24)
特은 느미 므리예 쓴로 다룰씨라(「釋譜詳節」六 7)
비록 사루미 무레 사니고도(「釋譜詳節」六 5)
群 : 물군<「類合」上 14,「光千文」,「石千文」21>
衆 : 물중<「類合」上 5>
馬山縣>馬山縣>韓山縣(몰=馬=한)

와 같이 '물>*몰'인 것이다. 여기서 우리는 백제어 *meri~*muri~*mer~*mur~(衆, 群)을 再構할 수 있을 것 같다.3)

지금까지 논의하여 온 바를 요약하면 다음과 같다.

1. '黃等也山'을 분석하여 우리는 백제어 *nurə-(黃)(形容詞), *nir-, *nirə-(連長, 連續, 廷)(動詞)를 再構할 수 있었다. 여기 '黃'의 釋音 *nurə가 連의 意味로 通用되었다는 것은 黃과 連에 대한 백제어의 同音(類似音)異意語 *nurə- *nire~를 推定케 하기 때문이다.

2. 《日本書紀》에 登載되어 있는 '怒受利' 역시 *nosuri~*nusuri(黃述)의 의미일 것이나, 이 '怒受利山'의 위치를 現 連山面 靑銅里에 比定할 때 靑銅의 古釋 '놋'을 寫音하기 위하여 앞의 '怒'가 借用된 것으로 볼 수 있다. 따라서 우리는 백제어에서의 銅에 대한 釋 '놋'을 發掘한 기쁨을 얻게 된다. 아울러 銅에 대한 백제어가 '놋'과 '구디'(仇知)의 同音異議語로 共存하였을 가능성을 얻게 된다.

3. 이른바 누르기재(黃嶺峙)—더 엄격히 말해서 大木峙下의 俗稱 屍

---

3) 李崇寧(1971 : 161)에서 다음과 같이 主張하였다.
「馬山>韓山 :「馬」는 蒙古語 morin의 借用語라고 본다면, 15世紀에는「몰」이다. 百濟語의「몰」의 母音이 音素의 體系에 相當한 變化를 豫想해야 하기로 百濟語에서도「ᄋᆞ」음일 可能性은 적으나「물」(群, 衆)과 近似하다고 본다면 mʌl의 形態에서「衆, 多」의 意味를 거쳐「韓山」(한=大, 多)으로 改名될 餘地가 있다. 이 改名은 新羅統一의 것이다」.

12. 황룡재의 3도 진군과 설영 견해에 대하여

계백 3영을 북산성(황산성), 천왕산성(청동리산성), 산직리산성으로 추정하였을 때 공략 전략을 수립하였을 김유신과 신라군 지휘부의 입장에서 진격로의 황룡재 지형지세를 살펴봅니다.

대전 식장산 탄현을 지나 흑석동 진현성에 도달한 신라군의 수레를 동반한 중군과 우군 주력부대는 개태사 진로로 진군하고 좌군(좌장군 품일)은 기성(杞城)을 지나 벌곡면 한삼천(汗三川)으로 진격하였을 것으로 추정해 보면 이곳에서 두 갈래의 진격 로에 봉착하게 됩니다. 하나의 진로는 계백 3영으로 추정되는 백제군이 포진한 산직리산성을 향한 진로이고 또 하나의 진로는 황룡재 협곡입니다.

황룡재 진로는 좁고 긴 험준한 협곡을 통과하여 함박봉 보루 아래에 도달하게 되며 이곳에서(현 주차전망대)는 황산벌의 전경이 조망됩니다. 좌로는 산직리산성, 국사봉보루, 신양리 벌판이보이고 전면에는 천왕산, 청동리일대가 조망되며 우측으로 연산리 벌판과 북산성이 보입니다. 지형지세를 살펴보면 이곳으로부터 산 아래 황산지야에 도달하기까지의 하산 거리는 산악험로입니다.

삼국시대에 이와 같이 험준한 지형에 수레바퀴 폭 1.66m의 수레가 통행할 수 있는 도로가 개설 되었을리는 없다고 봅니다(보은삼년산성 서문지의 수레바퀴폭 1.66m. 현재의 수레 본체 폭 0.85m).[30]

신라군이 황룡재로 진군했다고 가정한다면 신라 김유신이 이끄는 중군으로 추정해야 할 것이고 중군은 병력도 3군 중 가장 큰 규모였다고 보아야 할 것입니다.

신라군 지휘부가 황산지야에 접근하기 용이한 개태사길[31]과 또 하나의 진로인 평탄한 산직리산성행 진격로를 선택하지 않고 (산직리산성, 천왕산, 북산성과 개태사 간의 거리는 근거리임.) 군사를 분리시켜 좁고 험준한 협곡을 통과해야 하고 험로를 하산해야 하며 군사적으로 위험하고 비효율적인 진로를 택하여 대병력을 진입시키는 전략을 세우지는 않았다고 봅니다. 이는 역지사지로 판단할 수 있는 상황이라고 봅니다.

신라 김유신은 백제 주력군이 포진한 3영의 지형지세 위치정보를 사전에 알고 있었습니다. 공략계획에 따라 주력군인 중군과 우군은 수레를 동반하여 진격할 수 있는 개태사 협곡을 돌파한 후 군사를 2도로 나누어 김유신의 중군은 연산리, 청동리지야를 통과하여 천왕산성의 험준한 동벽과 북벽을 우회하여 완만한 취약지인 매봉 서향의 아래 산소골로 진격하고 김흠순의 우군은 연산리지야를 지나 북산성으로 진군하여 성을 나와 성의 끝 지점 산 아래에 포진한 생잿골(勝敵골)에서 접전한 것으로 추정합니다.

---

30) 윤일영 「신라군의 행군과 군수」 수레의 크기와 형태. 104p.

31) 지헌영, 앞의 책 104쪽(금산, 운주, 논산지형)

한편 백제의 계백장군과 지휘부는 황룡재가 배후를 차단당하는 군사적으로 취약지임을 알고 있었고 신라군의 입장에서 산직리산성 길과 개태사 길이 있음에도 좁고 험준하며 취약지인 위험한 협곡으로 대군사를 몰아오지는 않을 것임을 예측하고 함박봉 보루 이외에 영을 설치하지 않았을 것으로 보입니다.

함박봉의 황령산성은 협곡으로부터 600여 미터 올라간 산 정상부에 있어 협곡으로 오는 군사를 막기 위한 성곽이 아닌 보루로 추정됩니다.

상기와 같은 추정은 오늘날 도상의 지도 위치와 거리만으로 추측하기보다는 황산 주변의 전체 지형지세와 황산지원, 황산지야와 추정되는 3영을 살펴본 후 삼국시대 당시의 현장을 살펴봤을 때 검증하여 판단할 수 있는 일이라고 봅니다.

*목차 4. 계백3영에 관한 현장과 질문 참조
1) 탄현과 신라군의 진로 판단에 대하여
11. 황산지원, 황산지야 참조

연산 개태사 협곡 지형

「탄현에 대하여」-지헌영 교수

邊인 高陽里・青銅里・閑田里・林里 一帶를 注目하지 않을 수 없다. 連山邑內里・連山驛 一帶는 自來로 陸路交通의 中心地였던 것이니, 그 東에 가로놓여 있는 天護山(黃等也山・黃山)의 自然的 障碍와 그 西部(西北 및 西南里를 아울러)에 펼쳐 있던 平野地帶와의 連接地點인 特性을 지녔으므로 써다. 이러하므로 하여 連山面 一帶는 熊津(公州)에 百濟王國이 奠都했을 때에는 高山・雲州方面 珍山・錦山・茂朱・龍潭方面으로의 交通要衝이었고 江景・論山 等 沿江地域에서 鎭岑(貞峴)・大田(雨述郡) 方面으로의 魚鹽供給路가 이 골을 지나고 있던 것이다. 百濟王國의 王都가 扶餘로 옮긴 뒤에도 連山 邑內里・連山驛 一帶는 扶餘─乾坪(草村)─草浦(連山西 十里)─連山─豆溪─鎭岑─大田(雨述)間 東部連絡路의 中心이 되었던 것이니, 連山에서 東部連絡路는 天護山 西北 기슭을 지나 開泰─豆溪─鎭岑─大田(雨述)方面으로 나오는 交通路(北路)와 連山에서 黃嶺을 넘어 杞城(貞峴)을 거쳐 大田方面으로 나오는 路程(南路)의 分岐點이 되었던 곳이기도 하다. 百濟扶餘奠都時代에도 連山驛・連山 邑內里 一境이 珍山─錦山─茂朱─龍潭方面으로 通來하던 重要한 交通의 要衝이었음은 百濟奠都時代와 다름이 없었다 하겠다.

要컨대 現 連山驛・連山面 邑內里 一帶는 熊津(公州)・所夫里(扶餘) 奠都時代나 新羅 高麗 朝鮮王朝期를 通하여 經濟的으로 魚鹽供給路의 要點이며 軍事・行政・交通上의 要衝을 이루고 있다 하겠다.

이렇게 보아올 때 百濟期에 舊 連山縣 一圓에 置郡하였던 「黃等也山郡」治所도 이를 天護山(黃等也山 黃山)의 東部에 있는 伐谷面 地帶나 天護山稜의 西南部에 펼쳐있는 陽村面 一帶라든가 또는 天護山西로 二十里나 떨어져 있는 夫赤面 一帶에서 이를 求하려 함은 無意味한 努力이 되겠다.

앞에서 筆者가 「黃等也山郡」 治所도 現 連山面 邑內里 周邊과 連山驛 一帶를 注目하여야 할 것이라 한 理由는 上記한 바와 같은 自然地理的 人文地理的 條件을 勘案한 것이었다.

더 나아가 우리는 連山面 邑內里 周邊(黃山里・天護里・官洞里)과 湖南

13. 3일간의 황산전투와 백제군 4회 승전에 대하여

　계백은 결사대 5천 명을 거느리고 황산에 출동하여 3영을 설치하고 신라군을 맞아 4번 접전하여 (與羅兵戰 四合皆勝) 모두 이겼으나 중과부적(衆寡不敵)으로 계백은 여기서 죽었다. (『백제본기』, 의자왕 660년.)

　위 기록은 3개의 설치한 영 중 신라 좌군과 우군의 전투결과는 기록되지 않은 듯합니다. 지명과 관련하여보면 산직리산성 인근에는 승적골(勝敵골) 지명이 있고 북산성 아래 끝 지점 마을 생잿골(勝敵골) 지명이 유래되고 있음을 볼 때에 각각 1회 이상 격퇴하여 승전하였음을 전래하고 있는 것이 아닌가 생각됩니다.

　역사기록 사가(史家)가 신라군과 계백장군과의 직접 전투한 사실만을 기록한 것인지 분명치 않으나 백제 좌·우군의 승전사실을 기록한다면 6회 이상으로 볼 수도 있는 것으로 추측합니다.

　신라군과 계백과의 직접 전투 사실만을 기록한 것이라면 7월 9일 ~10일 양일간 하루 2차례의 공격을 한 것으로 보이고 이때 백제군은 4차례 격퇴한 것으로 보입니다.

　최후 결전한 11일 삼군(三軍)이 합류한 상태에서 관창의 희생과 신라군의 총공격으로 백제군은 패하고 계백장군은 전사하였습니다.

　부여까지의 거리는 한나절의 행군거리이므로 신라군은 소정방과의 약속기일 10일보다 하루가 지체된 최후 결전한 당일 11일에 서둘러 약속 장소에 도착한 것으로 추측됩니다.

부여에서 합류한 나당연합군은 합류약속일 10일에 하루가 지체된 책임을 물어 소정방이 신라 독전장 김문영을 참수하려 하자 김유신은 황산전투의 치열함을 모른다며 반발하였습니다.

나당 군은 12일 사비도성을 향하여 네 길로 진군하였음을 문헌은 기록하고 있습니다.[32]

따라서 황산전투는 7월 9일~7월 11일 3일간 벌어진 것으로 판단할 수 있으며 이 같은 사실은 일본서기 제명천황 6년 9월조에서 백제 유민 달솔과 사미각종 등이 진술하였다는 3일간의 전투기록으로 확인되고 있습니다. 학계는 전투가 벌어진 노수리지산(怒受利之山)을 천왕산(청동리)으로 비정하고 있습니다.[33]

---

32) 『삼국사기』 5권 「신라본기」 5권 태종왕 7년조 660 –7월 12일 나당군 사비성 공격

33) 지헌영, 앞의 책 170쪽. 도수희, 앞의 책 287, 292쪽.

十二日 唐羅軍□□□圍義慈都城 進於所夫里之原 定方有所忌不能前
庾信說之 二軍勇敢 四道齊振 百濟王子又使上佐平致甕餽豊腆 定方却
之 王庶子躬與佐平六人詣前乞罪 又揮之 十三日 義慈率左右 夜遁走
保熊津城 義慈子隆與大佐平千福等 出降 法敏跪隆於馬前 唾面罵曰 向
者 汝父枉殺我妹 埋之獄中 使我二十年間 痛心疾首 今日汝命在吾手中
隆伏地無言 十八日 義慈率太子及熊津方領軍等 自熊津城來降 王聞義
慈降 二十九日 自今突城至所夫里城 遣弟監天福 露布於大唐

　12일, 당나라와 신라군이[원문에 3글자 빠져있음] 의자왕의 도성을
포위하려고 소부리(所夫里, 충남 부여) 들판으로 나아갈 즈음에, 정방이
마음에 꺼리는 바가 있어 진군하지 않고 있었다. 유신이 그를 달래
어, 두 나라 병사가 용감하게 네 길로 일제히 진군하게 되었다.
　백제의 왕자가 다시 상좌평을 시켜 가축과 많은 음식을 보냈으나
정방이 거절하였다. 백제왕의 서자인 궁(躬)이 여섯 사람의 좌평들과
함께 앞에 나와 죄를 빌었으나 정방은 그것도 물리쳤다.
　13일, 의자왕이 가까운 신하들만을 데리고 밤을 타서 도망하여 웅
진성(熊津城, 충남 공주)에서 몸을 보전하자, 의자왕의 아들 융(隆)이 대
좌평 천복(千福) 등과 함께 나와 항복하였다. 법민이 융을 말 앞에 꿇
어앉히고 얼굴에 침을 뱉으며 꾸짖었다.
　"예전에 너의 아비가 억울하게 나의 누이를 죽여 옥중에 파묻었던
일이 나로 하여금 20년 동안 마음이 고통스럽고 머리가 아프도록
하였더니, 오늘에야 너의 목숨이 내 손 안에 있게 되었구나!"
　융은 땅에 엎드려 아무 말도 하지 못했다.
　18일, 의자왕이 태자와 웅진방(熊津方)의 병사 등을 거느리고 웅진
성으로부터 와서 항복하였다.
　임금이 의자왕이 항복했다는 소식을 듣고 29일에 금돌성(今突城)으
로부터 소부리성에 당도하여, 제감 천복(天福)을 당나라에 보내 싸움
에서 이겼음을 보고하였다.

一圓에 主力部隊가 布陣하고 百濟軍의 右軍은 靑銅城(內城)에 中軍은 外城에 左軍은 咸芝山城(北山城)에 各各 布陣하여 對陣했던 것을 比定할 수도 있을 듯하다. 盤屈・官昌郞의 勇戰 戰亡한 場所도 現 連山驛 近處일 것으로 想定되기도 한다.

더 보태거니와 堦伯(階伯)將軍의 主力部隊가 防禦했으리라 보아지는 靑銅城(內城)은 「連山盆地」(黃山之原・黃山之野)의 西南에 자리잡고 있어 多分히 邑治地의 性格을 지니고 있다고 나는 본다.[10] 이 「靑銅城」(內城?)은 『日本書紀』 齊明天皇 6年 庚申 9月條에

(11) 「九月己亥朔癸卯 百濟達率(開 姓名) 沙彌覺從等 來奏曰(或本云 逃來告難) 今年七月 新羅恃力作勢 不親於隣 引搆唐人 傾覆百濟 君臣摠俘 略無唯類.

(或本云今年七月十日 大唐蘇定方 率船師于尾資之津 新羅王春秋智 率兵馬 軍于 怒受利之山 夾攻百濟 相戰三日 陷我王城 同月十三日 始破王城 怒受利山 百濟之東境也)

로 보이는 「怒受利山」 바로 그것이라 보고 싶다.

『三國史記』 卷第五 新羅本紀第五 太宗武烈王7年條에

(12) 「七月九日 庾信等 進軍於黃山之原……二十九日 自今突城至所夫里城……百濟餘賊 據南岑貞峴 □□□城. 又佐平正武 聚屯豆尸原嶺 抄掠羅唐人. 二十六日 攻任大兵 兵多地險 不能克但攻破小柵. 九月三日 郞將劉仁願 以兵一萬人 留鎭泗沘 百濟餘賊入泗沘 謀掠生降人 留守仁願出羅唐人 擊走之 賊退泗沘南嶺 竪四五柵 屯聚伺隙 抄掠城邑 百濟 叛而應者 二十餘城.

唐皇帝 遣左衛中郞將王文度 爲熊津都督 二十八日至三年山城 傳詔 文度面東立 大王面西立 錫命後 文度欲以宜物授王 忽疾作便死 從者攝位 畢事. 十月九日 王率太子及諸軍攻爾禮城 十八日 取其城置官守 百濟二十餘城 震懼皆降. 三十日 攻泗沘南嶺軍柵 斬首一千五百人……十月五日 王行渡鷄灘 攻王興寺岑城 七月乃克 斬首七百人 二十二日 王來自百濟論功.」

---

10) 「百濟期의 邑治城」에 對하여는 別稿할 機會를 기다리어야겠다.

14. 부적면 충곡리 계백장군묘의 문제점

 교수님의 설명으로 현재의 충곡리 계백장군묘의 조성배경과 진실 취지 경위에 대하여 잘 알게 되었습니다. 묘소는 계백장군의 문화 정신을 현양하고자 하는 뜻으로 논산시민의 염원으로 조성된 것임에도 불구하고 현실을 보면 일반 국민들은 오해의 부작용이 있어 진실을 잘못 알고 있는 현실을 살펴봐 주시기를 바랍니다.

 현재의 계백장군묘는 전승지(傳承地)라는 의미로 유적이 아니라 계백장군에 대한 흔적이 있다 전해오는 명칭이라는 의미를 정확하게 이해하는 국민보다 전승지(戰勝地)로 오해하는 분이 대다수인 것 같습니다. 국민들은 계백장군의 전투전사지로 정립되지도 아니한 그곳이 문화유적으로 지정됨으로 인하여 계백의 황산벌 전적지 전투가 벌어졌던 장소로 오해하고 있는 것이 현실입니다.

 현시점에서 이와 같은 부작용 등을 그냥 둘 일이 아니라 바로잡아 후세에 정사(正史)를 교육하여야 할 조치가 필요한 것이 아닌가 사료되며 이를 치유할 수 있는 근본적인 해결방책은 계백과 관창의 전투전사지점을 조사하는 조치를 취하여 누구나 수긍할 수 있는 계백 3영 등

을 정립하는 과제라고 봅니다. [신양리 전적지 조성은 자문교수들도 동의하지 않은 미검증된 사안입니다.]

정립되지 아니한 이론이 있는 장소를 사적지 조성을 추진하는 것은 일의 선후(先後)가 바뀐 정책으로 황산전투사는 논란이 계속될 것이며 세계문화유산으로 등재하는 과제에도 부정적 결과를 초래할 것입니다. 공정 투명한 검증절차를 거쳐 계백 3영이 정립된다면 부적면 충곡리 계백장군묘와 전쟁기념관은 황산전투현장 계백과 관창의 최후 결전지 역사현장과 연계되어 당초의 묘소조성 취지 목적에 부합되게 될 것입니다.

동아시아 최초의 국제전쟁[충남대백제연구소, 2000]인 황산전투사의 역사진실을 정립하는 것은 관광개발 계획에 있어서도 선결과제일 것입니다. 사비성과 연계하여 백제의 혼 정신인 계백장군의 충절과 인의정신, 화랑 관창의 의로운 행적에 대한 역사 사실 스토리를 접하게 된다면 국민과 일본 중국 등 세계관광객으로부터 존경받고 자긍심 있는 역사유적 관광지로 획기적인 계기를 마련할 수 있을 것입니다.

■ 天王山城은 三忠臣이 잠들어 있는 聖地

2018년 6월 "충남, 세종 향토문화연구회연합회"의 후원과 "논산향토문화연구회"의 주관으로 논산시 문화원에서 가평이씨 문중의 사적(史蹟) 발표 세미나를 진행하였습니다. (좌장. 최석원 전 공주대학교 총장. 토론. 윤용혁 공주대학교 명예교수)

① 이시애의 난을(세조 13) 평정하고 책훈된 적개공신 평호공 이형손
   「평호공 이형손의 생애」(건양대학교, 김문준 교수)
② 부적면 충곡서원에 계백장군과 함께 배향된 병자호란(인조 14년)을
   당하여 근왕병 3,000명을 모집하여 남한산성을 향하여 출병하였
   으나 험천전투에서 전사한 의병장 백봉 이민진
   「백봉 이민진 과 험천전투」(건양대학교, 이철성 교수)
③ 「가평이씨 문중 묘역의 묘포와 지석」(조중현)

이는 천왕산성이 계백장군의 최후결전지로 추정되어 유적의 조사와 복원이 요청되는 상황에서 국난을 당하여 분연히 일어섰던 세 분의 충의와 절개정신이 공교롭게도 같은 장소에 잠들어 서려있는 곳이 됩니다. 이와 같은 역사적인 산성을 관통하는 도로는 폐쇄하고 직선로로 변경하여야 합니다. 역사 유적은 정비한 후 국가유적과 지방유적으로 지정하여 성지(聖地)로 조성하여 그 충의와 절개정신을 기리는 것이 바람직한 것으로 사료됩니다.

(2019.3.)

15. 천왕산성(청동리산성)의 보존실태

　매봉을 중심으로 동서남북 전체 지형지세는 수천 명이 주둔 가능한 험준한 자연을 이용한 천혜의 성곽으로 보이므로 학자와 관계기관의 조사가 요청됩니다.

　대전 논산 간의 국도는 조용했던 천왕산 장수골을 파괴하여 산성 내부를 관통하여 연산사거리에서 서쪽 가평이씨 평호공묘 앞을 통과하여 하락(거북산)을 관통하였습니다.

　다행스럽게도 지형지세를 살펴보면 도로를 기점으로 남쪽 매봉이 있는 주된 산과 성곽은 큰 지형의 변형 없이 보존되고 있습니다.

　백제군의 포진지로 추정되어 조사를 요하는 서쪽의 지역도 그 지형이 유지되고 있으며 산소골 건너편 신라군의 포진지 산줄기와 신라군과 관창이 마신 우물(샘물)로 추정되는 곳도 그 흔적을 유지하고 있습니다.

　천왕산성(청동리산성)은 지헌영 교수가 계백 3영으로 비정하였습니다. 충남대백제연구소 『논산 황산벌 전적지』 보고서에서는 매봉 주변을 조사하면서 그 위치가 황산벌의 중심에 있어 중요성곽으로 보았음에도 불구하고 북산성과 함께 계백 3영에서 제외하였습니다.

　[성주탁교수는 북산성(北山城)을 조사하여 백제 주요 성곽으로 보고 황산성(黃山城)으로 개칭하여 기록].

학자들의 각자 상이한 견해로 인하여 관계기관은 나열할 수밖에 없어 아무런 조치 없이 방치하여 왔으며 훼손이 우려되는 상태에 있습니다.

천왕산 유적지가 조사되어 사적지로 지정되어 더 이상 훼손되지 않는 것이 시급합니다. 일부 파괴된 것에도 불구하고 전적지의 역사 사실은 조사되어 정립되어야 한다고 생각합니다. 천왕산의 경우 전술한 대로 도로를 기점으로 남쪽의 매봉을 중심으로 한 주요 산성 일원은 훼손되지 아니하였으므로 전적지 조사에 큰 영향이 없음을 확인할 수 있습니다.

모든 산성유적은 복원하여 문화재로 지정하여 관리하고 있습니다. 산성유적은 복원이 가능하기 때문일 것입니다.

[92년 당국의(대전지방국토관리청) 도로확장개설 노선계획을 시행할 때 주요 산성 유적이 보존된 것은 가평이씨 적개공신 평호공묘를 수호 보존하기 위해 진력한 결과로 가평이씨 종중의 공이 지대합니다.]

16. 역사의 현장 천왕산 장수골을 관통하는 도로의 폐쇄 복원

[연산4거리~장수골~하락(거북산)구간]

황산벌의 중심에 위치하여 역사학계에서 황산전투 역사의 현장으로 운위되고 있음에도, 일견하여 천왕산성(청동리산성) 전경을 "현장자료 사진"으로 볼 수 있는 바와 같이 천왕산성을 양분하여 조용했던 내부 장수골과 하락(마을)을 관통하여 파괴하였습니다.

현재 개설된[송정3거리(개태사)~신암리~연산4거리~천왕산(장수골)~하락(거북산)~임리(외성리산성)]구간은 살펴보면 우회도로입니다.

기존의 직선로인 도로가 있음에도 불구하고
[1. 호남선 철도 따른 직선로,
 2. 연산 천변 따라간 구도로,
 3. 연산중학교~샛뜸 구도로]

이를 확장 개설하지 아니하고 연산면 주요생활권을 벗어나 현재와 같은 구간으로 우회하여 확장개설 하였습니다. 이는 무엇보다 우선하여 중시되어야 할 역사유적 보존과 자연환경 보전과 지리적 여건을 헤아리지 아니한 정책당국의 큰 과오라고 봅니다.[호남선 철도는 개태사~임리(외성산성)간의 구간이 직선로로 시설되었습니다.]

황산전투사가 정립되어 천왕산 일대가 계백장군과 신라군이 전투한 3영의 지휘 영으로 비정 되게 된다면 정책당국은 넓은 관점의 안목으로 중장기의 정책과제로 계획하여 [연산4거리~장수골~하락(거북산)] 구간의 도로는 폐쇄하고 직선거리로 변경 개설하여 역사의 현장과 자연경관을 보존 복원하기를 건의합니다.

• 별지 황산전투 전적지 공원 건의안을 제안함과 함께
천왕산성 동문지(분통재)로부터 거북산(하락)의 구간을 폐쇄하고 직선도로로 변경하는 개설안을 제안하였습니다.

• 유적지를 복원할 경우
① 평호공묘역으로부터 거북산 구간의 낮은 지대를 높여 개설한 도로의 흙을 거북산의 본래의 위치로 복원하여 산줄기를 살리고 [이전에는 수목이 우거진 거북산이였으나 개간과 도로개설로 파괴되었음.]
② 폐쇄된 도로에는 주차장으로 조성하는 효율적인 공원화 안을 제안하는 것입니다.

일찍이 논산시가 의뢰하여 연구된 충남대백제연구소의 『논산 황산벌 전적지』 2000에서는 황산벌 전적지 정비보존방안을 제시하면서 (130쪽) 황산전투사의 유적은 역사적 중요성을 감안하여 "국가사적"으로 지정하여 체계적이고 종합적인 정비와 보존방안이 반드시 필요하다면서 전적지 공원화 등 4개 항의 방안을 제시한 바 있습니다.

■ 황산벌 전적지 정비 보존방안

(『논산황산벌 전적지』 2000 충남대 백제연구소)

1. 산성유적의 성곽 및 내부를 "국가사적"으로 지정하여 관리함으로써 훼손을 막는 것이 시급하다.
2. 황산벌을 경관유적으로 규정할 필요가 있다. 가칭 황산벌 전적지 공원을 조성하는 것을 검토할 필요가 있다.
3. 천왕산성(청동리산성)은 황산벌의 중심부에 위치하고 있어 금후 자세한 고고학적 조사와 함께 주변 경관보존을 적극 추진할 필요가 있다.
4. 모촌리(신흥리) 산성부근 고분군도 문화재로 지정 관리할 필요가 있다.

* 천왕산성(청동리산성) 전경
* 황산벌전적지 정비 보존방안『논산 황산벌전적지』2000
충남대 백제 연구소.129.130쪽

천왕산성(청동리산성) 전경

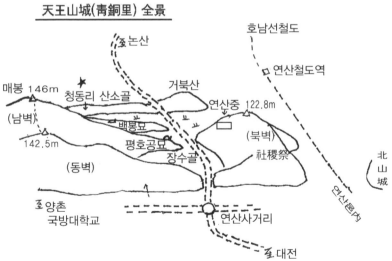

天王山城(靑銅里) 全景

호남선철도

조 논산

연산철도역

매봉 146m   청동리 산소골   거북산   연산중 122.8m

(남벽)   백봉묘   (북벽)

142.5m   평호공묘   社稷祭   北山城

(동벽)   장수골   연산(國)內

조 양촌   연산사거리
국방대학교

조 대전

黃山벌 戰蹟地 整備保存方案

『논산 황산벌 전적지』 2000(충남대 백제연구소)

이처럼 황산벌 전적지는 결정적으로 백제 멸망을 초래한 전쟁 그 자체의 의미뿐만 아니라, 백제사상에서 유례를 찾기 어려운 백제인의 충의와 절개정신을 함축하고 있는 곳이라는 점에서 그 역사적 의미는 매우 크다고 할 것이다. 그러므로, 황산벌이 비록 특정하기 어렵고 광범위한 지역이라는 점에서 어려움이 없지 않으나, 그 역사적 중요성을 감안하여 황산벌전적지 일원에 대한 체계적이고 종합적인 정비와 보존 방안은 반드시 필요한 것으로 사료된다. 이에 따라 황산벌전적지의 정비보존과 관련된 방안을 제시하면 다음과 같다.

1) 황산벌 일원에 분포하고 있는 청동리산성, 황령산성, 모촌리산성, 산직리산성, 웅치산성·갈마산성 등은 이 지역의 주요한 방어 거점들로서 황산벌전적지의 역사성을 보다 구체적으로 보여주는 고고학자료이다. 그럼에도 불구하고 이들 山城은 아직까지 체계적인 정비·보존의 대상이 되지 못한 채 방치되고 있다. 그러므로 우선 위에 열거한 각 산성 유적에 대해서는 성곽 및 그 내부를 國家 史蹟으로 지정하여 관리함으로써 더 이상의 훼손을 막는 것이 시급하다.

2) 한편, 황산벌전적지의 역사적 의미를 보다 분명히 하기 위해서는 위의 산성들과 함께 격전지가 되었던 황산벌 자체에 대해서도 경관유적으로 규정할 필요가 있다. 이를 위해서는 황산벌 지역 전체를 국가 사적으로 지정하는 것이 바람직하겠으나, 이 일대가 매우 넓은 점을 감안하여 그 가운데 계백과 5천 결사대가 최후의 결전을 벌였을 가능성이 가장 높은 황산리 및 사청펄 일대를 사적으로 지정·관리하는 방안이 적극 검토되어야 한다(도면 32). 지정 지역에는 시민들이 편안히 찾아 휴식을 취하면서 역사성을 돌아볼 수 있는 가칭 '황산벌 전적지공원'을 조성하는 것도 바람직한 검토 대상일 것이다. 그리고 사적으로 지정되지 않은 나머지 황산벌 일대 역시 문화재적 가치와 경관을 고려하여 가능한 한 원래의 경관이 훼손되지 않도록 하는 것이 필요하다.

3) 산성 유적들 가운데 청동리산성은 황산벌의 중심부에 위치하고 있고 그 초축시점이 백제시대로 소급될 가능성이 충분하므로, 금후 자세한 고고학적 조사와 함께 주변 경관 보존을 적극 추진할 필요가 있다.

4) 그밖에 모촌리 산성 부근에는 이와 관련된 백제 시대의 주요 지역 집단 고분군이 잔존하고 있으므로, 이것도 함께 문화재로 지정·관리할 필요가 있다.

황산전투 전적지 공원 건의 안

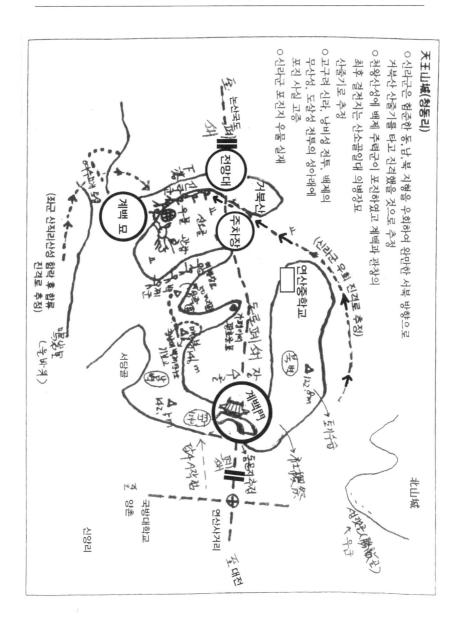

天王山城(청동리)

○ 신라군은 험준한 동, 남, 북 지형을 우회하여 안전한 서북 방향으로 계룡산 산줄기를 타고 진격했을 것으로 추정

○ 천왕산성에 백제군이 포진하였고 계백과 관창의 최후 결전지는 산소골일대 의병장으로 신충기로 추정

○ 고구려 신라, 남비성 전투, 백제의 무산성, 도살성 전투의 성아래에 포진 사실 고증

○ 신라군 포진지 우물 실제

도로변경 개설 안

1. 기존 직선도로의 연결(변경 개설 구간)

2. 연산 철도역과 접근성 확보

3. 무 주택가 철도변 개설로 공사비 절감

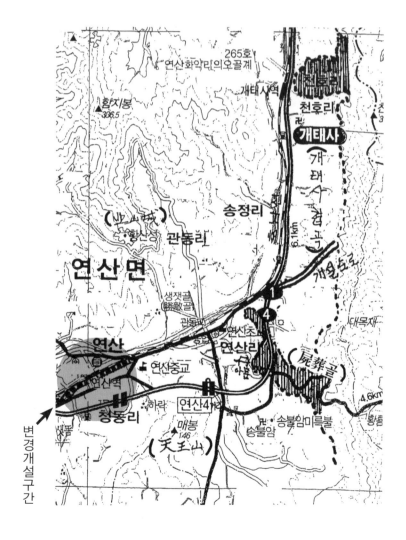

17. 황산전투 유적의 세계문화유산 추가등록

황산전투 유적은 세계문화유산 추가등록 우선과제로 선정하여야 하며 정립의 주체는 역사정립 절차와 함께 국가사적 지정을 추진하여야 합니다.

탄현로, 신라군의 3도 진격로, 계백의 3영, 계백장군의 최후 결전지에 대한 학계의 이견으로 인하여 관계기관은 나열할 수밖에 없었을 것으로 보입니다. 그 결과 백제사에서 황산전투사의 계백유적은 정립되지 않음으로써 천왕산성(청동리산성)과 산직리산성은 사적지정도 되지 않아 보호되지 아니하고 무대책 방치되어 온 것이 사실입니다.

다수의 충남 도내 백제 유적이 세계문화유산 추가지정대상으로 추진 중인 것으로 압니다. 필자는 지상을 통해 본 추진되고 있는 유적들이 백제사에서 최초의 동아시아세계대전인 황산전투 유적보다 더 중요하고 우선하며 적합한 대상들인지 수긍이 잘 안 됩니다.

황산전투사의 정립과 황산 유적이 세계문화유산 추가지정 우선 과제로 취급되어야 할 과제라고 생각합니다.

고금의 역사학자에 의해 1세기 동안(1913~2019) 연구됐음에도(본문 111p 탄현의 위치추정 참조)무정립, 무관심, 무대책으로 방치되고 있는 황산전투사와 유적의 상황을 현안에서 제외하여 방치하고만 있을 수 없는 사안 임을 학자와 관계기관은 공감하리라 믿습니다.

관계자는 학계의 견해가 다양하여 계백 3영의 정립이 어려운 과제라고 말합니다. 그렇다면 황산전투사는 앞으로도 영원히 정립될 수 없는 평행선으로 방치할 수밖에 없는 일인지, 이를 정립할 수 있는 방안을 마련하는 주체는 어느 기관이 되는 것인지요. 학자들도 황산전투사의 진실이 무정립되어 그 결과 세계문화유산유적은 고사하고 관련 유적들이 훼손돼가고 복원대상조차 불투명하여 국민들로부터 잊혀가는 현상을 안타까워할 것입니다.

살펴본 바와 같이 황산전투사의 문헌과 학계의 연구결과에 대하여 향인으로서 수긍되지 않는 부분을 공유하여 질문하였습니다.

소생이 제시하는 계백장군 최후 결전지의 현장실사와 함께 기존학설의 검증을 통하여 정립되기를 바랍니다. 황산전투사는 정립 가능한 과제입니다.

천왕산성 유적은 지속적으로 훼손되고 있는 현실을 감안하여 우선 지방유적으로 지정하여 보존 조치해야 할 시급한 현실임을 이해하실 것입니다. 장차 국가사적으로 지정되어 세계문화유산으로 추가 지정되기를 충심으로 기원합니다.

이는 현재 복원하고 있는 왕도(王都)에 긍지 있는 백제 혼(百濟 魂)을 불어넣는 진정한 백제사(百濟史)의 정립(定立) 과제로 보아야 할 것입니다.

공정한 절차를 통해 검증한 황산전투사의 정립은 학계와 관계기관과 모든 분의 성원을 이끌어내어 수긍될 수 있을 것입니다.

(2017.12.27.)

18. 현장자료 사진 설명

1. 백제 유적 세계문화유산 등록 기사(2015.7.6.조선일보)

2. 황산지야 사진(논산시)

3. 천왕산성(청동리산성) 전경

4. 천왕산성(청동리산성) 약도(신라군 진격로 추정)

5. 천왕산(청동리)전경(충남대 백제연구소)

6. 천왕산성(청동리산성) 현장자료 사진 9점

7. 매봉아래 50m지점 토성

8. 신라군 천왕산성(청동리산성) 우회공격로
   [연산중학교~거북산~하락(산소골)]

9. 토기 파편(북벽 122.8m 정상부와 능선 수습)

10. 관창이 손으로 떠 마신 우물(샘물)

11. 황룡재(황령산성)

12. 신양리 지야(산직리산성)

13. 천왕산 지명자료(가평이씨세보, 적개공신 평호공묘, 이조시대)

14. 대동여지도 연산헌

1. 백제 유적 세계문화유산 등록 기사(2015.7.6.조선일보)

2. 황산지야 사진(논산시)

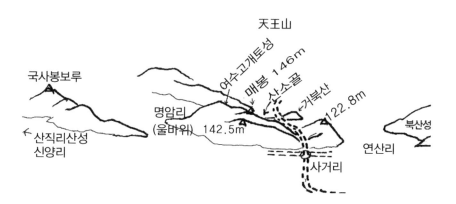

3. 천왕산성(청동리산성) 전경

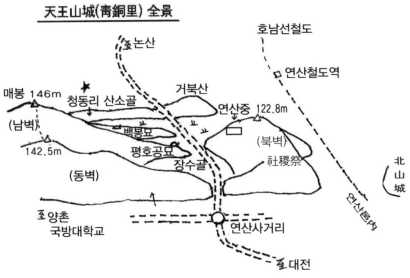

天王山城(靑銅里) 全景

4. 천왕산성(청동리산성) 약도(신라군 진격로 추정)

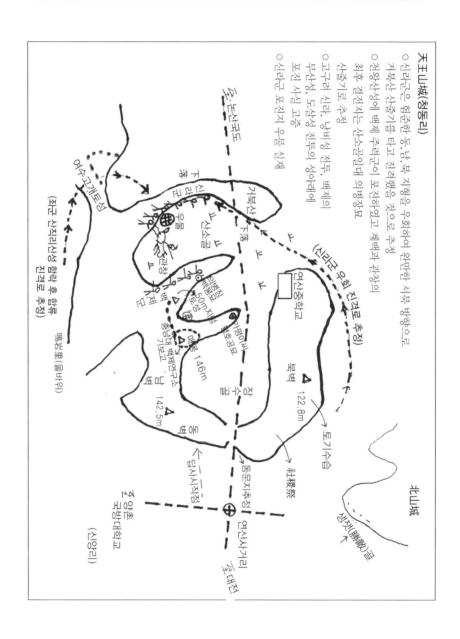

天王山城(청동리)

○ 신라군은 험준한 동.남.북 지형을 우회하여 완만한 서북 방향으로 개복산 산줄기를 타고 진격했을 것으로 추정

○ 천왕산성에 백제 주력군이 포진하였고 계백과 관창의 최후 결전지는 산소골인데 의병장묘 산중기로 추정

○ 고구려 신라, 남비성 진루, 백제의 무산성, 도감성 진루의 성아래에 포진 사실 고증

○ 신라군 포진지 우물 실제

⟨4-1⟩

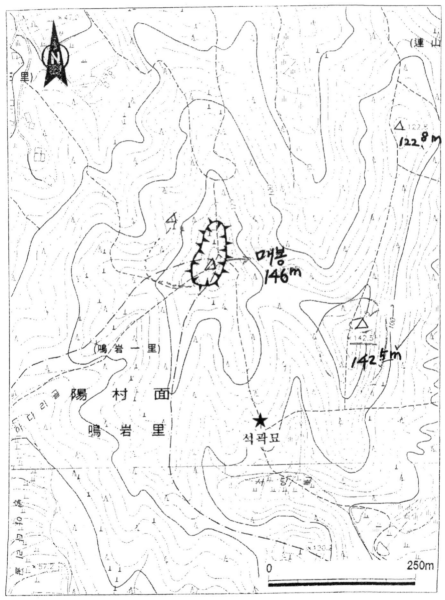

【도면 1】 靑鶴里山城 유적 위치도(S:1/5,000)   (충남대 백제연구소 2000)

⟨4-2⟩

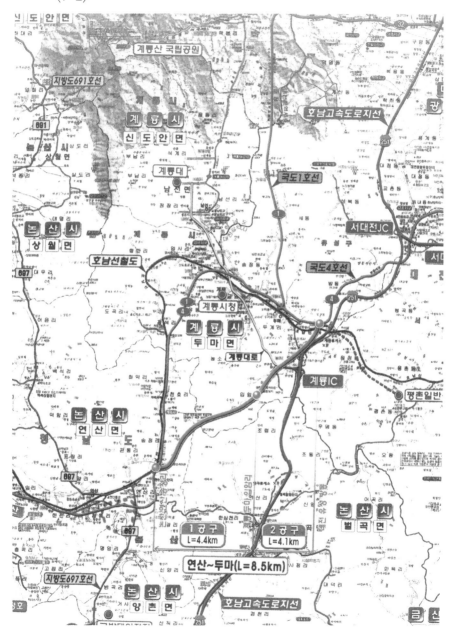

5. 천왕산(청동리)전경 (충남대 백제연구소)

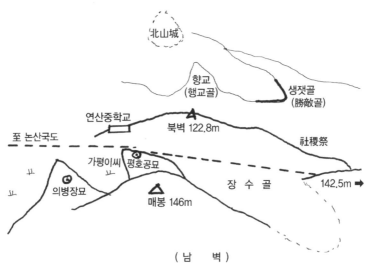

北山城

향교
(향교골)

생잿골
(勝敵골)

연산중학교

북벽 122.8m

社稷祭

또 논산국도

가평이씨
평호공묘

장 수 골

142.5m ➡

의병장묘

매봉 146m

(남 벽)

6. 천왕산성(청동리산성) 현장자료 사진 9점

≪사진 6-1≫

≪사진 6-2≫

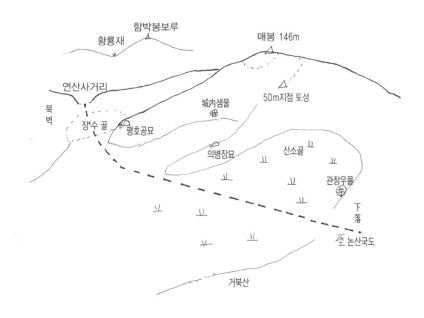

황룡재　함박봉보루

매봉 146m

연산사거리

城內샘물

50m지점 토성

북벽

장수골

평호공묘

의병장묘

산소골

관창우물

下落

논산국도

거북산

≪사진 6-3≫

의병장 백봉묘

(백제군 포진 추정)

청동리지야 끝자락

(산소골)

관창 우물 (신라군)

《사진 6-4》

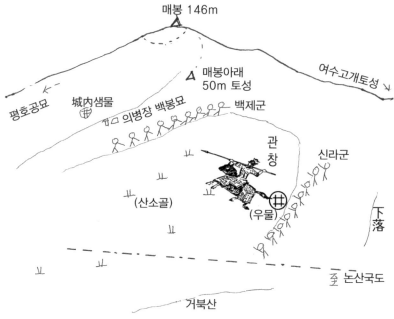

매봉 146m

여수고개토성

매봉아래
50m 토성

평호공묘

城內샘물

의병장 백봉묘

백제군

관
창

신라군

(산소골)

(우물)

下
落

논산국도

거북산

≪사진 6-5≫

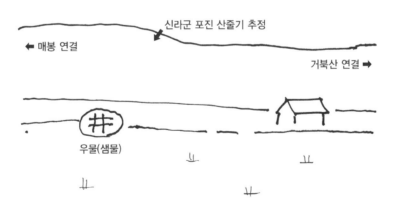

신라군 포진 산줄기 추정

← 매봉 연결

거북산 연결 ➡

우물(샘물)

≪사진 6-6≫

함박봉보루

황룡재

매봉 →

122.8m

社稷祭 연산사거리 (동벽)

(북벽)

城內샘물
井

장수골 가평이씨 평호공 묘

논산국도

거북산

≪사진 6-7≫

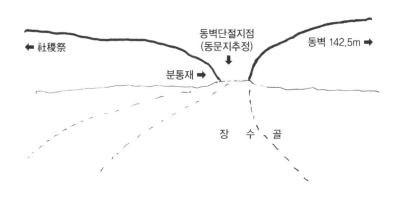

≪사진 6-8≫

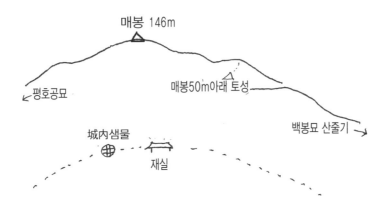

매봉 146m

평호공묘

매봉50m아래 토성

백봉묘 산줄기

城內샘물

재실

≪사진 6-9≫

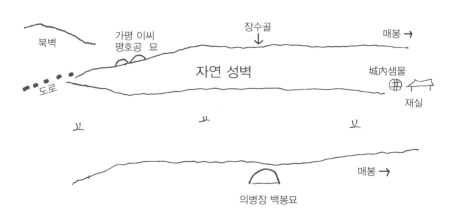

7. 매봉아래 50m지점 토성

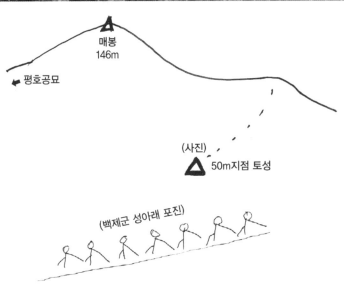

8. 신라군 천왕산성(청동리산성) 우회공격로
   [연산중학교~거북산~하락(산소골)]

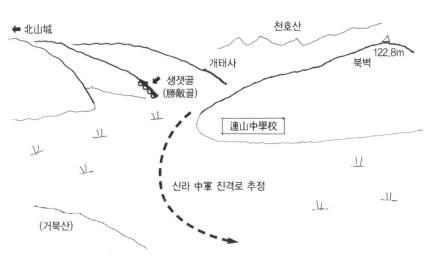

9. 토기 파편 (북벽 122.8m 정상부와 능선 수습)

≪9-1≫ 북벽 122.8m 정상부 수습(2016.4.5)

≪9-2≫ 북벽 122.8m 정상부 수습(2016.4.5)

≪9-3≫ 북벽 122.8m 정상부~능선 수습(2016.5.4)

10. 관창이 손으로 떠 마신 우물(샘물)

50년대는
마을 공동 우물로
사용하였으며
물이 넘쳐 흘렀다.

11. 황룡재(황령산성)

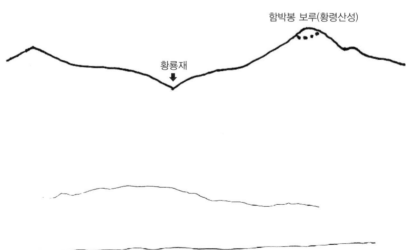

함박봉 보루(황령산성)

황룡재

12. 신양리지야(산직리산성)

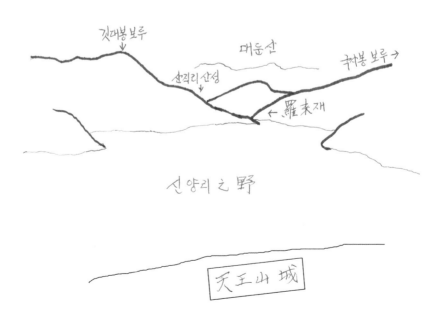

깃대봉 보루

대둔산

국적봉 보루 →

산직리산성

← 羅末재

신양리 之 野

天王山 城

精忠出氣敵愾功臣諡平胡公
配位貞夫人丹陽禹氏之墓
所在 忠南 論山郡 連山面 青銅里
天王山 北岡 辰坐
廟祀 不遷之位
別擧歲祭 陰十月 六日

하던 시중(조선조의 정승급)을 지내심.
고조부 우길생(禹吉生) 적성군. 문하시중

● 공의 묘(墓) 연산면 청동리 뒤골 천왕산(天王山) 진좌 술향
배의 묘(墓) 쌍봉(雙封)

● 자녀(子女) 슬하에 3남 1녀를 두셨음.
장남 철근(鐵根) 가성군(嘉城君)
차남 철영(鐵榮) 익산공(益山公)
삼남 철수(鐵壽) 참봉공(參奉公) 슬하에 1남 1녀를 두셨으나 9대손에 이르러
절손(絶孫) 됨.
사위 정숙돈(鄭叔墩:奉化人) 숭록대부 우의정을 지내신 정문형의 둘째 아들
사직서령(社稷署令을 지내심.

14. 大東輿地圖 連山縣(北山, 羅峙)-1861. 김정호

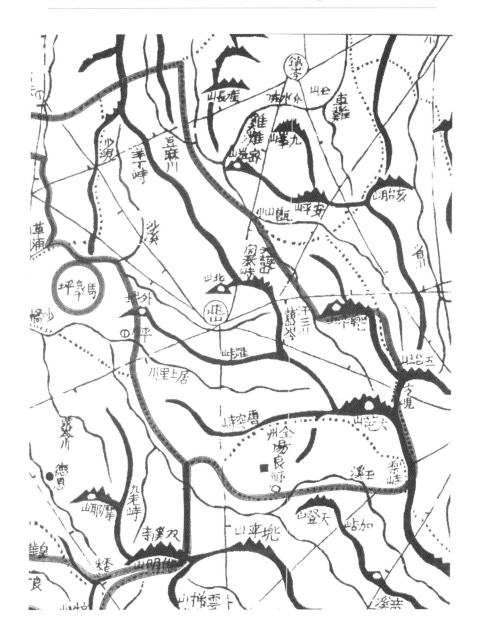

19. 「계백장군 최후 결전지의 고찰」 (논문1)

階伯將軍 最後 決戰地의 考察

李 明 鉉

2018. 2.

階伯將軍 最後 決戰地의 考察

李　明　鉉

序　論

　황산 전투는 삼국시대 동아시아 최초의 국제전쟁으로서 세계사에 없는 계백장군의 충의(忠義)와 인의정신(仁義精神)이 드러난 전투이다.[1] 백제패망은 주변의 형세에 미리 대처하지 못하고, 전쟁을 예견하여 방어책을 진언한 성충, 흥수와 같은 충신을 배격한 의자왕 판단력의 한계 때문이었다.[2] 탄현 수비 기회가 무산된 것은 김유신과 내통한 좌평 임자(任子)[3]와 그에 의해 포섭된 것으로 보이는 좌평 상영, 충상의 반역과 무관하지 않다고 본다. 백제는 뒤늦게 황산에 방어진을 펼 수밖에 없었다.

　탄현과, 황산으로 진격한 탄현로에 대한 학계의 견해는 대전 식장산설[4]과 금산설,[5] 운주설[6] 등이 있다. 기존 학설은 문헌의 기록과 신라 5만 대군의 진군시

---

1) 『三國史記』권 47, 「列傳」 7, 階伯 "…階伯爲將軍 簡死士五千人 拒之曰 以一國之人 當唐羅之大兵 國之存亡 未可知也 恐吾妻孥 沒爲奴婢 與其生辱 不如死快 遂盡殺之 至黃山之野…".
2) 『三國史記』권 28, 「百濟本紀」 6, 의자왕 16년조(서기 656).
　　十六年 春三月 王與宮人 淫荒耽樂 飮酒不止 佐平成忠[或云淨忠] 極諫 王怒 囚之獄中 由是 無敢言者 成忠瘐死 臨終上書曰 忠臣死不忘君 願一言而死 臣常觀時察變 必有兵革之事 凡用兵 必審擇其地 處上流以延敵 然後可以保全 若異國兵來 陸路不使過沈峴 水軍不使入伎伐浦之岸 據其險隘以禦之 然後可也 王不省焉
　　『三國史記』권 28, 「百濟本紀」 6, 의자왕 20년조(서기 660).
3) 『三國史記』권 42, 「列傳」 2, 김유신中(서기 655).
4) 津田左右吉, 1964, 「百濟戰役地理考」, 『津田左右吉全集』 11, 岩波書店, 168쪽.
　　池内宏, 1915, 「白江及び炭峴に就いて」, 『滿鮮地理歷史硏究報告』 14, 135-145쪽.
　　李丙燾, 1959, 『한국사』 고대편, 진단학회, 433쪽.
　　池憲英, 1970, 「탄현에 대하여」, 『語文硏究』 6.
　　李基白·李基東, 1982, 『한국사강좌』 I (고대편), 일조각, 292쪽.

- 1 -

19. 「계백장군 최후 결전지의 고찰」 (논문1) 2018. 2 이명현　211

대규모 수레의 이동이 가능했는지에 대한 검토가 미진하였다. 대전 식장산로로 본 학설도 계백3영과 최후 결전지에 대한 견해는 같지 않다.[7]

문헌의 해석도 문제로 제기된다. 황산전투지역으로 기록된 황산(黃山), 황산 지원(黃山之原), 황산지야(黃山之野)를 벌판만으로 해석한 것은 계백장군의 3영 (三營)을 포함한 황산일대의 의미로 재해석(再解釋) 되어야 한다.[8]

문헌의 백제 부흥운동 기간에 백제 부흥군이 신라에서 부여, 공주로 전해지는 양도(糧道)를 차단하였다는 기록과[9] 학계의 금산, 운주로의 지형지세 조사 자료 및 현장실사를 통하여 기존 학설의 문제점을 검증하고 고증되는 문헌의 전투 지형, 포진 형태, 전투 진행 정황 등과 일치되는 황산전투 현장의 유적과 지형지세를 실증하여 계백과 관창의 전투 전사 지점을 밝혀 보고자 한다.

I. 炭峴의 위치

王猶豫 不知所從 時 佐平興首得罪 流竄古馬彌知之縣 遣人問之曰
事急矣 如之何而可乎 興首曰 唐兵旣衆 師律嚴明 況與新羅共謀掎角
若對陣於平原廣野 勝敗未可知也 白江[或云伎伐浦]炭峴[或云沈峴] 我國
之要路也 一夫單槍 萬人莫當 宜簡勇士 往守之 使唐兵不得入白江 羅
人未得過炭峴 大王重閉固守 待其資粮盡 士卒疲 然後奮擊之 破之必矣

於時 大臣等不信曰 興首久在縲絏之中 怨君而不愛國 其言不可用也
莫若使唐兵入白江 沿流而不得方舟 羅軍升炭峴 由徑而不得幷馬 當此
之時 縱兵擊之 譬如殺在籠之雞離網之魚也 王然之 又聞唐羅兵已過白
江炭峴 遣將軍堦伯 帥死士五千 出黃山 與羅兵戰 四合皆勝之 兵寡力
屈 竟敗 堦伯死之

『三國史記』 권 28, 「百濟本紀」 6, 의자왕 20년조(서기 660).

徐程錫, 2003, 「炭峴에 대한 小考」, 『中原文化論叢』 7, 105쪽.
심정보, 2010, 「백제사상 황산벌전투와 삼영설치에 대하여」 『충청학과 충청문화』 10, 86-92쪽.

내용은 「신라본기」에서도 찾아진다.

B. 福信徒黨漸多 侵取江東之地 熊津漢兵一千 往打賊徒 被賊催破 一人不歸 自敗
己來 熊津請兵 日夕相繼14)

　여기에서 보면 백제 부흥군이 점차 늘어나 강동지역을 점령하였다. 웅진 주둔
당군 일천 명이 이들을 타도하러 나섰으나 적에게 전멸당하여 한 사람도 돌아오
지 못하였다. 그렇게 되자 웅진에서 신라에게 군사를 청함이 밤낮으로 계속되었
다고 기록하고 있다.

Ⅱ. 黃山, 黃山之原, 黃山之野의 再解釋

　황산벌 전투는 백제의 멸망을 결정짓는 결정적인 전투였으므로 『삼국사기』의
곳곳에 그 기록이 남아 있다. 살펴보면.

C. 秋七月九日 庚信等 進軍於黃山之原 百濟將軍階伯 擁兵而至 先據嶮 設三營以
待 庚信等 分軍三道 四戰不利 士卒力竭15)

D. 遣將軍階伯 師死十五千· 出黃山 與羅兵戰16)

E. 秋七月 至黃山之原 値百濟將軍階伯戰17)

---

13) 서정석, 2004, 「백제산성을 통해 본 황산벌 전투의 현장」, 『歷史敎育』 91.
14) 『三國史記』 권 7, 「新羅本紀」 7, 문무왕 下, 답설인귀서.
15) 『三國史記』 권 5, 「新羅本紀」 5, 태종무열왕 7년조.
16) 『三國史記』 권 28, 「百濟本紀」 6, 의자왕 20년조.
17) 『三國史記』 권 47, 「列傳」 7, 김영윤.

- 5 -

F. 至黃山之野 設三營[18]

G. 黃山之野 兩兵相對[19]

 이상과 같이 문헌에는 전투지가 황산(黃山), 황산지원(黃山之原), 황산지야(黃山之野)로 기록되어 있다. 원(原)과 야(野)를 종래에는 황산벌판에서 전투가 벌어진 것으로 해석하였다. 이는 문자의 단순한 문리해석(文理解釋)으로 인한 오류(誤謬)라고 본다. 원(原)과 야(野)의 한자의 뜻도 사전(事典)은 단지 벌판만을 의미하지 않고 구릉이 있는 지대의 구역(區域), 범위(范圍)와 중앙에서 멀리 떨어진 궁벽한 시골 변비(辺鄙), 변방의 땅 변경(辺境)을 의미하는 것으로 해석한다.[20]
 따라서 황산지원 황산지야 의미는 연산일원의 들판과 계백장군의 3영을 포함한 황산일대로 재해석(再解釋) 되어야 한다. 즉 계백장군이 먼저 험준한 곳에 영을 설치하였고 김유신은 이를 알고 군사를 나누어 3도(三道)로 진군했다는 문헌기록이 있음에도[21] 지리적 이점이 없는 벌판에 포진했다는 설은 있을 수 없는 일이라고 생각한다. 백제 5천 군사가 신라 5만 대군과 접전할 때 벌판에서 3일 동안 4회 승전(勝戰)하면서 전투했다고 볼 수는 없을 것이다. 3일의 기간은 병사들이 취사와 물도 음용하였을 것이다. 문헌의 지형, 포진 형태, 전투 진행 정황, 관창 우물 등도 현장과 부합되게 고증되지도 아니한다.
 따라서 이 같은 관점에서 그동안 벌판에서 전투했다고 본 '신양리설'과 '청동리설'은 성립될 수 없다고 본다.[22]

---

18) 『三國史記』권 47, 「列傳」 7, 계백.
19) 『三國史記』권 47, 「列傳」 7, 관창.
20) 『漢語대사전』, 권 10, 상해사서출판사, 403쪽. 『中韓사전』, 민중서림, 1,818쪽.
21) 『三國史記』권 5, 「新羅本紀」 6, 태종무열왕 7년조(서기 660) "…秋七月九日 庚信等 進軍 於黃山之原 百濟將軍階伯 擁兵而至 先據嶮 設三營以待 庚信等 分軍爲三道…".
22) 지헌영, 2001, 앞의 책, 166,174쪽.
   성주탁, 2000, 앞의 보고서, 5-10쪽, 123쪽.

216 계백장군 삼영과 최후 결전지

Ⅲ. 階伯三營과 三道 進軍路

금산 탄현로와 운주 탄현로의 진군설은 문헌의 황산, 황산지원, 황산지야의 재해석과, 백제 부흥군의 웅진도 양도(糧道)차단 문헌과, 학계의 조사자료[강(江), 산(山)이 험준하고 도로개설 이전 상황의 조사와, 대둔산을 지난 거사리천(居士里川)과 이녕(泥濘 : 진수렁)지대][23]에 의거 대규모 수레 이용이 불가하여 금산, 운주 탄현로를 경유하여 황산으로 진군하지 아니하였음이 밝혀졌으므로, 금산, 운주 탄현로를 전제로 한 계백3영과 계백장군의 최후 결전지는 논할 주제(主題)가 되지 않는다.

식장산 탄현과 웅진도 탄현로를 전제로 한 계백3영은 천왕산성, 북산성, 산직리산성으로 추정한다. 대전 탄현로에서 진현성(흑석동산성), 개태사 길과[24] 기성에서 벌곡 한삼천을 지나 산직리산성으로 진군하는 길 외에 황산으로 가는 길목은 없다.

1) 天王山城

천왕산성은 황산벌의 중심에 위치하여 사비성으로 가는 신라군이 이 지역을 통과하지 않으면 안 되는 위치에 있다. 산 정상 매봉을 중심으로 한 동, 북, 남방향의 지형은 수 미터 이상의 단애의 지형으로 이루어져 있으며 백제토성인 풍납토성, 부여 나성보다 험준한 천연 요새지이다. 산성 일대는 석별모래 또는 황토로 형성되어 석성의 축성은 불가하다. 산성의 내부는 수천 명의 군사가 주둔할

---

23) 시정석, 2010, 「의자왕의 전략과 황산벌전투의 실상」, 『軍史』 76.
　　김영관, 2005, 『백제부흥운동연구』, 서경문화사, 145-146쪽.
　　지헌영, 2001, 앞의 책, 174쪽.
　　성주탁, 2000, 앞의 보고서, 123쪽, 금산탄현로.
24) 지헌영, 2001, 앞의 책, 163-168쪽, 173쪽.
　　조성욱, 「백제 탄현의 지형조건과 관계적 위치」, 71쪽의 탄현의 위치추정 요약표.

수 있는 지형이다. 지헌영 교수는 천왕산성을 계백이 주둔한 3영의 지휘영으로
보았으나 구체적인 산성의 범위, 규모에 대한 자료는 없다. 논산시의 의뢰에 의
하여 충남대백제연구소는 『논산황산벌전적지2000』 천왕산성(청동리)지표조사를
하였으며 산성의규모를 매봉일대 1,000여 평으로 한정하였다.

산성은 황산벌의 중심에 위치하여 그 중요성이 큰 것으로 보았으면서도 북산
성과 함께 계백3영에서 제외하였다.[25]

천왕산성은 계백과 관창의 최후 결전지로 보는 지점과 함께 매봉(146m)을 중
심으로 한 동편(142.5m), 북편(122.8m)과 매봉에서 서북향으로 내려간 가평이
씨 평호공 묘 까지의 산등성이와 의병장 백봉 묘 산줄기가 산성안의 장수골을 둘
러쳐 안고 있는 규모의 천혜의 포곡형 성곽으로 추정된다. 계백이 설치한 3영 중
지휘영으로 계백은 주력군과 함께 여기에 주둔한 것으로 본다.

김유신과 지휘부는 성곽의 공략 계획을 세울 때 성곽의 취약 지를 택하여 군사
를 운용하였을 것이다. 천왕산성의 취약 지는 완만한 매봉 토성 서쪽 아래의 지
형이다. 신라군이 천왕산성의 함락을 시도할 때 험준한 동벽, 북벽, 남벽을 우회
하여 김유신 중군은 서쪽 산소골로 진군하였을 것으로 추측된다. 동벽 142.5m
지점과 북벽 122.8m 지점에서 신라군 동태를 관찰하던 계백은 이에 대응하여 장
수골과 매봉 일대에 대기 중이던 군사를 이동시켜 매봉의 산 아래 유리한 지형(의
병장백봉 묘 산줄기)에 포진하였을 것이다.

2) 北山城

계백3영 중 북산성은 석성으로서 유일하게 도 문화재로 지정되어 있고 황산벌
전적지 조사(충남대백제연구소2000)시 자세히 조사되어 있다.[26]

---

25) 성주탁, 2000, 앞의 보고서와 『百濟山城硏究(연산 黃山城을 중심으로)』 1975.에서 北山城
[輿地勝覽 連山縣城郭條(北山城 在縣北三里 石築周一千七百四十二尺 內有一井軍倉 地
險). 大東輿地圖 1861 김정호] 또는 咸芝山城(世宗實錄地理志)을 黃山城으로 改稱하여 표
기하고 있으나 이 글에서는 北山城으로 표기함.

지헌영 교수의 북산성에 관련된 부분을 보면 3중의 테를 두른 특색 있는 성채임을 언급하고 있으나 구체적인 위치는 적시하지 아니하였다.

낭비성 전투 등 문헌에 의하면[27] 삼국시대 포진전술은 1차적으로 성곽을 나와 산 아래의 유리한 위치에서 공격군에 대항하였음이 고증된다. 신라공격군은 불리한 방어 군의 아래 지점에서 공격하였을 것이다. 현장 지형지세는 사비성으로 진군하는 길목인 북산성 아래 끝의 생갯골(勝敵골)지점에서 접전한 것으로 추정한다.

3) 山直里山城

신라군은 진현성을 지나 기성에 이르러 중군과 우군 주력군은 개태사 길로 진군하고 좌군은 벌곡 한삼천을 지나 산직리산성으로 진군한 것으로 추측된다. 조선시대 연산현 고지도의 도로를 보면, 개태사 길(흑석동~개태사~연산관아), 산직리산성 길(흑석동~한삼천~산직리산성~모촌(신흥)리~은진, 전라도)이 선명히 표시되어 있어 지형상 고대 통로였음을 알 수 있다.[28] 한삼천에서 황룡재로 진군하는 길은 협곡이 길게 이어져 있으며 협곡을 벗어난 지점에서 함박봉의 황령산성은 600여 미터의 정상부에 위치하여 보루로 보인다. 김유신과 지휘부는 황산에 도달하는 근거리의 개태사 길과 산직리산성길이 있음에도 군사적으로 취약지인 험준한 황룡재 협곡으로 대군을 진입시키지는 않았을 것이다. 계백은 산직리산성에 백제 우영(右營)을 설치하였으므로 굳이 황룡재 협곡으로 신라군을

---

26) 지헌영, 2001, 앞의 책, 166쪽. 池憲英(1911~1981)은 北山城을 黃山城으로 표기하지 아니하고 있음.
   성주탁, 2000, 앞의 보고서, 102쪽.
27) 『三國史記』 권 4, 「新羅本紀」 4, 진평왕 51년조(서기 629) "…副將軍庾信 侵高句麗娘臂城 麗人出城列陣…".
   『三國史記』 권 28, 「百濟本紀」 6, 의자왕 7년조(서기 647.10) "…進屯新羅茂山城下…".
   『三國史記』 권 5, 「新羅本紀」 5, 진덕왕 3년조(서기 649) "…進屯於道薩城下…".
28) 이철성·박 범, 2015, 『옛지도에서 논산을 만나다』, 건양대 충남지역문화연구소, 38쪽.

진군시킬 필요가 없었다.

산직리산성에 백제군이 영을 설치하지 않았다면 신라군은 쉽게 나래재를 넘어와 황산에 도달했을 것이다. 산직리산성은 대전 탄현로에서 황산에 이르는 요충지로 계백이 포진한 3영으로 본다.

지헌영 교수는 계백 3영을 천왕산성, 북산성, 외성리산성으로 비정하였다.[29] 현장 지세를 보면 외성리산성은 천왕산성, 북산성과 원거리에 위치하고 있어 상호 군사전략상의 연계성이 없어 보인다. 계백이 그곳에 영을 설치했다면 김유신은 북산성, 천왕산성을 향하는 2도로 진군하여 우선 2개의 성을 함락한 후 외성리산성으로 진군했을 것이다.

지헌영 교수는 전투가 벌판에서 벌어진 것으로 보아 청동리지야 연산철도역 근처에서 전투가 있었던 것으로 보았다.[30] 그러나 위에서 살펴본 바와 같이 이는 성립되지 아니한다.

신라군의 3도는 개태사 협곡을 나온 신라군이 군사를 나누어 천왕산 산소골에 이르는 연산리, 청동리 벌판으로 진군한 중군 김유신의 1도와, 북산성을 향하여 연산리 벌판을 진군한 우군 김흠순의 2도와, 산직리산성을 함락하고 나래치(羅來峙)를 넘어와 신양리 벌판을 지나 여수고개토성으로 진격한 좌군 품일의 3도로 추정한다.[31]

Ⅳ. 階伯將軍과 官昌의 最後 決戰地

북산성을 함락시킨 우 장군 김흠순과 산직리산성을 함락시킨 좌 장군 품일은

29) 지헌영, 2001, 앞의 책. 탄현에 대하여, 170쪽.
30) 지헌영, 2001, 앞의 책. 탄현에 대하여, 170쪽.
31) 『三國史記』 권 5, 「新羅本紀」 5, 태종무열왕 7년조.

계백과의 전투에서 고전중인(4회 패퇴)[32] 천왕산성의 중군 김유신과 합류하여 11일 최후 결전한 것으로 추측된다. 삼국시대 산성의 지형을 살펴보면 한쪽 면은 반드시 완만한 부분이 있다. 이는 수레 또는 기마병의 출입이 가능해야 했기 때문이었을 것이다. 천왕산성, 북산성, 산직리산성, 낭비성, 보은 삼년산성 등이 이러한 형태로 축조된 대표적인 삼국시대 산성이다.

천왕산 정상 매봉은 146m로 동, 북, 남면은 험준하고 서쪽은 완만하다. 신라와 고구려의 전투지인 파주 적성면 구읍리 산 의 낭비성(중성산)의 정상은 147m로 남, 북, 서의 3면은 험준하고 동쪽이 완만한 지형지세로 천왕산성과 유사하다.

고구려와 신라의 낭비성 전투 시에 성을 나와 아래에 열진(列陣)한 기록과 백제의 무산성·도살성 전투도 성 아래 포진하였던 것을 감안해 볼 때[33] 당시 전투는 성 아래에 포진해 있다가 전투가 이루어지는 것이 대부분이었다. 낭비성 전투 정황을 보면 화랑 김유신이 세 차례 말을 달려 단독으로 돌격한 기록이 있다.

황산 전투에서도 관창이 두 차례 말을 달려 단독으로 돌격한 모습이 재현되어 있다.[34] 삼국시대 방어를 위한 포진 전술은 1차적으로 성을 나와 산 아래 지형에 포진하였음이 고증된다. 방어군은 불리할 때 산성 안으로 후퇴하여 농성(籠城)하였을 것이다. 문헌에 비추어 계백은 천왕산 매봉 서쪽 산 아래의 산줄기(의병장 백봉 묘 소재)에 포진했을 것으로 추정되며, 건너편 산줄기(매봉~거북산)에 신라군이 포진하여 양 군이 대치하였던 것으로 보인다.

황산 전투 3일간 5만 대병력의 전투 수행 시에는 취사와 물을 음용했을 것이다. 문헌은 관창이 계백의 인의정신(仁義精神)으로 1차 생환 후 다시 돌격하기 직

---

32) 『三國史記』 권 47, 「列傳」 7, 階伯 "…至黃山之野 設三營 遇新羅兵將戰 誓衆曰 昔句踐以五千人 破吳七十萬衆 今之日 宜各奮勵決勝 以報國恩 遂鏖戰 無不以一當千 羅兵乃却 如是進退 至四合 力屈以死…".

33) 『三國史記』 권 4, 「新羅本紀」 4, 진평왕 51년조(서기 629) "…副將軍庾信 侵高句麗娘臂城 麗人出城列陣…".
『三國史記』 권 28, 「百濟本紀」 6, 의자왕 7년조(서기 647.10) "…進屯新羅茂山城下…".
『三國史記』 권 5, 「新羅本紀」 5, 진덕왕 3년조(서기 649) "…進屯於道薩城下…".

34) 『三國史記』 권 47, 「列傳」 7, 官昌.

전에 물을 손으로 떠 마신 기록이 있다.[35] 이와 일치하는 우물(샘물)의 흔적이 실제로 신라군 포진지에 있다.

관창은 2차 출격전 좌 장군 아버지 품일에게 고하고 곧바로 돌격하였으므로 김유신을 비롯한 신라 3군 지휘부는 우물 주변에 포진하였을 것이다.

將軍欽純謂子盤屈
曰 爲臣莫若忠 爲子莫若孝 見危致命 忠孝兩全 盤屈曰 謹聞命矣 乃入
陣 力戰死 左將軍品曰 喚子官狀[一云官昌] 立於馬前 指諸將曰 吾兒年
纔十六 志氣頗勇 今日之役 能爲三軍標乎 官狀曰 唯 以甲馬單槍 徑
赴敵陣 爲賊所擒 生致階伯 階伯俾脫冑 愛其少且勇 不忍加害 乃嘆曰
新羅不可敵也 少年尙如此 況壯士乎 乃許生還 官狀告父曰 吾入敵中
不能斬將搴旗者 非畏死也 言訖 以手掬井水飲之 更向敵陣疾鬪 階伯擒
斬首 繫馬鞍以送之 品曰執其首 流血濕袂 曰 吾兒面目如生 能死於王
事 幸矣 三軍見之 慷慨有死志 鼓噪進擊 百濟衆大敗 階伯死之 虜佐平
忠常常永等二十餘人

『三國史記』 권 5, 「新羅本紀」 5, 태종무열왕 7년조.

관창의 단독 돌격 직전 같은 장소에서 반굴이 아버지 김흠순(김유신의 제)[36]에 고하고 단독 돌격하나 사망한 사실을 기록한 것은 김흠순이 우 장군임을 알 수 있다.

황산 최후 결전은 3군이 합류한 상태에서 벌어졌다. 김유신과 좌, 우 장군 지휘부가 함께하고 좌 장군 품일이 아들 관창에게 3군(三軍)의 모범을 보이라 한 사실, 관창의 희생을 보고 분격한 3군(三軍)이 북을 치고 함성을 질러 돌격하여 백제 무리를 쳐부수었다고 기록되어 있다.[37]

五十一年 秋八月 王遣大將軍龍春舒玄 副將軍庚信 侵高句麗娘臂城
麗人出城列陣 軍勢甚盛 我軍望之懼 殊無鬪心 庚信曰 吾聞 振領而裘
正 提綱而網張 吾其爲綱領乎 乃跨馬拔釖 向敵陣直前 三入三出 每入
或斬將 或搴旗 諸軍乘勝 鼓噪進擊 斬殺五千餘級 其城乃降

『三國史記』 권 4, 「新羅本紀」 4, 진평왕 51년조(서기 629).

- 12 -

문헌의 천왕산 전투와 낭비성 전투를 비교하여 본바 지형지세와 전투의 진행
정황이 동일하여 매봉 토성(土城) 아래 서쪽 산줄기(의병장 백봉 묘 소재) 산소골
일대가 전투지였을 것으로 생각된다.

표2. 천왕산성 전투와 낭비성 전투와의 문헌 비교

사 건	낭비성 전투	황산 전투(천왕산성)	적 요
시 기	신라 진평왕629	백제 의자왕660 신라 태종무열왕660	낭비성전투 31년 후 황산벌전투
전투국가	고구려,신라	백제,신라	
장소	낭비성(칠중성) 파주시 적성면 구읍리산(중성산) 147m 동쪽 아래	논산시 연산면 청동리 (산소골)천왕산, 매봉 토성 아래 산줄기	매봉 아래 50m지점 토성의 아래 산소골을 둘러싼 양산 줄기에서 백제군과 신라군 대치 포진
포진지형	고구려군이 성을 나와 열을 지어 진을 침	천왕산 매봉 토성 아래 산아래 산줄기 (백제군,의병장묘 산줄기) 신라군은 건너편 거북산 연결산줄기. 우물있는 곳	삼국시대 포진 전술(백제장수 의직의 무산성 아래 포진. 은상의 도살성 아래 포진) 천왕산산성도 매봉아래 산줄기 에 방어선 포진한 것으로 추정
상황	신라군은 패배하여 전의를 잃고 있는 상황	좌 동	동일한 정황
말을 타고 단독 돌진	김유신 단독 돌진	관창 단독 돌진	백제군 성곽을 나와 산 아래 포진한 사실 고증. 관창은 말을 달릴 수 있는 벌판의 끝자락에서 공격

---

35) 『三國史記』 권 47, 「列傳」 7. 官昌 "…官昌曰 向吾入賊中 不能斬將搴旗 深所恨也 再入必能
　　成功 以手掬井水…".
36) 『三國史記』 권 43, 「列傳」 3. 김유신下, 건봉원년. "…欽純 庾信之弟 仁問庾信之外甥…".
37) 『三國史記』 권 5, 「新羅本紀」 5, 태종무열왕 7년조(서기 660).

상동	김유신 세 차례 적장의 목을 베고 깃발을 탈취해 옴	관창 한 차례 생환하여 우물물을 손으로 떠마시고 다시 적진에 돌진하나 목을 베인 후 말안장에 매여 옴	동일한 정황
적장과 깃발탈취	김유신 세 차례 적장 목을 베고 깃발을 탈취해 옴	관창은 1차 생환 후 적장과 깃발 탈취를 못한 사실에 대한 어록을 남김 (제가 적장의 목을 베지도 못하고 깃발을 탈취하지 못한 것은 목숨이 두려워서가 아닙니다.)	동일한 정황 깃발의 탈취는 그 상징성이 컸던 것으로 추정
전투의 전개	화랑 김유신의 분전을 보고 전의를 상실 했던 신라군은 일제히 분격 북을 치고 함성을 지르며 돌격 함락시킴	화랑 관창의 죽음을 보고 전의를 상실했던 신라군은 일제히 분격 북을 치고 함성을 지르며 돌격 함락시킴	동일한 정황

階伯 百濟人 仕爲達率 唐顯慶五年庚申 高宗以蘇定方爲神丘道大摠
管 率師濟海 與新羅伐百濟 階伯爲將軍 簡死士五千人 拒之曰 以一國
之人 當唐羅之大兵 國之存亡 未可知也 恐吾妻孥 沒爲奴婢 與其生辱
不如死快 遂盡殺之 至黃山之野 設三營 遇新羅兵將戰 誓衆曰 昔句踐
以五千人 破吳七十萬衆 今之日 宜各奮勵決勝 以報國恩 遂鏖戰 無不
以一當千 羅兵乃却 如是進退 至四合 力屈以死

『三國史記』권 5, 「新羅本紀」 5, 태종무열왕 7년조.

문헌을 보면 백제군사는 결사 항전하여 항복한 충상, 상영 등 20여명을 제외
하고 모두 옥쇄(玉碎)하였다.[38] 계백의 전투 직전 결의에 감응한 것으로 보이고

---

38) 『三國史記』권 5, 「新羅本紀」 5, 태종무열왕 7년조(서기 660).
　　『三國史記』권 47, 「列傳」 7, 階伯.

전쟁의 패배는 곧 죽음(참수)을 의미한다는 역사의 교훈을 잘 알고 있었기 때문이다.

삼국시대 전투에서 패배한 군사의 사후처리는 승자가 필요한 인력을 제외하고 모두 참수하였다. 이 같은 조치의 배경은 포로의 생환시 재도전하는 적국의 군사역량으로 인식했기 때문으로 추측된다. 관련 전투 사료를 검토한바 아래 표와 같다.

표3. 삼국시대 전투기록

전투명	전투국가	시기	참전 장수	참전 군사	참수 인원
낭비성	고구려 X 신라	신라본기, 진평왕629	신라 화랑, 김유신	고구려 6,000명	5,000명
관산성	백제 X 신라	신라본기, 진흥왕553	백제 성왕	-	성왕,좌평4명, 29,600명
무산성	백제 X 신라	백제본기, 의자왕647 신라 진덕왕	백제 의직 신라 김유신	백제 의직 단신으로 귀환	3,000명
도살성	백제 X 신라	백제본기, 의자왕649 신라 진덕왕	백제 은상 신라 김유신	백제군 7,000명 출전	백제군 8,980명

7월 9일 황산전투를 개시하여 신라는 11일 최후 결전 후 서둘러 지금의 부여 석성면에 도착한 것으로 추측된다.[39] 황산에서 이곳까지는 행군으로 한나절 거리이다. 석성면에서 합류한 나당연합군은 약속기일 10일[40]에 하루가 지체된 책임을 물어 소정방이 신라 독전장 김문영을 참수하려하자 김유신은 황산전투의 치열함을 모른다며 반발하였다.[41]

---

39) 『舊唐書』, 권 83, 「列傳」 33. 蘇定方 "…定方於岸上擁軍 水陸齊進 飛楫鼓譟 直趣眞都 去城二十許里…".
40) 『三國史記』 권 5, 「新羅本紀」, 태종무열왕 7년조(서기 660.6.21) "…二十一日 王遣太子法敏 領兵船一百艘 迎定方於德物島 定方謂法敏曰 吾欲以七月十日至百濟南與大王兵會 屠破義慈都城…".

- 15 -

十二日 唐羅軍□□□圍義慈都城 進於所夫里之原 定方有所忌不能前
庾信說之 二軍勇敢 四道齊振 百濟王子又使上佐平致饔餼豊腆 定方却
之 王庶子躬與佐平六人詣前乞罪 又揮之

『三國史記』권 5, 「新羅本紀」 5, 태종무열왕 7년조.

7월 12일 나당군은 사비도성을 포위하려고 네 길로 진군하였음이 문헌에 확인
된다.[42] 『일본서기』 「제명기(齊明紀)」에는 백제유민 달솔과 사미각종 등의 진술
을 인용하면서 노수리지산(怒受利之山)에서 3일간의 전투한 사실을 전하고 있
다.[43] 여기서 말하는 노수리지산을 천왕산성(청동리)으로 보는 견해가 있다.[44]
  실제로 천왕산 일대에는 이러한 황산 전투와 관련된 것으로 생각되는 지명이
곳곳에 남아 있다. 천왕산성 내부의 장수골(將帥골), 신라군 포진지 일대의 마을
이 함락됐다는 하락(下落), 천왕산 산등성이 인근 여수(獵帥=장수가 탄식)고개토
성, 북산성의 생잿골(勝敵골), 산직리산성 인근의 승적골(勝敵골)과 신라군이 넘
어왔다는 나래재(羅來峙) 등이 그것이다.[45] 지명의 위치나 의미로 볼 때 황산전
투로 인하여 전래된 지명으로 생각된다. 660년 황산(黃山) 전투의 승자는 신라였
으나 황산에 거주하던 백성은 백제인이었기 때문일 것이다.

41) 『三國史記』 권 5, 「新羅本紀」 5, 태종무열왕 7년조(서기 660) "…庾信等至唐營 定方而庾
  信等後期 將斬新羅督軍金文穎於軍門 庾信言於衆曰 大將軍不見黃山之役 將以後期爲罪 吾
  不能無罪而受辱…".
42) 『三國史記』 권 5, 「新羅本紀」 5, 태종무열왕 7년조(서기 660).
43) 『日本書記』 권 26, 「齊明紀」 6년 9월조. "…新羅王春秋智率兵馬 軍丁怒受利之山 夾擊百
  濟 相戰三日 陷我王城…".
44) 池憲英, 2001, 앞의 책, 170쪽.
  都守熙, 2005, 『백제어 어휘연구』, 제이엔씨, 287,292쪽.
45) 李明鉉, 2018, 『天王山城(靑銅里)과 黃山戰鬪(階伯三營과 階伯將軍의 最後 決戰地)』,
  15,21,62쪽.

[도면 1] 천왕산성(청동리) 약도

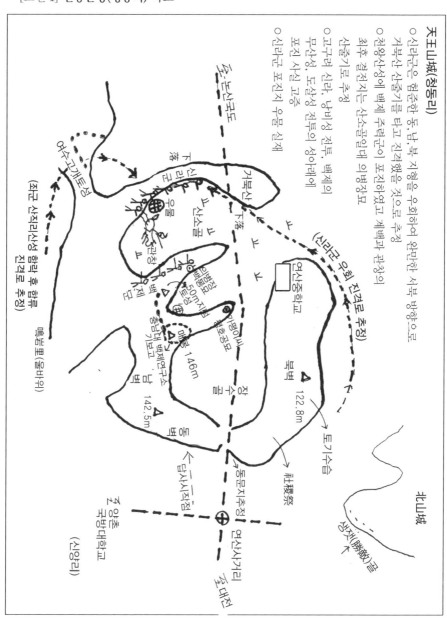

天王山城(청동리)

○ 신라군은 험준한 동,서,북 지형을 우회하여 완만한 서북 방향으로
　거북산 산줄기를 타고 진격행을 짓으로 추정
○ 천왕산성에 백제 주력군이 포진하였고 계백과 관창의
　최후 결전지는 산소골일대 의병장묘
　산줄기로 추정
○ 고구려 신라, 낙비성 전투, 백제의
　무산성, 도살성 전투의 상아래에
　포진 시럴 고증
○ 신라군 포진지 우물 실제

丘陵산국도

여수고개토성

(좌군 산직리산성 함락 후 함락
　진격로 추정)

밭금리(울미위)

- 17 -

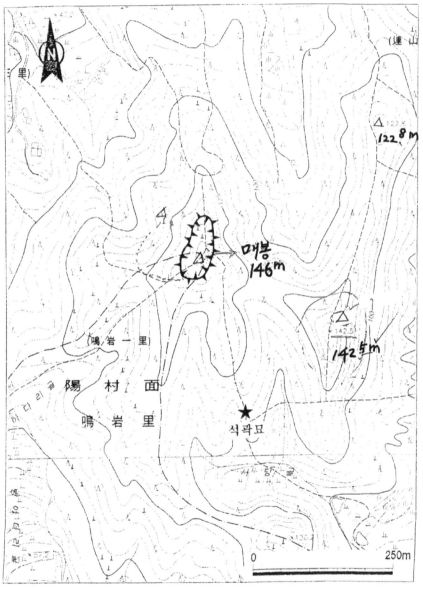

【도면 1】靑銅里山城 유적 위치도(S:1/5,000)　　　　　　　　(충남대 백제연구소 2000)

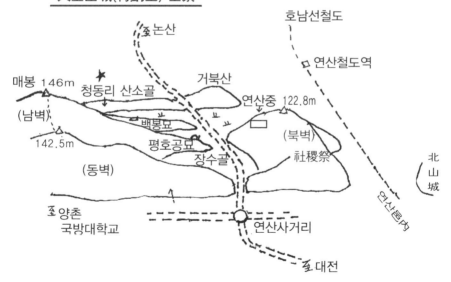

天王山城(靑銅里) 全景

- 19 -

[도면 4] 開泰寺, 山直里山城 길 - 1872

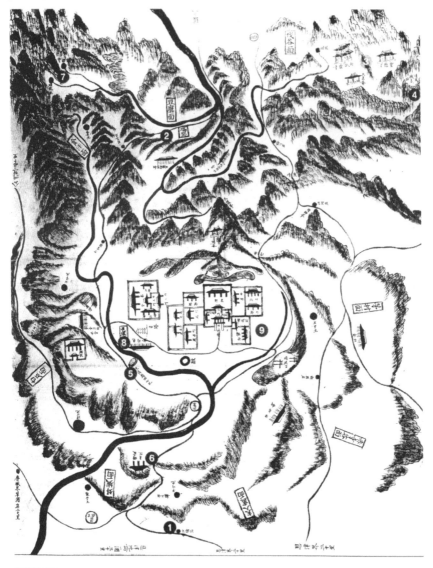

연산현지도

연산현지도 | 連山縣地圖 | 1872년 | 25.5cm×36cm | 서울대학교 규장각 한국학연구원 소장

1871년 중앙정부의 명령에 따라 1872년에 연산현에서 만들어 올린 채색 지도이다.

230 계백장군 삼영과 최후 결전지

[도면 5] 大東興地圖 連山縣(北 山, 羅 峙) - 1861, 김정호

V. 結 論

천왕산성은 논산시 연산면 청동리에 자리하고 있는 고대 산성이다. 매봉 정상 (146m)에서 동벽(142.5m), 북벽(122.8m)으로 연결되고, 매봉 서북향의 평호공 묘 산줄기와 의병장 백봉 묘 산줄기의 양 벽으로 이어진 천혜의 포곡형 토성으로 황산벌 일대를 방어할 수 있는 가장 좋은 위치에 자리하고 있다. 대전~원정동 ~개태사를 거쳐 온 신라군이 반드시 거쳐 갈 수밖에 없는 위치에 자리하고 있다. 그런 점에서 660년 황산 전투 때 계백장군이 설치한 3영(三營) 중 지휘영인 중영(中營)에 해당되는 것으로 생각된다.

계백장군과 신라군의 최후 결전은 신라 3군(三軍)이 합류한 후 벌어졌다. 좌 장군 품일은 산직리 산성을 함락한 후 나래치(羅來峙)를 넘어와 신양리지야, 여 수고개토성으로 진격하여 중군 김유신과 합류하고 우 장군 김흠순은 북산성을 함락한 후 합류한 것으로 추측된다. 백제군이 천왕산성의 유리한 지형을 선점한 가운데, 산성의 험준한 북, 동, 남쪽 편을 우회하여 취약지인 매봉 서쪽의 완만한 지역으로 진군하는 신라군에 대응하여 백제군은 유리한 고지인 산줄기(의병장백 봉 묘 소재)에 포진하였고, 신라군은 백제군 포진지 건너편의 거북산 산줄기에 포진한 후 대치한 것으로 추정된다. 신라군은 지형적으로 불리한 위치에서 공격 할 수밖에 없었다. 말이 달릴 수 있는 청동리지야 끝자락에서 유리한 지형에 포진 한 백제군을 공격한 전투였다. 계백장군과 관창은 여기에서 전사하였을 것이다.

계백장군과 관창의 전투 전사 지점은 황산 벌판이 아니라 천왕산성의 매봉 토 성 서쪽 아래 산소골 일대로 추정된다.

계백장군의 3영(三營)은 천왕산성(天王山城), 북산성(北山城), 산직리산성(山 直里山城)으로 보아야 한다. 그렇게 비정될 때 황산전투사(黃山戰鬪史)는 문헌의 기록과 현장 지형지세와 전투전개 정황이 부합될 수 있을 것이다.

(참 고 문 헌)

1. 사료 및 사전
『삼국사기』,『삼국유사』,『일본서기』,『漢語대사전』,『中韓辭典』

2. 논저

김영관, 2005, 『백제부흥운동연구』, 서경문화사.

노중국, 2003, 『백제 부흥운동사』, 일조각.

都守熙, 2005, 『백제어 어휘연구』, 제이엔씨, 287,292쪽.

徐程錫, 2003, 「炭峴에 대한 小考」,『中原文化論叢』7, 충북대학교 문화연구소.

서정석, 2004, 「백제산성을 통해 본 황산벌 전투의 현장」,『歷史敎育』91, 역사교육연구회.

서정석, 2010, 「의자왕의 전략과 황산벌전투의 실상」,『軍史』76.

成周鐸, 1975, 「百濟山城研究(連山面所在 黃山城을 中心으로)」, 충남대백제연구소.

성주탁, 1990, 「百濟 炭峴 小考」,『百濟論叢』2, 백제문화개발연구원.

심정보, 2010, 「백제사상 황산벌전투와 삼영설치에 대하여」『충청학과 충청문화』10,
　　　　충남역사문화연구원.

양종국, 2006, 『中國史料로 보는 百濟』, 서경문화사.

이병도, 1959, 『한국사』고대편, 진단학회.

李基白·李基東, 1982, 『한국사강좌』I (고대편), 일조각.

이철성·박범, 2015, 『옛지도에서 논산을 만나다』, 건양대 충남지역문화연구소.

전영래, 1982, 「炭峴에 關한 研究」,『全北遺蹟 調査報告』13집.

정영호, 1972, 「김유신장군의 백제 진격로 연구」,『史學志』6.

池憲英, 1970, 「탄현에 대하여」,『語文研究』6.

지헌영, 2001, 「탄현에 대하여」,『한국지명의 제문제』, 경인문화사.

충남대백제연구소, 2000, 『論山黃山벌戰迹地』

홍사준, 1967, 「炭峴考」,『歷史學報』35·36합집, 역사학회.

大原利武, 「百濟要塞地炭峴に就いて」,『朝鮮史講座』, 88~90쪽.

小田省吾, 「上世史」,『朝鮮史大系』, 194쪽.

池內宏, 1915, 「白江及び炭峴に就いて」,『滿鮮地理歷史研究報告』14.

津田左右吉, 1964, 「百濟戰役地理考」,『津田左右吉全集』11, 岩波書店.

『加平李氏世譜』권 上, 1982, 回想社.

『論山郡誌』, 1994, 論山市.

李明鉉, 2018, 『天王山城(靑銅里)과 黃山戰鬪(階伯三營과 階伯將軍의 最後 決戰地)』

李明鉉. 48年連山靑銅里生(稅務士)

Mobile. 010-2764-0203
E-mail. mhlee@gaontax.com

20. 「탄현과 개태사 협곡 포진무산 소고」
(논문2)

炭峴과 開泰寺峽谷 布陣霧散 小考

李 明 鉉

2019. 2.

炭峴과 開泰寺峽谷 布陣霧散 小考

李 明 鉉

I. 序 論

　　백제 패망은 주변의 형세에 미리 대처하지 못하고 전쟁을 예견하여 방어책을 진언한 성충, 흥수와 같은 충신을 배격한 의자왕 판단력의 한계 때문이었다. 탄현 수비 기회가 무산된 것은 김유신과 내통한 좌평 임자와 그에 의해 포섭된 것으로 보이는 좌평 상영, 충상 등의 반역에 의한 백제군의 포진 지연 방해공작의 결과로 추정한다.1)

　　의자왕의 재위시 행적 중 신라와의 전투기록과 당(唐)에 대한 외교활동을 살펴보고 의자왕은 그와 같은 주변여건과 형세에 대하여 어떻게 대처하였기에 성충, 흥수, 계백과 같은 신하들이 있었음에도 백제의 국사를 전담하던 좌평 임자 등과 같은 대신들이 김유신과 내응(內應)하여 백제를 패망에 이르게 하였는가 분석해 본다. 당나라 소정방 군사가 660년 6월 21일 덕물도(德物島)에 도착하고 신라 태자 법민은 병선 100여척으로 당 군을 환영하였고2) 태종왕은 김유신 등 장수와 군사를 거느리고 6월 18일 남천정(南川停)에 이르렀다.3) 이때로부터 7월 9일 황산전투가 개시될 때까지의 급박한 20일 동안 의자왕이 대처한 상황과 공지(公知)의 백제 방어 요충지인 탄현의 수비 기회가 무산된 배경에 대하여 살펴보고 좌평 임자에

---

1) 李明鉉, 2018, 「階伯將軍 最後 決戰地의 考察」, 1쪽.
　　『三國史記』 권 42, 「列傳」 2, 김유신中 영휘 6년(서기 655) "…租未押惶而退 待罪數月 任子喚而問之曰 汝前說庾之言若何 租未押驚恐而對 如前所信 任子曰 爾所傳 我己悉知 可歸告之 逐來說 兼及中外之事 丁寧詳悉 於是 愈急抒呑…".
2) 『三國史記』 권 5, 「新羅本紀」 5, 태종무열왕 7년조(서기 660.6.21) "…二十一日王遣太子法敏 領兵船一百艘 迎定方於德物島…".
3) 『三國史記』 권 5, 「新羅本紀」 5, 태종무열왕 7년조(서기 660.6.18) "…王與庾信眞珠天存等 領兵出京 六月十八日次南川停…".

의하여 반역의 대열에 합류한 것으로 보이는 좌평(左平) 상영, 충상 이외에 달솔(達率)자간, 은솔(恩率) 무수와 인수도 황산전투에 계백과 함께 출전한 것으로 추측된다. 황산전투에 임하여 신라군이 복전에 이른 상황에서 이들은 신라군에 유리한 작전을 적극 시도하였을 것이다. 그 결과와 흔적은 무엇인지 살펴보고자 한다.

II. 義慈王 行蹟의 分析

의자왕 재위 시 대 신라와의 전쟁과 백제와 신라의 대당(對唐) 외교를 정리하여 살펴보고 백제 방어 요충지인 탄현과 개태사협곡을 무사히 통과한 후 벌어진 황산벌전투의 패배로 사비성 함락에 이르게 된 배경에 대하여 분석해본다.

1) 의자왕 在位 時 전투(641~660)

[표1]

전투명	시기	전투국가	참전장수	전투 결과	비고
獼猴城 등	선덕여왕 642.7	백제 × 신라	의자왕	(백제선제공격) 미후 등 40여 성 함락	
大耶城	642.8	〃	백제 允忠 신라 品釋	(백제선제공격) 백제 승리	품석(태종왕김춘추 사위)과 처자 참수
兗項城	의자왕 643.11 (선덕여왕)	〃		(백제선제공격)	화성시소재.신라의 唐 조공 출발港

- 2 -

-	644.9	〃	김유신	(신라선제공격) 김유신 7개성 공취	왕자 융을 태자 삼다.
-	645.5	〃	김유신	(백제선제공격) 백제 승리 7개성 공취	당태종이 고구려 공격. 신라에서 3만의 병사 징발 지원. 틈을 타 신라 공격
茂山城	647.8 선덕왕 사망 647.10 진덕왕 즉위	〃	백제 義直 김유신	(백제선제공격) 의직 단신 귀환	성 아래에 포진
腰車	648.3	〃	백제 義直 김유신	(백제선제공격) 腰車 등 10개 城 탈취	
玉文谷	648.4	〃	김유신	(신라선제공격) 백제 2回 敗. 嶽城 등 12성 신라 공취 進禮 등 9개성 공취	김유신의 제안에 따라 품석부부의 유골을 백제장수 8명의 포로와 교환. 좌평 충상이 주도
道薩城	649.8	〃	백제 殷相 김유신 陳春, 天存, 竹旨	(백제선제공격) 石吐 등 7개성 공취 후 도살성전투 백제 敗	백제 7,000명 참전 석토 등 7개성 함락후 도살성에서 (성아래에 포진) 패퇴
-	654 태종, 김춘추 즉위 655.정월	〃	의자왕	(백제선제공격) 백제 勝 30여개 성 공취	신라 김춘추가 당에 사신을 보내 백제, 고구려, 말갈이 함께 신라 북부를 침공하여 33개 성을 함락한 사실을 고하고 구원 요청

- 3 -

獨山.桐岑城	659.4	〃	백제 장수	(백제선제공격) 2개 성 침공	
黃山戰鬪	660.7	〃	계백 김유신	百濟 敗亡	羅唐연합군의 백제 침공 국제전쟁

의자왕 재위 　－ 641~660(20년)

전투 회수 　　－ (12회)

백제 선제공격 － (9회) － 백제 승리(8회) － 101개성 공취

신라 선제공격 － (3회) － 신라 승리(4회)

　위 표의 기록을 분석해 보면 의자왕의 재위 기간 중 641~649년까지 9년간 매년 1회의 전쟁을 치렀다. 신라와의 12회 전투에서 9회는 백제의 선제공격에 의한 전투였으며 8회의 승리를 하였고 신라는 수세적 입장이었다.

　진덕왕 648년조에 김춘추가 당태종에게 고한 기록을 보면 백제는 강하여 여러 차례 침략을 마음대로 하고 있으며 신라 백성은 모두 포로가 될 것이라면서 당의 군사를 요청하는 기록이 있다.[4]

　101개의 성을 공취한 것은 고구려의 정복 군주인 광개토대왕이 점령한 64개의 성에 비교하여 혁혁한 업적이었다.[5] 649년 도살성 전투에서의 패배로 공취하였던 석토성 등 7개의 성은 신라에 회복된 것으로 추정된다. 의자왕의 말기인 655년에서 패망시점인 660년 기간에는 독산, 동잠성(獨山, 桐岑城) 전쟁[6] 외에 신라에 대한 공격의 기록이 없다. 655년은 좌평 임자가 반역의 길로 나선 시점이다.[7] 성충은 국사에 임하는 의자왕에 대하여 극간(極諫)한 결과 투옥되었음이 기록된 것은 656년이다.[8] 위와 같은 기

---

4) 『三國史記』 권 5, 「新羅本紀」 5, 진덕왕 2년조(서기 648봄).

5) 이도학, 2018, 『삼국통일은 어떻게 이루어 졌나』, 학연문화사, 257쪽.

6) 『三國史記』 권 28, 「百濟本紀」 6, 의자왕 19년조(서기 659.4).

7) 『三國史記』 권 42, 「列傳」 2, 김유신中 영휘 6년(서기 655).

8) 『三國史記』 권 28, 「百濟本紀」 1, 의자왕 16년조(서기 656).

록을 볼 때에 의자왕은 백제가 신라에 대하여 우위에 있는 강대한 나라로 재위 기간 중 이끌어갔으나 후반기에는 변화하는 주변형세에 대처하지 못하였고 국사에 임하는 의자왕에게 극간(極諫)하는 성충과 같은 충신의 의견을 수용하지 못하였다.

의자왕의 성품을 보여주는 주목되는 전쟁이 있다. 645년 당의 고구려 침공 시 신라가 군사 3만을 동원하여 당을 지원할 때 그 틈을 이용하여 신라를 쳐서 7개 성을 빼앗은 사건9)이다. 신라가 당의 고구려 침공 시 3만의 병력을 지원하는 관계였음에 비교하여 그 틈을 이용하여 신라를 공격하여 7개의 성을 탈취하였다. 이때의 대 신라 공격이 고구려와의 화친에 따른 간접 지원일수 있으나 동맹에 의 한 공격이었다는 기록은 없다. 의자왕은 당과 고구려사이의 실지양단(實持兩端)정책에서10) 당과의 관계를 감안하여 고려하지 않은 것이다.(643년 11월에는 신라의 당 조공 출발항인 당항성(党項城)을 공취하였으나 당과의 관계를 고려해 철수하였다.)11) 당의 분노를 사기에 충분한 전쟁 행위를 불사한 것은 의자왕이 강인하고 용맹하여 백제의 자주성을 보여준 것으로 볼 수 있겠으나 심모원려(深謀遠慮)의 주변 형세에 대한 외교 전략을 구사하지 못한 사실을 보여주는 기록으로 생각된다.

651년 당 고종이 조공한 백제 사신에게 신라로부터 빼앗은 영토를 반환해주고 화친하라. 그렇지 않는다면 후회하게 될 것이다. 경고하였으나 의자왕으로서는 받아들일 수 없는 과제였다. 의자왕은 655년 정월에 고구려와 연대하여 신라 북부 33개의 성을 공취하였다.12) 신라의 구원 요청에 당은 655년 3월 소정방을 보내 고구려를 침공하였다.13) 이와 같은 당과의 불편

---

9) 『三國史記』 권 28, 「百濟本紀」 6, 의자왕 16년조(서기 645.5).
10) 노중국, 2017, 『백제의 대외교섭과 교류』. 지식산업사, 367-368쪽.
11) 『三國史記』 권 28, 「百濟本紀」 6, 의자왕 3년조(서기 643.11).
12) 『三國史記』 권 5, 「新羅本紀」 5, 태종왕 2년조(서기 655정월).
　　『三國史記』 권 22, 「高句麗本紀」 10, 보장왕下 14년조(서기 655정월).
13) 『三國史記』 권 5, 「新羅本紀」 5, 태종왕 2년조(서기 655).
　　『三國史記』 권 22, 「高句麗本紀」, 보장왕下 14년조 "…十四年春正月 先是 我與百濟誅隙

- 5 -

한 상황의 전개는 나당연합을 예측하기에 충분한 형세였다. 신라는 백제와 고구려가 변방을 침공할 때는 당의 파병을 요청하였다.[14) 이와 같은 형세에 대하여 의자왕은 나당 연합에 의한 백제 복속 의도에 대비하여 대 당 외교를 시도한 기록은 없다. 한편 성충이 진언한 나당연합에 의한 백제 공격을 예상하여 저지할 수 있는 고구려와의 연합등 대 내외의 대책을 세운 기록도 없다.

이러한 형세일 때에 백제국사를 전담하는 좌평 임자가 김유신의 회유를 받아들임으로써 백제는 예견되는 나당연합의 공격에 대 내외의 무대책(無對策) 상황이 조성 되었으며 의자왕은 좌평 임자 등의 음모를 패망 시까지 알아차리지 못하였다.

위 표를 보면 655년 임자가 반역의 길로 나선 후 나당군의 침공으로 황산전투에 이른 660년까지 후반기 5년의 기간에는 독산, 동잠성 전투 외에 대 신라 전투가 없는 태평의 시기가 지속되었다.[15) 이는 655년 정월 신라북부의 33개의 성을 공취한 이후 신라가 당에 구원요청을 한 사실 등의 정세로 신라를 공격할 상황이 아니었던 것으로 보이고 임자와 김유신이 긴밀히 통하면서 고구려와의 연합 교섭 등의 방해공작과 대 신라전쟁을 회피 공작한 결과인 것으로 보인다. 의자왕이 국사를 등한히 하고 사치스런 일상으로 백성의 원성이 있었다고 기록한 문헌[16)은 당시 내부의 실상을 기록한 것으로 추측된다.

侵新羅北境 新羅王金春秋 遣使於唐求援 … 月 高宗遣營州都督明振 左衛中郎將蘇定方 將兵來擊…".
14) 『三國史記』 권 27, 「百濟本紀」 5, 무왕.
　　『三國史記』 권 21, 「高句麗本紀」 9, 보장왕 2년조(서기 643.9).
　　『三國史記』 권 5, 「新羅本紀」 5, 선덕왕 12년조(서기 643봄).
　　『三國史記』 권 5, 「新羅本紀」 5, 진덕왕 2년조(서기 648봄).
　　『三國史記』 권 5, 「百濟本紀」 5, 태종왕 6년조(서기 659봄).
　　『三國史記』 권 5, 「新羅本紀」 5, 태종왕 7년조(서기 660.3).
15) 『三國史記』 권 28, 「百濟本紀」 6, 의자왕 19년조(서기 659.4).
16) 『三國史記』 권 28, 「百濟本紀」 6, 의자왕 16년조(서기 656) "…十六年春 … 月 王與宮人 淫荒耽樂 飲酒不止 左平成忠 極諫…".

- 6 -

의자왕이

1) 임자 등 반역의 길로 간 대신들에 의하여 철저히 농락당함으로써 정상적인 사태의 판단을 하지 못한 사실.

2) 성충, 흥수와 같은 충신의 배척과 내부 권력의 분열(分裂).

3) 나당과 고구려 등 주변 형세에 대한 대 당 외교 부재.

4) 당과 신라의 공격을 예견한 고구려, 왜(倭)와의 연합 등 대비책의 부재.

5) 전쟁에 임박하여 공지의 백제 요충지인 탄현 방어 조치를 대처하지 못하는 상식적인 상황의 판단과 결단조차 하지 못한 사실 등이 이를 뒷받침한다.

의자왕은 급박한 위기 상황을 맞아 고마미지현(古馬彌知縣)에서 귀양살이 중인 흥수에게 전쟁 대비책의 의견을 구했다.17) 의자왕은 흥수의 인물됨을 잘 알고 있었던 것이다. 흥수는 임자 등의 음모에 의하여 의자왕을 움직여 고마미지현(장흥)에 귀양살이를 보내도록 하였을 것이다.

당의 군사가 덕물도(德物島)에 도착하고 신라의 군사가 왕과 함께 남천정(南川停)으로 이동하여 전쟁이 임박하여 급박한 20여일 중에 대신들 간의 방어 대책 논쟁 중에 고마미지현까지 사람을 보내 의견을 듣고 오기까지는 당시의 교통상황으로 보아 수일이 소요되었을 것이다. 흥수의 탄현 방어책에 대한 대신들 간의 지극히 비논리적인 이유를 들어18) 탄현포진 반대 논쟁을 한 것은 모두 임자 등의 음모로 추정된다. 이들의 주도에 의하여 의자왕의 대책 없는 시간은 지속되었고 급기야 신라는 백제의 방어 요충지 탄현(炭峴)을 무사히 넘어오는 사태가 발생된 것이다.

2) 백제와 신라의 對唐外交

---

17) 『三國史記』 권 28, 「百濟本紀」 6, 의자왕 20년조(서기 660) "…王猶豫 不知所從 時 左平 興首得罪 流竄古馬彌之縣 遣人問之曰 事急矣 如之何而可乎…".

18) 『三國史記』 권 28, 「百濟本紀」 6, 의자왕 20년조(서기 660) "…於時 大臣等不信曰 興首在 縲紲之中 怨君而不愛國 其言不可用也…".

[표2]

백제 재위 왕	시기	조공 인물	비고	신라 재위 왕	시기	조공 인물	비고
무왕	641. 3	사신	무왕 사망. 당에 가서 소복을 입고 표문을 올림	진덕왕			백제 침공에 당의 군사를 빌리기를 간청
의자왕	641. 8	사신	조공		641	사신	조공
의자왕	642. 봄	사신	조공				조공
의자왕	642. 8	사신	조공	진덕왕	642. 8		대야성 전투. 품석(태종왕 김춘추 사위) 과 처자 참수 김춘추, 고구려에 백제를 응징할 군대를 청하나 거절 당함
의자왕	643. 봄	사신	조공 643.11 고구려와 화친을 맺음		643. 봄	사신	643.9. 당에 군사 요청
의자왕			신라가 당에 표문을 올린 사실을 알고 군사를 철수함	선덕 여왕	643. 11	사신	백제의 신라 對 조공 출발 항인 당항성 탈취에 대한 표문을 올림

의자왕	644. 봄	사신	조공		644. 봄	사신	당태종, 고구려 연개소문에 조서를 보내 고구려와, 백제의 신라영토 철수 요구
의자왕	645.		조공 이후 조공 遂끽	선덕왕	645. 봄	사신	당태종, 고구려 공격. 신라 3만 병력 지원. 이틈을 타 백제는 신라 7개성 탈취(645.5)
					647. 8		선덕여왕 사망
				진덕 여왕	648. 봄	김춘추와 그의 아들 문왕	백제 침공에 당의 군사를 빌리기를 간청. 문왕(김인문) 당에 머물며 당태종 宿衛 649.9.3 당태종 사망
					650. 6	김춘추와 그의 아들 법민	도살성전투 승첩 사실을 당에 알림
의자왕	651	사신	조공. 당 고종, 신라와의 화친 을 종용. 경고		651. 2	김인문	당에 머물러 宿衛

- 9 -

의자왕	652. 봄	사신	마지막 조공		652. 정월	사신	조공
의자왕	653		왜와 화친을 맺음	진덕왕	653. 11	사신	조공
				태종왕	654. 5	사신	조공
					655. 3	-	唐,소정방으로 하여금 고구려 침공
					656. 7	문왕	김인문, 당에서 숙위한 후 돌아옴
				태종왕	659. 4	사신	백제의 변방 침공에 당에 병사를 요청
				태종왕	660. 3		당고종, 소정방을 신구도행군 대총관,김인문을 부대총관, 유백영을 좌효위 장군 으로 삼아 수군, 육군 13만 명이 백제 징벌 하기로 결정.
				태종왕	660. 6.21	법민	唐軍 덕물도에 도착, 태자 법민과 7월 10일 사비성 남쪽에 羅唐軍 합류 약속(부여 세도면 추정)

- 10 -

20. 「탄현과 개태사 협곡 포진무산 소고」(논문2) 2019. 2 이명현 245

| 의자왕 | 660.
7.9 | | 황산전투개시 | 태종왕 | 660.
7.12 | | 사비성 점령 |

의자왕의 부친인 무왕의 재위 시에는 당과의 관계가 원만하였다. 무왕의 사망 시 당태종은 조공과 글 올리기를 한결같이 하다가 갑자기 세상을 떠나게 되었으니 추도하는 슬픔이 깊다. 마땅히 보통 예법 이상으로 애도를 표한다 하고 부의를 후하게 내렸다고 기록되어있다.19)

위 표의 기록을 분석해 보면

재위 기간   ― 641~660(20년)

의자왕 당 방문 외교 ― 7회

신라의 당 방문 외교 ― 18회[651~656년은 김인문이 당에 머물면서 당 황제를 숙위(宿衛)]20)

백제는 645년 당에 조공한 이후 650년까지 조공하지 아니 하였다.21)

651년 백제 사신이 당에 조공했을 때22) 당 고종은 신라로부터 빼앗은 영토를 돌려주고 화친할 것을 종용하면서 만약 이 분부를 따르지 않는다면 법민의 요청대로 신라의 백제 침공을 용인하고 고구려에게 백제를 구원하지 못하도록 할 것이며 고구려가 명령을 따르지 않는다면 거란과 여러 번 국들에게 약탈하게 할 것이다. 의자왕은 좋은 방책을 도모하여 후회치 않도

---

19) 『三國史記』 권 27, 「百濟本紀」 5, 무왕 42년조(서기 641.3).

20) 『三國史記』 권 5, 「新羅本紀」 5, 진덕왕 2년조(서기 643).
　 『三國史記』 권 5, 「新羅本紀」 5, 진덕왕 5년조(서기 651).
　 『三國史記』 권 5, 「新羅本紀」 5, 태종왕 3년조(서기 656).

21) 『舊唐書』 권 199 상, 「列傳」 149上, 東夷, 百濟國 "…十六年 義慈王興兵伐新羅四十餘城 又發兵以守之 與高麗和親通好 謀欲取黨項城以絶新羅入朝之路 新羅遣使告急請救 太宗遣司農 丞相里玄獎齎書告諭兩蕃 示以禍福 乃太宗親征高麗 百濟懷二 乘虛襲破新羅十城 二十二年 又 破其十餘城 數年之中 朝貢遂絶…".

22) 『三國史記』 권 28, 「百濟本紀」 6, 의자왕 11년조(서기 651).

― 11 ―

록 하라 경고하였다.[23]

652년 백제는 당에 마지막 조공을 하였으며 653년 의자왕은 왜(倭)와 화친을 맺었다.[24]

살펴본 바와 같이 백제는 당의 경고에도 불구하고 이에 대한 타개책을 모색한 기록은 보이지 않는다. 의자왕의 이러한 행보는 수나라와 고구려 사이에서 무왕의 실지양단(實持兩端) 정책과 궤를 같이하는 것으로서[25] 고구려, 왜와 화친하여[26] 나당 연합에 대응하고자 한 것으로 보이나 660년 나당군의 백제 정벌 시에 아무런 연합을 시도한 기록이 없고 도움도 받지 못하였다. 660년 7월 백제를 멸한 나당군은 곧 이어 660년 11월 대 고구려 전쟁을 개시하였다.[27]

신라는 642년 대야성(大耶城) 전투[28]의 보복을 위하여 고구려에 군사를 요청하였으나 거절당한[29] 이후 철저하게 당에 의존하여 백제를 견제하고 보복하고자 하는 일념으로 적극적인 대당 외교를 펼쳤다. 신라는 당에 조공하는 번국(蕃國)임을 자처하면서 철저히 당과 화친하여 백제를 견제하였으며 기회가 되는 대로 백제를 응징하기 위한 군사의 파병을 요청하였다.[30] 신라는 일시적인 조공의 방문 외교에 그치지 아니하고 651~656년에는 무열왕 김춘추의 아들 김인문이 당에 주재하면서 당 황제를 숙위(宿衛)[31]하

---

23) 『三國史記』 권 28, 「百濟本紀」 6, 의자왕 11년조(서기 651).
24) 『三國史記』 권 28, 「百濟本紀」 6, 의자왕 13년조(서기 653).
25) 노중국, 2017, 『백제의 대외교섭과 교류』, 지식산업사, 367-368쪽.
26) 『三國史記』 권 28, 「百濟本紀」 6, 의자왕 3년조(서기 643.11).
27) 『三國史記』 권 22, 「高句麗本紀」 10, 보장왕 19년조(서기 660) "…冬十一月 唐左驍衛大將軍 契苾何力 爲浿江道行軍總管 左武衛大將軍蘇定方…爲鏤方道總管 將兵分道來擊…".
28) 『三國史記』 권 28, 「百濟本紀」 5, 선덕왕 2년조(서기 642).
29) 『三國史記』 권 5, 「新羅本紀」 5, 선덕왕 11년조(서기 642).
    『三國史記』 권 21, 「高句麗本紀」 9, 보장왕(서기 643.9).
30) 『三國史記』 권 5, 「新羅本紀」 5, 선덕왕 12년조(서기 643봄).
    『三國史記』 권 5, 「新羅本紀」 5, 진덕왕 2년조(서기 648봄).
    『三國史記』 권 5, 「新羅本紀」 5, 태종왕 6년조(서기 659봄).
    『三國史記』 권 5, 「新羅本紀」 5, 태종왕 7년조(서기 660.3).

- 12 -

며 대 당 외교를 펼친 기록이 있고 김인문은 백제 좌평 임자와 내응(內應)한 다음해인 656년 7월 당에서 귀국하였다.[32] 이는 김춘추와 김유신이 좌평 임자의 회유에 따른 대 당 전략을 논의하기 위해 귀국 시켰다고 본다.

김인문은 다시 귀임하였을 것이다. 660년 나당군의 백제 침공 시 김인문은 당나라군의 부대총관으로 임명된다.[33] 655년 소정방이 고구려를 침공한 년도와 656년도에는 사신을 보내 조공한 기록이 없고 김인문의 귀국한 기록이 있다.

이와 같은 신라의 적극적인 외교에 비교하여 백제는 652년 이후 당에 사신을 보내지 아니 하였다. 651년 당 고종의 경고에도 불구하고 655년 정월 고구려와 연대하여 신라북부의 33개 성을 공취함에 따라 당과의 관계는 더욱 소원하여졌을 것이다. 당은 신라의 요청에 의하여 655년 3월 고구려를 침공하였다.

성충은 이와 같은 형세를 관찰하고 장차 반드시 전쟁이 있을 것임을 의자왕에게 충언하였다.[34] 651, 652년 당에 조공하였을 때 백제 사신에게 경고한 당 고종의 진의는 번국으로서 조공국의 복원이었을 것이므로 당과의 관계개선 여지는 있었다고 본다. 당의 삼국에 대한 인식은 철저한 번국으로서 화친정책을 펼 때는 공격하지 아니하였다. 이는 고구려도 예외는 아니었다. 영류왕때는 고구려와 당의 관계는 원만하였다.[35] 그러나 당태종은 당에 조공하여 원만하였던 영류왕을 시해하고 보장왕을 등극시키고 권력을 장악한 고구려 막리지 연개소문에 대하여 영류왕 시해를 구실로 대 고구려

---

31) 『三國史記』 권 5, 「新羅本紀」 5, 진덕왕 2년조(서기 643) 김춘추 子 문왕(김인문) 당 황제 宿衛 요청.
　　『三國史記』 권 5, 「新羅本紀」 5, 진덕왕 5년조(서기 651) 김인문 당황제 숙위.
　　『三國史記』 권 5, 「新羅本紀」 5, 태종왕 3년(서기 656) 김인문 당에서 귀국.
32) 『三國史記』 권 5, 「新羅本紀」 5, 태종왕 3년조(서기 656).
33) 『三國史記』 권 5, 「新羅本紀」 5, 태종왕 7년조(서기 660.3).
34) 『三國史記』 권 5, 「百濟本紀」 6, 의자왕 16년조(서기 656) "…成忠瘐死 臨終上書曰 忠臣死不忘君 願一言而死 臣常觀時察變 必有兵革之事 凡用兵 必審擇基地 處上流 以饗敵 然後可以保全 若異國兵來 陸路不使過沈峴 水軍不使入伎伐浦之岸 擧其隘險以禦地 然後可也…".
35) 『三國史記』 권 20, 「高句麗本紀」 8, 영류왕(서기 642.11).

- 13 -

전쟁을 시작하였다.36) 당 태종은 대 고구려 전쟁의 여파로 649년 4월에 사망하였다.37) 당 태종의 대 고구려 전쟁의 실패 교훈에도 불구하고 고종에 이르러서도 당의 고구려 복속 의도는 계속되었다.38)

위의 표를 분석해 보면 651, 652년에는 백제가 645년 이후 소원하였던 조공을 재개하고 당과 원만한 관계를 유지하고자 하는 외교를 수행하였다.

주목되는 역사 기록은 사비성 함락을 목전에 둔[사비성 밖 20여리(舊唐書 권83 列傳83, 蘇定方), 부여 석성면으로 추정]상황에서 소정방에게 백제의 왕자가 1차 좌평 각가(覺加)로 하여금 과오를 빌고 군사를 물릴 것을 애걸하였고 2차로 의자왕의 서자인 궁(躬)이 여섯 명의 좌평과 함께 가축과 많은 음식을 가지고 가서 과오를 빌고 군사를 철수할 것을 요청한 기록39)이다. 그 과오란 무엇인가. 추측컨대 652년 이후 조공의 번국임에 소원한 일. 651년의 당 고종의 경고대로 이행하지 않은 사실(신라로부터 탈취한 영토를 반환하고 화친하라)이었을 것이다. 사비성의 함락을 목전에 둔 상황에서 항복의 의식이 아닌 이와 같이 과오를 빌고 군사를 거두어 달라는 의식에 대하여 철수할 일말의 가능성이 없는 것으로 보이는 상황에서 두 번이나 비상식적인 의식을 취한 배경은 무엇이었는지 검토해 볼 필요가 있다고 생각된다.

기록을 보면 백제를 멸한 후 당 고종이 복명하는 소정방에게 왜 신라를 정벌하지 아니하였는가. 질문한 사실은 당나라가 백제를 멸하여 신라에게 넘겨 줄 의사가 없었음을 고증하는 문헌자료40)라고 본다. 백제를 점령한

---

36) 『三國史記』권 21, 「高句麗本紀」9, 보장왕 3년조(서기 644.11).
37) 『三國史記』권 22, 「高句麗本紀」10, 보장왕下 8년조(서기 649.4) "…八年 夏四月 唐太宗 前 遼詔罷遼東之役…".
38) 『三國史記』권 22, 「高句麗本紀」10, 보장왕下 20년조(서기 661봄).
39) 『三國史記』권 5, 「新羅本紀」5, 태종왕 7년조(서기 660) "…百濟王子 使左平覺加 移書於 唐將軍 哀乞退兵…".
    『三國史記』권 5, 「新羅本紀」5, 태종왕 7년조(서기 660.7.12) "…百濟王子又使上左平致 甕饌豊腆 定方却之 王庶子躬與佐平六人脂前乞罪 又揮之…".
40) 『三國史記』권42, 「列傳」2, 김유신中 태종왕 7년조(서기 660).

후 신라에 계림도독부를 설치하고 백제 고지(故地)를 5도독부(五都督府)로 분할하여 통치하려 했던[41] 일련의 사실에서 당이 백제를 복속시켜 신라와 함께 고구려를 공략하려 한 의도를 백제는 잘 알고 있었을 것으로 추측된다. 이와 같은 당의 의도는 백제를 점령한 후 660년 11월 대 고구려의 침공을 개시한 사실과 664년 8월 당 고종의 명에 따라 유인원, 신라 김인문, 백제 웅진도독 의자왕의 아들 부여 융과 함께 신라와 백제의 화친을 맹약한 취리산 회맹(就利山會盟)[42]으로 당의 분명한 속내가 재확인된다.

이와 같은 배경에서 백제 왕자가 당에 번국(蕃國)의 예를 다할 것이니 분노를 풀고 군사를 철수해 달라는 의식을 행한 것임을 알 수 있다. 그러나 소정방은 두 번 모두 이를 물리쳤다. 점령을 앞두고 항복의 의식이 아닌 군사를 철수해달라는 비상식적인 의식을 취한 백제의 의식행위는 당시 백제가 당과 관계 개선 여지가 있었음을 보여주는 사건이었다고 본다.

660년 6월 18일에 태종왕은 군사를 이끌고 남천정(이천)에 이르고 6월 21일 태자 법민은 병선 100여 척으로 덕물도(덕적도)에 도착하여 당의 소정방 군을 환영한[43] 움직임을 의자왕은 알고 있었을 것이다. 그러나 당의 군사가 덕물도에 도착한 6월 21일에서 7월 9일 황산전투 개시 전 20여 일간의 화급한 시간에 의자왕의 전투에 대비한 기록을 보면 우왕좌왕하였음을 알 수 있다.[44] 이와 같은 의자왕의 대처는 반역 대신들의 음모를 감안할 때에 비로소 이해될 수 있는 일이라고 본다.

---

41) 『舊唐書』, 권 199 上, 「列傳」, 149上 東夷 百濟國
　　"…顯慶五年 蘇定方統兵討之 大破其國 虜義慈及太子隆 小王孝演 僞將五十八人等送於京師 上責而宥之 其國舊分爲 五部 統郡三十七 城二百 戶七十六萬 至是乃以其地分置熊津 馬韓 東明等五都督府…".

42) 『三國史記』 권 7, 「新羅本紀」 7, 문무왕下 용삭 3년(서기 663) "…麟德元年(서기 664) 復降嚴勅 責不盟誓 卽遣 人於熊嶺 築壇共相盟會 仍於盟處 遂爲兩界 盟會之事 雖非所願 不敢違勅 又於就利山築壇 對勅使劉仁願 歃血相盟 山河爲誓 畫界立封 永爲疆界 百姓居住 各營産業.

43) 『三國史記』 권 5, 「新羅本紀」 5, 태종무열왕 7년조(서기 660.6.18).
　　『三國史記』 권 5, 「新羅本紀」 5, 태종무열왕 7년조(서기 660.6.21).

44) 『三國史記』 권 28, 「百濟本紀」 6, 의자왕 20년조(서기 660) "…王猶豫不知所從…".

신라군과 당 군의 움직임이 사비성에 전달되었을 때 관련 정보를 의자왕에게 전달하는 의자왕 주변의 인물은 임자의 영향력 아래에 있었던 것으로 추측된다. 임자는 백제의 국사를 전담하는 위치에 있었기 때문이다.45) 의직과 상영 등 대신들 간의 나당군의 침공에 대한 대처방책의 이견에 따른 논쟁은 이를 빙자한 지연작전이었으며46) 급박한 시간에 흥수의 의견을 듣고자 고마미지현까지 사람을 보내는 일은 지연공작으로써 급기야 백제 요충지인 탄현을 신라군이 무사히 넘어오게 하는 음모에 성공한 것으로 보이기 때문이다.

의자왕은 당과 신라의 연합공격에 대한 판단과 대처에서 형세와 힘의 균형에 대한 인식을 오판하여 이에 대한 대안을 마련하여 대비하지 못하였다. 고구려와 왜(倭)는 나당 연합군의 백제 정벌 전투에 아무런 지원도 하지 못하였다. 이는 의자왕이 고구려, 왜와 화친하여 나당에 대응하고자 한 연합이 임자의 방해공작에 의하여 대외 교섭이 시도되지 못하였기 때문으로 생각한다. 신라는 655년 이후 좌평 임자와 함께 백제 내부 사정을 유리한 국면으로 조성함과 동시에 당의 고구려 정벌 야욕을 잘 아는 신라가 선(先) 백제 정벌한 후 협공하자는 전략으로 당 고종을 설득한 신라 외교에 당 고종이 동의했다고 본다.

문무왕 6년조(659) 기록은 당이 내년(660) 5월에 백제를 정벌할 계획임을 기록하고 있으며47) 백제 정벌을 앞두고 당은 659년 11월 성동격서(聲東擊西)로 고구려 북방을 침공하여48) 백제와의 연합을 교란시킨 것으로 추측한다.

나당의 대 백제 정벌은 이와 같은 백제 내부 정국을 유리하게 조성한 신

---

45) 『三國史記』권 42, 「列傳」 2, 김유신中 영희 6년(서기 655) "…吾們 專百濟之事…".
46) 『三國史記』권 28, 「百濟本紀」 6, 의자왕 20년조(서기 660) "…於時 大臣等不信曰 興首在纓紲中 怨君而不愛國 其言不可用也…".
47) 『三國史記』권 5, 「新羅本紀」 5, 태종왕 6년조(서기 659.10) "…昨到大唐 認得皇帝命大將軍蘇定方等 領兵以來年五月 來伐百濟…".
48) 『三國史記』권 22, 「高句麗本紀」 10, 보장왕下 18년조(서기 659.11) "…冬十一月 唐右領軍中郞將薛仁貴等 與我將溫沙門 戰於橫山 破之…".

라가 당 고종에게 고구려의 참전이 없을 것임을 설득하여 고구려에 앞서 선(先)백제 정벌이 전격적으로 결정되어 실행된 것으로 본다[49].

기록을 보면 이전에도 신라는 당에게 백제를 응징할 군사의 파병을 여러 차례(5회) 요청하였으나 당은 이에 응하지 않았다. 당 고종의 전격적인 백제 정벌 결정[50]은 전적으로 김유신의 지모에 의하여 좌평 임자를 회유하여 여건을 유리하게 조성한 것이 결정적인 원인이었다.

655년 당시의 백제와 신라의 힘의 균형과 국제관계는 김유신이 언급한 바와 같이 나라의 흥망을 알 수 없는 호각지세 형세였다고 볼 수 있을 것이다. 의자왕이 나당연합에 대비하여 고구려와 왜(倭)와의 연합이 교섭되어 나당의 침공 시 고구려의 참전이 예비 되어 있었다면 당 고종은 백제의 정벌을 함부로 결정하지 못하였을 것으로 추측한다. 이는 무왕 이래로 실지양단(實持兩端) 정책으로 당과 고구려 사이에서 힘의 균형을 잘 유지해온 역사로 알 수 있다. 백제 패망 후 왜(倭)는 뒤늦게 부흥군 무왕의 조카 복신(福信)의 요청으로 군사 2만 7천을 파병[51]하여 백제를 구원코자 하였으나 주류성(周留城)과 백촌강(白江)전투에서 대패(大敗)하였다.[52] 백제의 패망은 고구려의 패망과 직접적으로 연관되어 있음을 볼 수 있다. 즉 백제의 패망이 없었다면 고구려의 패망도 초래되지 않았을 것이다.

살펴본 바와 같이 승자가 기록한 역사이기 때문으로만 볼 수 없는 의자왕 재위시의 전투와 대 당 외교 사실과 전쟁에 임박한 20여 일간의 대처상황 등의 객관적인 사실에 근거하여 위와 같이 분석됨을 알 수 있다.

의자왕이 태자가 될 때(무왕 33, 서기 632) 용감하고 대담하며 부모에

49) 『三國史記』 권 42, 「列傳」 2, 김유신中 영휘 6년(서기 655) "…任子曰 爾所專 我己悉知 可歸告之 遂來說 兼及中外之事 丁寧詳是 於是 愈急幷呑之讀…".
50) 『三國史記』 권 5, 「新羅本紀」 5, 태종왕 7년조(서기 660.3) "…唐高宗命左武衛大將軍蘇定方 爲神丘道行軍大摠管 金仁文爲副人摠管…".
51) 『日本書紀』 권 27, 天智天皇 2년.
52) 『三國史記』 권 7, 「新羅本紀」 7, 문무왕下 龍朔三年(서기663) "總管孫仁師領兵 來救府城 新羅兵馬 亦發同征 行至周留城下 此時 倭國船兵 來助百濟 倭船千艘 停在白江 百濟精騎 岸上 守船 新羅驍騎爲漢之前鋒 先破岸陣 周留失膽 遂卽降下…".

- 17 -

효도하고 형제간에 우애가 있었으므로 해동증자(海東曾子)라고 불렸다는 기록은 즉위 9년 전의 무왕 시대의 태자 시절을 기록한 것이다.53)

III. 左平 任子의 반역

삼국사기 42권 열전 제2 김유신(中)을 보면 신라 첩자 조미압(租未押)을 이용한 김유신의 백제 좌평 임자의 회유 내용이 적나라하게 기록되어 있다. 백제의 국사를 전담하는 임자에게 나라의 흥망은 알 수 없는 것이니 만약 그대의 나라가 망하면 우리에 의탁하고 신라가 망하면 내가 그대에게 의탁하기로 하자 회유하니 수개월 망설이던 임자는 드디어 반역의 길을 선택하였다. 그때가 서기 655년이었다.54)

임자는 왜 반역의 길을 선택하였는가?

임자는 백제 좌평 중 백제의 국사를 전담하는 위치에까지 오른 사람이다. 임자는 성충과 마찬가지로 당시 백제 주변 형세를 알고 있었을 것으로 보인다. 두 가지 측면에서 추측해 볼 수 있다. 임자는 당나라와 신라의 움직임을 알고 있었을 것이므로 당과 신라가 연합하여 백제를 침공해 올 경우 백제는 불가항력이라 예측하여 그 형세를 따라 김유신의 회유에 응하였을 것으로 추정할 수 있다. 한편 이와 같은 주변 형세에 대하여 의자왕이 전쟁 대응책을 대비하지 아니하고 국사에 전념하지 아니하여 내부 권력의 분열(分裂)로 실망하여 반역의 길을 선택하지 않을 수 없는 상황이었을 수 있다고 본다.

성충의 투옥 기록은 656년 3월이며55) 임자가 반역의 길에 나선 시점은

---

53) 『三國史記』 권 28, 「百濟本紀」 6, 의자왕(서기 641) "…義慈王 武王之元子 雄勇有膽氣 武王在位 三十年 立爲太子 事親以孝 與兄弟以友 時號海東曾子…".
54) 『三國史記』 권 42, 「列傳」 2, 김유신中 영휘 6년(서기 655).
55) 『三國史記』 권 28, 「百濟本紀」 6, 의자왕 16년조(서기 656.3) "…成忠瘦顇死 臨終上書曰 忠臣死不忘君 願 一言而死…".

655년 9월 이후이나 성충과 같은 극간하는 대신을 투옥시키는 의자왕의 행태에 실망하여 반역의 길로 간 것인지 임자의 음모에 의하여 성충이 투옥된 것인지는 분명하지 않다. 이후 임자 등은 김유신과 긴밀히 통하면서 의자왕의 나당연합에 대비한 대내외 정책의 대비책을 마련하는 것에 등한히 하도록 방해 하였을 것이고 성충과 같은 의견과는 상반되는 길을 선택하여 신라에 유리한 백제 내부 정국을 진행시켰을 것으로 추측된다.

660년 흥수의 투옥 기록은56) 의자왕의 실정에 대하여 성충과 같이 극간하였거나 의견이 다른 대신들의 음모의 결과로 의자왕이 반역 대신들의 손을 들어준 결과였을 것이다.

백제 국사를 전담하는 좌평 임자는 655년 반역의 길로 나간 후 좌평 상영, 충상, 달솔 자간, 은솔 무수와 인수 등을 포섭하여 철저히 의자왕을 기망하여 무력화시켰다고 본다. 좌평 임자는 국사를 전담할 정도로 유능하며 음모를 성사시킨 주도면밀한 인물이었음을 알 수 있다.

백제는 철저히 좌평 임자 등의 반역에 의하여 패망에 이르게 된 것으로 추정된다. 황산전투에 출전한 좌평 충상, 상영 등이 투항한 사실. 백제 패망후 왕족, 신료 93명이 당에 압송되었으나 제외된 사실57) 상영, 충상, 자간 등이 신라 관직 일길찬을 받았으며 은솔. 자간은 총관의 직을 맡고 은솔, 무수는 대나마 관등을 받고 대감의 직을 맡았으며 은솔, 인수는 대나마의 관직을 받고 제감의 직위를 맡은 사실58) 등이 이 같은 사실을 고증한다.

신라의 철저한 당 외교는 당의 힘을 이용하여 백제를 패망케 하고 삼국통일의 기반을 마련하는데 성공한 역사였다.

---

56) 『三國史記』권 28,「百濟本紀」6, 의자왕 20년조(서기 660).
57) 『三國史記』권 5,「新羅本紀」5, 태종왕 7년조(서기 660.9.3).
　　『三國史記』권 28,「百濟本紀」6, 의자왕 20년조(서기 660).
58) 『三國史記』권 5,「新羅本紀」5, 태종왕 7년조(서기 660.11.22).

1) 炭峴과 보은 三年山城

보은 삼년산성[59]은 신라군의 황산 진군 전초기지로서 이곳을 출발하여 탄현을 넘어온 것으로 보고 있으므로 산성 형태를 살펴본다.

삼국시대의 산성의 지형을 살펴보면 한쪽 면은 반드시 완만한 부분이 있다. 이는 수레 또는 기마병의 출입이 가능해야 했기 때문일 것이다.[60] 삼년산성의 지형은 서쪽이 완만하다. 서문지의 돌(石)로 된 문지방을 보면 수레바퀴로 인하여 마모되어 파인 자국(폭 1.66m)이 선명하게 남아 있다. 이는 삼국시대에 대규모 군사의 이동시에는 수레를 이용하였음이 증명되는 유적이다. 신라군은 대전 식장산 탄현을 넘어와 웅진도(熊津道)와 대전 진현성(眞峴城)(흑석동 산성)을 통과하여 수레를 동반한 신라 중군, 우군의 주력군은 원정동을 지나 개태사협곡을 무사히 빠져나와 군사를 나누어 천왕산성과 북산성을 향하여 진군한 것으로 본다.[61]

신라의 김유신은 좌평 임자와 내통하여 계백이 포진한 3영을 미리 알고 있었으므로 진현성(흑석동 산성)을 지나 기성(杞城)에 이르러 군사를 나누어 계백이 설치한 산직리산성을 향하여 좌군은 벌곡 방면으로 진군하였다. 한삼천(汗三川)에 다다른 신라군은 굳이 황룡재의 험준한 협곡으로 신라군을 진군시킬 필요가 없었다. 백제군은 대전 탄현로에서 황산(連山)에 이를 수 있는 산직리산성에 포진하였기 때문이다.

2) 황산의 開泰寺峽谷에 布陣하지 않은 의문에 대하여

백제의 방어 요충지인 탄현을 신라군이 무사히 통과하는데 성공한 좌평

59) 보은 三年山城(높이 125m, 둘레 1,680m, 면적 232,655㎡).
60) 李明鉉, 2018,「階伯將軍 最後 決戰地의 考察」, 11쪽.
61) 지헌영, 2001,「탄현에 대하여」,『한국지명의제문제』, 경인문화사.
　　　徐程錫, 2003,「炭峴에 대한 小考」,『中原文化論叢』7, 충북대문화연구소.
　　　　　　2004,「백제산성을 통해 본 황산벌 전투의 현장」,『歷史敎育』, 역사교육연구회.

상영, 충상 등은 황산전투에 계백과 함께 출전하였다.[62]

황산벌의 개태사협곡은 논산시 연산면 천호리에 소재한다. 고려 태조 왕건이 이곳에 포진하여 연산 방향에서 진군한 후백제 신검을 맞이하여 승첩함으로써 후삼국을 통일하는 결정적인 계기를 마련한 곳으로서 이를 기념하여 개태사(開泰寺)를 창건하고 개태사협곡 뒤의 산을 천호산(天護山)으로 명명하였다(『高麗史』권56 지리지1). 지형지세를 볼 때에 개태사협곡은 개태사 뒤편의 천호봉으로부터 이어져 나온 요철 형태의 산맥 줄기는 진군하는 진로를 막아 포진하기에 적합한 천혜의 지형이다.

개태사 지점의 대전 쪽에서 오는 협곡의 지형은 연산 방향보다 더 험준한 지형이다. 이곳에 백제가 포진하였다면 신라군이 돌파할 때 큰 난관이 있었을 것이다. 그러함에도 백제는 왜 이같이 험준한 요새지(要塞地)에 포진하지 않았는가 의문이 제기될 수 있다. 문헌에서 이곳에 3영을 설치하였다고 볼 근거는 찾을 수 없다. 계백은 험준한 세 곳에 영을 설치하였고 김유신은 군사를 셋으로 나누어 삼영(三營)을 향하여 삼도(三道)로 황산지원(黃山之原)을 진군하였음이 기록되어 있으며 전투의 진행 정황과 관창 우물 등도 고증되지 않기 때문이다.

황산으로 출전한 백제의 지휘부에는 달솔 계백과 기록상의 좌평 상영 충상이외에 달솔, 자간, 은솔, 은수와 인수가 함께 하였을 것으로 추정된다.[63] 이들은 이미 백제의 요충지 탄현을 방어해야 된다는 성충 흥수와 같은 의견의 지연작전을 성공시킨 주역들이라고 본다. 반역의 음모대로 형세가 진행되어 신라군이 목전에 이르게 된 상황에서 이들은 철저히 신라군에 유리한 작전 계획을 시도하였을 것이다.

---

62) 『三國史記』권 28, 「百濟本紀」6, 의자왕 20년조(서기 660) "…遣將軍階伯 帥士死五千 出 黃山與羅兵戰…".
　　『三國史記』권 5, 「新羅本紀」6, 태종왕 7년조(서기 660.7) "…三軍見之 慷慨有死志 鼓噪 進擊 百濟兵大敗 階伯死之 虜左平忠常常永二十餘人…".
63) 『三國史記』권 5, 「新羅本紀」5, 태종왕 7년조(서기 660.7).
　　『三國史記』권 5, 「新羅本紀」5, 태종왕 7년조(서기 660.11.22).

개태사협곡은 황산 제일의 요충지로서 이곳을 돌파해야 황산과 사비성으로 진군이 가능하므로 계백은 이곳에 포진하고자 하였을 것이다. 계백은 함께 출전한 좌평 상영 등 장수들과 포진 지점을 협의하였을 것이다. 이들은 개태사 포진을 적극 반대하였을 것으로 본다. 험준한 곳에 방어포진을 한다면 신라군은 그만큼 어려워지기 때문이다.

좌평 상영과 충상은 계백의 상관이었고 이들에 포섭된 달솔 자간, 은솔 은수와 인수와 같은 지휘부 장수들의 반대 의견에 계백의 개태사협곡 포진 의견은 무산되었다. 계백은 이들의 김유신과 내응(內應)한 음모를 알지 못하였기 때문이다.

계백은 전쟁을 대비하여 축성한 북산성(北山城), 천왕산성(天王山城), 산직리산성(山直理山城)에 포진하지 않을 수 없었다. 백제 결사대 5,000명은 삼영에 나누어 배치하였을 것이다. 병력을 나눈다면 전투력은 감소된다.

계백 삼영의 설영 정보와 지형에 관한 정보는 김유신에게 상세히 전달되었을 것이다. 김유신은 이를 사전에 알고 삼영을 향하여 군사를 나누어 진군하였기 때문이다.[64]

계백이 황산 제1의 천혜의 험준한 협곡지대인 요새지(要塞地) 개태사협곡에 포진하여 신라군을 저지하지 아니한 의문과 황산전투 계백삼영의 설영 배경에 관하여 살펴보았다.

3) 개태사협곡의 전래되는 地名에 관하여

연산 방향에서 볼 때 개태사협곡 초입으로부터 개태사에 이르는 지역에는 시장골, 중상골, 군장골 등의 전래되는 지명이 있다.[65]

이곳은 고려 태조 왕건과 후백제 신검과의 전쟁터이다. 그 지형지세와

---

64) 『三國史記』 5, 「新羅本紀」 5, 태종왕 7년조(서기 660.7.9) "…秋七月九日 庚信等 進軍於 黃山之原 百濟將軍階伯 擁兵而至 先據嶮 設 三營以對待 分軍三道…".
65) 『論山郡誌』, 1994. 連山面 마을 山水, 천호리 1,468쪽, 중상골 1,470쪽, 시장골 1,469쪽.

지명의 장소를 보면 시상골(屍葬골)은 개태사협곡 초입의 장소이다. 현재의 연산공원에서 천호산 산맥과 이어진 산줄기의 지형이다. 왕건은 개태사협곡 본진 이외에 개태사 초입의 이곳에 신검의 예봉을 꺾기 위한 제1차방어선의 군사를 포진시켰다고 본다.

개태사 뒤의 천호봉에서 내려온 협곡을 가로막은 요충지로 보이는 산등성이에 (馬城; 『高麗史』 권2, 태조19년9월조) 왕건의 본진이 포진하고 기다렸을 것으로 추측된다. 왕건의 1차 저지선인 시장골(屍葬골) 전투를 돌파하여 왕건의 본진(개태사)에 도달한 신검은 왕건에게 항복하였다.

따라서 시장골과 개태사협곡 내의 중상골(重傷골)과 군장골(軍葬골), 마장골(馬葬골)의 지명은 위치로 볼 때 황산전투로 인하여 연유된 것이 아니라 왕건과 신검의 전투로 인하여 전래된 지명으로서 개태사협곡 전투와 관련되어 생성된 지명으로 추정된다.

IV. 계백 三營과 신라의 三道 進軍路

황산전투에 계백은 결사대 5,000명의 군사와 출전하였고[66] 계백은 군사를 계백 삼영에 분산 배치하였을 것이다. 따라서 계백의 지휘영인 천왕산성에서 계백과 함께 주둔하여 최후 결전한 백제군은 5,000명이 안 되는 병력이었을 것으로 추정된다.

계백은 좌평 상영, 충상 등의 반대로 개태사협곡에 포진하지 못하였고 청동리의 천왕산성에 지휘영을 설치하여 주력 군사와 함께 주둔하였다. 좌영(左營)은 건너편의 북산성의 아래 끝지점인 생잿골(勝敵골)에 포진하고 우영(右營)은 대전 탄현로에서 황산에 도달할 수 있는 지형인 산직리산성에 설치하여 포진한 것으로 본다.[67] 산직리산성은 황산의 천왕산성(天王山城)

---

66) 『三國史記』 권 28, 「百濟本紀」 6, 의자왕 20년조(서기 660).
67) 이명현, 2018, 앞의 논문, 7-9쪽.

과 북산성(北山城)에 도달 할 수 있는 요충지인 동시에 개태사협곡에 포진할 경우 배후를 차단당하여 원정동 방향에서 진군하는 신라군과 함께 앞뒤로 협공당할 수 있는 지형지세이므로 산직리산성(山直里山城)의 포진 결정은 우선적이었다고 본다.

대전 탄현로에서 두 방향의 진로 외에 황산으로 진출할 수 있는 진로는 없다. 대전 탄현로는 이조시대 채색으로 제작된 연산현 고지도[68]를 보면 대전 기성에서 원정동 개태사 황산에 이르는 길과 기성에서 벌곡면 한삼천에서 산직리산성 신흥리 은진에 이르는 길이 선명하게 표기되고 있어 고대에도 황산에 이르는 주요 통로였음을 알 수 있다.(도면2) 산직리산성에서 신양리로 넘어가는 고개를 옛 지도는 라치(羅峙)로 표기하고 있으며(大東輿地圖 1861 김정호. 도면3) 나래치(羅來峙)(신라군이 넘어온 곳)로 지명이 전래되고 있다.

신라군의 삼도(三道)는 개태사협곡을 나온 신라군이 군사를 나누어 계백이 주둔한 천왕산성의 취약지인 매봉 천왕산성 서쪽의 성곽 아래 청동리(산소골)에 이르는 연산리, 청동리 벌판으로 진군한 김유신 중군의 1도와 북산성을 향하여 연산리 벌판을 진군한 우군 김흠순(김유신의 제)[69]의 2도와 벌곡 한삼천(汗三川)을 지나 산직리산성을 함락하고 나래치를 넘어와 신양리 벌판과 명암리를 지나 여수고개 토성으로 진군하여 중군 김유신과 합류한 좌군 품일의 3도로 추정된다.[70] 신라는 11일 4회 패퇴하여 고전중인 김유신의 중군과 좌군 우군이 합류한 후 천왕산 정상 매봉의 서쪽 성 아래 산줄기에서 (의병장 백봉 묘 소재) 황산 최후 결전이 벌어졌다.[71] (도면4,5)

---

68) 이철성, 박 범, 2015, 『옛 지도에서 논산을 만나다』, 건양대 충남지역문화연구소, 38쪽.
69) 『三國史記』 권 43, 「列傳」 3, 김유신下 건봉 원년 "…欽純 庾信之弟[或云 庾信之外甥…".
70) 이명현, 2018, 앞의 논문, 10쪽.
71) 이명현, 2018, 앞의 논문, 10-14쪽.

1) 황산벌판 전투설(신양리, 청동리)에 대하여

문헌을 보면 계백 장군은 황산 세 곳의 험준한 곳에 영을 설치하고 신라
군을 기다렸다 기록되었고 계백의 3영을 미리 알고 있는 김유신은 군사를
셋으로 나누어 3노로 진격하였다고 기록되어 있다. 그렇다면 전투는 세 곳
의 영에서 벌어졌다고 보아야 할 것이다.

1. 秋七月九日 庾信等 進軍於黃山之原 百濟將軍階伯 擁兵而至 先據嶮 設
三營以待 庾信等 分軍三道 四戰不利 士卒力竭72)

2. 遣 將軍階伯 師死士五千 出黃山 與羅兵戰73)

3. 秋七月 至黃山之原 値百濟將軍階伯戰74)

4. 至黃山之野 設 三營75)

5. 黃山之野 兩兵相對76)

문헌은 전투지로 황산(黃山), 황산지원(黃山之原), 황산지야(黃山之野)로
기록하고 있다. 황산지원, 황산지야의 원(原)과 야(野)의 국내사전을 보면
구역 범위, 벌판으로 해석하고 있다. 이것을 역사학자는 단순히 벌판으로
문리해석(文理解釋) 함으로써 이후 황산전투는 벌판에서 벌어진 것으로 잘
못 해석하여 왔다고 본다.

한어(漢語) 대사전[상해사서출판사]의 원(原)과 야(野)의 해석을 보면 구
릉이 있는 지대의 구역, 범위와 변비(邊鄙) 중앙 지역에서 멀리 떨어진 궁
벽한 시골, 변경(邊境) 변방의 땅으로 해석하고 있다.77) 따라서 벌판만으
로 해석한 종래의 해석은 단순한 문리해석(文理解釋)에 따른 오류라고 본

---

72) 『三國史記』 권 5, 「新羅本紀」 5, 태종무열왕 7년조(서기 660).
73) 『三國史記』 권 28, 「百濟本紀」 6, 의자왕 20년조(서기 660).
74) 『三國史記』 권 47, 「列傳」 7. 김영윤.
75) 『三國史記』 권 47, 「列傳」 7. 계백.
76) 『三國史記』 권 47, 「列傳」 7. 관창.
77) 『漢語大事典』 권 10, 상해사서출판사, 403쪽.

다. 황산지원, 황산지야는 황산의 벌판과 계백 삼영을 포함한 황산(連山)일
대로 재해석하여야 한다.

7월 9일~11일 3일간 벌어진 전투에서 신라의 50,000대군을 맞이하여
4회 승전하였다는 기록78)을 벌판에서 전투한 기록으로 보는 것은 가능한
일이 아닌 것으로 보인다. 추측컨대 한나절이면 전쟁이 끝났을 수도 있었을
것이다. 3일의 기간은 병사들이 취사도 하고 물도 마셨을 것이다. 그 동안
벌판에서 싸웠다고 본 견해는 문헌기록과 현장 지형지세와 전투의 진행 정
황과 관창의 우물터 등의 고증도 한 사실이 없다. 이 같은 관점에서 기존
학설의 신양리 벌판 전투설과 청동리 벌판 전투설은 성립되지 아니한다.

황산전투는 계백 삼영에서 벌어진 것으로 재정립(再定立)되어야 한다.79)

2) 天王山城과 계백장군과 관창의 전투전사지점

천왕산성은 계백이 주력군과 함께한 중영(지휘영)으로 추정되며 황산벌
의 중심에 위치한다. 북산성과 산직리산성을 함락한 신라 좌 우군은 천왕산
성의 중군 김유신과 합류하여 11일 최후 결전한 것으로 추측된다.80) 천왕
산 정상 매봉은 146m로 동, 북, 남면은 험준하고 산성 아래의 서쪽은 완만
하다. 신라의 김유신과 지휘부는 천왕산성을 공략할 때 완만한 취약지로 진
군하여 공략을 시도하였을 것이다. 삼국시대 방어를 위한 포진전술은 1차적
으로 산성을 나와 산 아래의 지형에 포진하였다. 방어군은 불리할 때 산성
안으로 후퇴하여 농성(籠城)하였을 것이다. 삼국시대의 전투 낭비성(娘臂
城)81), 무산성(茂山城)82), 도살성(道薩城)83) 전투의 기록은 성을 나와 산

---

78) 『三國史記』 권 5, 「新羅本紀」 5, 태종왕 7년조(서기 660) "…四戰不利 士卒力竭…".
　　『三國史記』 권 28, 「百濟本紀」 6, 의자왕 20년조(서기 660) "…新羅王遣將軍庾信 領精兵
　　五萬而赴之…".
79) 이명현, 2018, 앞의 논문, 7-14쪽.
80) 이명현, 2018, 앞의 논문, 10-12쪽.
81) 『三國史記』 권 4, 「新羅本紀」 4, 진평왕 51년조(서기 629) "…副將軍庾信 侵高句麗娘

아래에 포진하였음이 고증된다. 계백은 천왕산 매봉 서쪽 토성 아래의 유리한 산줄기(현 의병장 백봉 묘 지역)를 선점하여 포진했을 것으로 추정된다. 거북산 줄기를 타고 진군한 신라군은 건너편 산줄기(매봉~거북산)에 포진한 후 양군이 대치하였을 것이다.

백제군 포진 지점과 신라군의 포진 지점의 지형은 양군이 대치하여 관창이 말을 타고 돌격이 가능한 지형의 청동리지야 끝자락으로 유리한 지형의 산줄기에 포진한 백제군을 불리한 황산지야(黃山之野)의 끝자락에서 공격한 것으로 보이는 지형이다.

황산 전투 3일간 신라 50,000대군의 전투 수행 시에는 취사와 물을 음용하였을 것이다. 신라군 포진 추정지에는 실제로 우물(샘물)의 흔적이 있다. 문헌은 관창이 단독 돌격하나 계백의 인의정신(仁義精神)으로 1차 생환한 후 아버지인 품일에게 "제가 적장의 목을 베지도 못하고 깃발을 탈취하지 못한 것은 목숨이 두려워서가 아닙니다." 라는 어록을 남기고 우물물을 손으로 떠 마신 후 다시 돌격하였으나 목을 베인 후 말안장에 매여 왔다.[84]

황산 최후 결전은 신라 삼군(三軍)이 합류한 후 벌어졌다. 김유신과 좌우장군이 함께 하고 관창의 희생을 보고 분격한 삼군이 북을 치고 함성을 질러 돌격하여 백제군을 쳐부수었다고 기록되어 있다.[85] 계백장군과 관창은 매봉 서쪽 토성 아래 현재의 의병장 백봉 묘가 소재하는 산줄기 접전 지점에서 사망하였을 것이다.

臂城　麗人出城列陣…".
82) 『三國史記』 권 28, 「百濟本紀」 6, 의자왕 7년조(서기 647.10) "…進屯新羅茂山城下…".
83) 『三國史記』 권 5, 「新羅本紀」 5, 진덕왕 3년조(서기 649) "…進屯於道薩城下…".
84) 『三國史記』 권 5, 「新羅本紀」 5, 태종왕 7년조(서기 660.7.9) "…官狀曰 唯 以甲馬單槍 徑赴敵陣 爲賊所擒 生致階伯 階伯俾脫青 愛其且勇 不忍加害 …乃許生還 官狀告父曰 吾入敵中 不能斬將搴旗者 言豈 以手掬井水飮之 更向敵陣疾鬪 階伯擒斬首 繫馬安鞍以送之…".
85) 『三國史記』 권 5, 「新羅本紀」 5, 태종왕 7년조(서기 660.7.9) "…三軍見之 慷慨死志 鼓譟進擊 百濟衆大敗階伯之死之…".

[도면1] 黃山(連山) 開泰寺峽谷 全圖

[도면2] 開泰寺, 山直里山城 길 - 1872

연산현지도

연산현지도 | 連山縣地圖 | 1872년 | 25.5cm×36cm | 서울대학교 규장각 한국학연구원 소장

1871년 중앙정부의 명령에 따라 1872년에 연산현에서 만들어 올린 채색 지도이다.

- 29 -

[도면3] 大東輿地圖 連山縣 (北山, 羅峙) — 1861.김정호

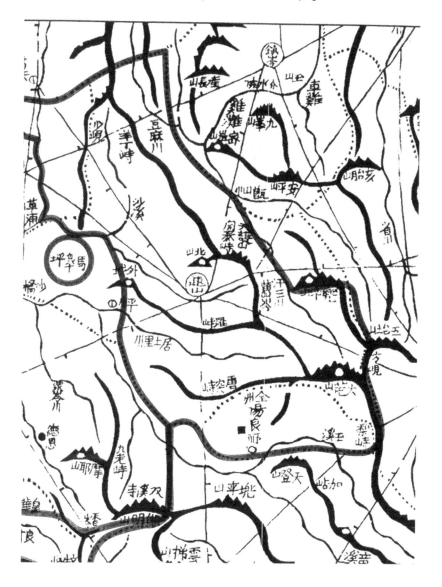

[도면4] 天王山城 全景

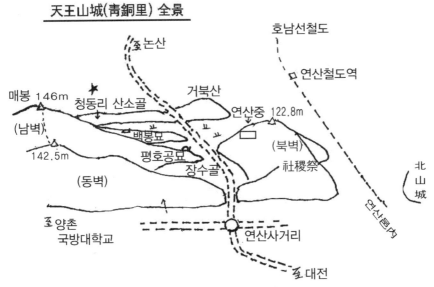

天王山城(靑銅里) 全景

호남선철도

→ 논산

연산철도역

매봉 146m △   청동리 산소골   거북산

(남벽)   연산중 122.8m

△   배봉묘   (북벽)

142.5m   평호공묘

(동벽)   장수골   社稷祭   北山城

→ 양촌   국방대학교   연산사거리

연산읍내

→ 대전

- 31 -

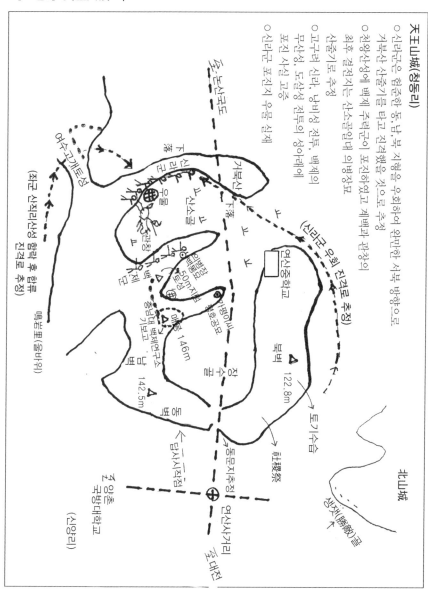

天王山城(청동리)

○ 신라군은 험준한 동.서.북 지형을 우회하여 안만한 서북 방향으로 가북산 산줄기를 타고 진격했을 것으로 추정

○ 천왕산성에 백제 주력군이 포진하였었고 계백과 관창의 최후 결전지는 산소골인데 의병장묘

○ 신축기로 추정

○ 고구려 신라, 낭비성 전투, 백제의 무산성, 도살성 전투의 성아래에 포진 사실 고증

○ 신라군 포진지 유운 실제

V. 結 論

의자왕 재위 시 신라와의 전쟁을 분석한 바 즉위 후 12회의 전투 중 9회 선제공격하여 8회 승리하였고 101개의 성을 공취함으로써 대 신라 우위의 국력을 과시하였다. 의자왕은 강인하고 용맹하여 자주적이며 자만한 성품의 군주였던 것으로 분석된다. 이는 태자 시절의 성품이 기록된 용감하고 대담했다는 기록86)과도 일치한다.

백제와 신라의 외교상황을 분석하여 본 바 신라는 백제를 견제하고 보복하기 위한 대 당(對 唐) 적극 외교를 펼쳤다. 651년 당 고종이 백제에게 신라로부터 빼앗은 영토를 반환하라 경고하였음에도 655년 정월 고구려와 연대하여 신라의 북부 33개 성을 공취하였다. 이에 신라가 당에 구원요청을 함에 따라 당은 655년 3월 고구려를 침공하였다. 655년 9월 이후 임자의 회유를 계기로 신라는 고구려의 참전이 없을 것임을 당 고종에게 설득하여 선(先) 백제 정벌 결정을 이끌어 내었다. 백제 정벌을 앞두고 당이 659년 11월에 고구려를 침공한 것은87) 성동격서(聲東擊西)로 고구려를 교란시켜 백제를 구원치 못하게 하는 전략이었다고 본다.

백제 정벌을 더욱 급히 실행88)하게 된 배경은 김유신에 의하여 회유된 백제 좌평 임자와의 내응(內應)에 의하여 의자왕의 대 고구려 연합 교섭을 방해한 것이 결정적이었다고 본다. 실제로 황산전투에 고구려와 왜는 아무런 지원도 하지 못하였다.

의자왕이 나당의 침공에 대비하여 고구려와 연합이 교섭되었다면 당 고종은 백제 정벌 결정을 함부로 쉽게 하지 않았을 것으로 추측한다. 백제의

---

86) 『三國史記』권 28, 「百濟本紀」6, 義慈王 元年 "…義慈王 武王之元子 雄勇有膽決 武王在位 三十三年 立爲太子…".

87) 『三國史記』권 22, 「高句麗本紀」10, 보장왕下 18년조(서기 659.11) "…冬十一月 唐右領 軍中郞將薛仁貴等 與我將溫沙門 戰於橫山 破之…".

88) 『三國史記』권 42, 「列傳」2, 김유신中 영희 6년(서기 655) "…任子曰 爾所傳 我已悉知 可歸告知 遂來說兼及中外之事 丁寧詳是 於時是 愈急幷呑之謀…".

- 33 -

패망은 고구려의 패망을 가져오는 결과를 초래하였다.

의자왕은 사비성 함락 시에야 비로소 "성충의 말을 듣지 않다가 이 지경에 이르게 된 것이 후회스럽구나." 깨닫게 된다.[89) 이와 같은 기록은 당시 백제가 임자 등의 의도대로 의자왕을 움직인 역사였음이 의자왕에 의해 증언되었음을 의미한다.

탄현 수비 기회가 무산된 것도 좌평 임자와, 상영, 충상 등의 방해 공작에 의한 결과였으며 탄현 수비를 무산시키는데 성공한 이들은 황산전투에 계백과 함께 출전하였다. 황산 현장에 임하여서도 이들은 신라에 유리한 적극적인 방해공작을 펼쳤을 것임은 자명(自明)하다.

계백과 백제의 5,000군사는 옥쇄(玉碎)하나 이들 20여 명 만이 투항하였다.[90)

개태사협곡은 황산 제일의 요충지이므로 계백은 이곳에 포진하고자 하였을 것이다. 계백은 황산전투의 지휘관이었으나 포진하기 전 장수들과 포진지점을 협의 하였을 것이다. 좌평 상영과 충상은 달솔 계백의 상관이다. 이들의 적극적인 반대에 계백으로서도 그 의견에 따르지 않을 수 없었을 것이다. 계백은 이들의 음모를 알지 못하였기 때문이다.

계백은 천왕산성(天王山城), 북산성(北山城), 산직리산성(山直里山城)의 3영에 포진하였다.[91) 계백과 출전한 5,000명의 결사대는 계백 삼영(階伯三營)에 분산 배치되었을 것이다. 이들은 백제 군사를 삼영에 분산시키는 계획을 주도했다고 본다. 병력의 분산 배치는 전투력의 감소를 가져온다.

황산의 개태사협곡은 좌평(左平) 충상, 상영, 달솔(達率) 자간 등에 의하여 계백의 포진이 무산된 황산벌의 탄현(炭峴)이었다.

---

89) 『三國史記』권 28, 「百濟本紀」6, 의자왕 20년조(서기 660.7) "…申兵乘勝薄城 王不知不免 嘆曰 悔不用成忠之言 以至於此…".
90) 『三國史記』권 5, 「新羅本紀」5, 태종왕 7년조(서기 660.7) "…三軍見之 慷慨有死志 鼓噪進擊 百濟衆大敗 階伯死之 虜左平忠常永等二十餘人…".
91) 李明鉉, 2018, 「階伯將軍 最後 決戰地의 考察」, 7.12쪽.

- 34 -

(참고 문헌)

1. 사료 및 사전

『三國史記』, 『三國遺事』, 『日本書記』, 『漢語大事典』, 『中韓事典』

2. 논 저

강종원, 2000, 「百濟 階伯의 身分과 政治的 性格」, 호서사학회.

곽장근, 2018, 「고고학적으로 본 梁職貢圖 백제 방소국」, 마한연구원.

김영관, 1999, 「羅唐聯合軍의 百濟侵攻戰略과 百濟의防禦戰略」, 한국해양전략연구소.

金榮官, 2005, 『百濟復興運動研究』, 서경문화사.

노중국, 2017, 『백제의 대외교섭과 교류』, 지식산업사.

노중국, 2011, 『百濟社會思想史』, 지식산업사.

道守熙, 2005, 『百濟語 語彙研究』, 제이엔씨.

徐程錫, 2003, 「炭峴에 대한 小考」, 『中原文化論叢』 7, 충북대학교문화연구소.

서정석, 2004, 「백제산성을 통해 본 황산벌전투의 현장」,
　　　　　　『歷史敎育』 91, 역사교육연구회.

成周鐸, 1975, 「百濟山城研究(連山面所在 黃山城을 中心으로)」, 충남대백제연구소.

성주탁, 1990, 「百濟炭峴小考」, 『百濟論叢』, 백제문화개발연구원.

심정보, 2010, 「백제사상 황산벌전투와 삼영설치에 대하여」,
　　　　　　『충청학과충청문화』 10, 충남역사문화연구원.

양종국, 2006, 『中國史料로 보는 百濟』, 서경문화사.

이도학, 2010, 『백제 사비성시대 연구』, 일지사.

李道學, 2018, 『삼국통일은 어떻게 이루어졌나』, 학연문화사.

이철성, 박 범, 2015, 『옛지도에서 논산을 만나다』, 건양대충남지역문화연구소.

장인성, 2001, 『백제의 종교와 사회』, 서경문화사.

池憲英, 2001, 「炭峴에대하여」, 『韓國地名의 諸問題』, 경인문화사.

충남대백제연구소, 2000, 『論山黃山伐戰迹地』.

津田左右吉, 1964, 「百濟戰役地理考」, 『津田左右吉全集』 11, 岩波書店.

池內宏, 1915, 「白江及び炭峴に就いて」, 『滿鮮地理歷史研究報告』 14.

『加平李氏世譜』, 권上, 1983, 回想社.

『論山郡誌』, 1994, 論山市.

李明鉉, 2018, 「階伯將軍 最後 決戰地의 考察」.

- 35 -

李明鉉. 48年連山靑銅里生(稅務士)

Mobile. 010-2764-0203

E-mail. mhlee@gaontax.com

21. 「탄현에 대하여」

『어문연구』6집 1970 지헌영

「炭峴」에 對하여 (上)

이 論文이 내걸은 「炭峴」은 『三國史記』 卷28 百濟本紀 第六 義慈王 20年條의 記錄에 보이는 地名이다. 同條의 記錄은

(1) 「六月……高宗．詔左衛大將軍蘇定方……統兵十三萬以來征 兼以新羅王金春秋爲嵎夷道行軍摠管 將其國兵與之合勢 定方引軍 自城山濟海 至國西德物島 新羅王遣將軍金庾信 領精兵五萬以赴之. 王聞之會群臣 問戰守之宜 佐平義直 進曰……先與唐人決戰可也. 達率常永等曰 不然……先使偏帥擊羅軍 折其銳氣 然後 伺其便而合戰則 可得以全軍而保國矣. 王猶豫不知所從. 時佐平興首 得罪流竄古馬彌知之縣 遣人問之曰 事急矣. 如之何而可乎. 興首曰 唐兵旣衆 師律嚴明 況與新羅 共謀掎角 若對陣於平原廣野 勝敗未可知也. 白江(或云伎伐浦)炭峴(或云沉峴) 我國之要路也. 一夫單槍 萬人莫當 宜簡勇士往守之. 使唐兵不得入白江 沿流而不得方舟 羅軍升炭峴 由徑而不得並馬 當此之時 縱兵擊之. 譬如殺在籠之鷄 離網之魚也. 王然之. 又聞唐羅兵 已過白江·炭峴 遣將軍堦伯 帥死士五千出黃山 與羅兵戰 四合皆勝之 兵寡力屈 竟敗 堦伯死之. 於是 合兵禦熊津口 瀕江屯兵.」

라고 보여주고 있다. 이 記錄 (1)은 「炭峴」에 對한 歷史地理的 考察의 실마리를 우리에게 던져주고 있는 것이다. 反面 이 記錄 (1)에 「炭峴(或云沉峴)」이라 「(或云沉峴)」이 덧붙여 있으므로 하여 「炭峴」은 그저 歷史地理的 考察로서만은 解決될 수 없는 새로운 課題를 提起시키는 것이다.

「沉峴」이라는 地名은 『三國史記』 卷28 義慈王16年 3月條에

21. 「탄현에 대하여」 『어문연구』6집 1970 지헌영　273

(2) 「成忠瘐死 臨終上書曰 忠臣 死不忘君 願一言而死. 臣常觀時察變 必有兵革之 事. 凡用兵 必審擇其地 處上流以延(當作迎?)敵 然後 可以保全. 若異國兵來 陸 路不使過沉峴 水軍 不使入伎伐浦之岸 據其險隘以禦之 然後可也. 王不省焉.」

라고 보이는 것이다.

上記 (1) (2)에서 (1)에 「炭峴(或云沉峴)」이라 보이는 「或云」은 「炭峴」은 或 「沉峴」이라고 異稱(別稱)되기도 하는데 그 表記를 달리할 따름 同一地點에 붙어 있던 異稱이라는 것이냐? 따라서 「興首進言」 (1) 가운데 陸路―對新 羅防衛要塞로 指摘한 「炭峴(或云沉峴)」은 成忠의 「臨終上書」(2)에서 對新羅防 禦要衝으로 指摘한 「沉峴」 그것에 넘어가지 않는 것일까?

또 (1)에 「炭峴(或云沉峴)」이라 보이는 「或云」은 「興首進言」을 記錄한 史料 에는 單히 「炭峴」이라 보이고 「興首進言」을 叙述한 다른 또 하나의 史料에 는 單히 「沉峴」이라고 보인다는 것을 傳해 주고 있는 것이나 아닐까? 따라 서 「炭峴(或云沉峴)」(1)이라는 記錄은 『三國史記』 編纂 當時 또는 그 以前의 어느 史書에서 兩種類의 史料를 綜合記錄한 痕迹을 보이는 것이나 아닐까? 或然 「炭峴」과 「沉峴」은 別個 地點에 붙어 있던 地名으로 距離가 떨어져 있 던 全然 別個 地名이나 아니었던가? 等等의 疑問이 提起될 수가 있으리라.

다음으로 『三國史記』 卷26 百濟本紀 第四 東城王 23年條에

(3) 「七月 設柵於炭峴 以備新羅」

라고 記錄된 「炭峴」이 나타나는데 新羅의 侵入에 對比하기 위하여 設柵한 이 「炭峴」(3)과 (1)에 보이는 「炭峴(或云沉峴)」은 同一地點을 指摘한 同一地名 인 것일까? 그렇지 않으면 「炭峴(或云沉峴)」(1)과 「炭峴」(3)은 別個場所에 붙 이어진 個別地名일 따름인 것일까가 疑問으로 提起될 수도 있으리라.

如何間 (1)의 「炭峴(或云沉峴)」의 「沉峴」과 (2)의 「沉峴」이라는 地名은 『三 國史記』 卷37 雜志 第六 地理志 第四 「三國有名未詳地分」 속에

(4)「……金峴城 角山城 松山城 赤嵒城 生草原 馬川城 沉峴 眞都城 高鬱府 葛嶺 支羅城 (或云 周留城) 大山柵……」

라고 들어 있어 金富軾이『三國史記』를 編次할 當時 또는 그 以前에「沉峴」은 이미 所在未詳의 地名으로 看做되었던 바를 暗示하고 있다. 反面「炭峴」(1)・(3)은「三國有名未詳地分」(4)의 秩속에 넣지 않은 것을 본다면「沉峴」과「炭峴」을 別個地名으로 다루고 있는 듯이 보이는데 或然『三國史記』編纂 當時만 해도「炭峴」의 所在地點만은 밝힐 수 있었던 것을 暗示하는 것인가 한다.

『三國史記』가「三國有名未詳地分」(4)에서는「炭峴」과「沉峴」을 各各 個別地名인 듯이 다루어 놓고「百濟本紀」(1)에서는「炭峴(或云 沉峴)」이라 統合記錄해 놓은 史書編纂의 矛盾은 本論文에서「炭峴(或云 沉峴)」의 地名學的 考察을 加함으로써 밝혀야 할 新課題가 될 듯도 하다.

「炭峴(或云 沉峴)」과「沉峴」은 저 羅濟間 戰史上에 膾炙되어 왔던 黃山戰史話의 周邊에 나타난 地名이다. (1)에

「……又聞唐羅兵 已過白江・炭峴 遣將軍堦伯 帥死士五千 出黃山 與新羅兵戰 四合皆勝之 兵寡力屈 竟敗 堦伯死之.」

라고 있어「炭峴(或云 沉峴)」의 位置를 第一次的으로 限定시켜 놓고 있는 것이다. 이 黃山戰鬪에 앞서 新羅의 軍事行動에 關한 記錄은『三國史記』卷5 新羅本紀 第五 太宗武烈王 7年 3月條 以下에

(5)「三月 唐高宗 命左武衛大將軍蘇定方 爲新丘道大摠管……伐百濟 勅王爲嵎夷道 行軍摠管 何(○嵩作師) 將兵爲之聲援. 夏五月二十六日 王與庾信・眞珠・天存等 領兵出京六月二十八日次南川停 定方發自萊州 舳艫千里隨流東下. 二十一日 王

遣太子法敏 領兵船一百艘 迎定方於德勿島. 定方謂法敏曰 吾欲以七月十日 至

百濟南 與大王兵會屠破義慈都城. 法敏曰 大王立待大軍 如聞大將軍來 必蓐食

而至. 定方喜 還遣法敏 徵新羅兵馬 法敏至言 定方軍勢甚盛. 王喜不自勝 又命

太子與大將軍庾信・將軍品日・欽春(春或/作純)等 率精兵五萬應之 王次今突城.

　　秋七月九日 庾信等 進軍於黃山之原 百濟將軍堦伯 擁兵而至 先據嶮設三營

以待. 庾信等 分軍爲三道 四戰不利 士卒力竭, 將軍欽純謂子盤屈曰 爲臣莫若

忠 爲子莫若孝 見危致命 忠孝兩全. 盤屈曰 謹聞命矣. 乃入陣力戰死. 左將軍品

日 喚子官狀(一云/言) 立於馬前 指諸將曰 吾兒 年纔十六 志氣頗勇 今日之役 能

爲三軍標乎. □□官狀曰 唯. 以甲馬單槍 徑赴敵陣 爲賊所擒 生致堦伯. 堦伯

俾脫冑 愛其少且勇 不忍加害 乃嘆曰 新羅不可敵也. 少年尚如此 況壯士乎. 乃

許生還. 官狀告父曰 吾入敵中 不能斬將搴旗者 非畏死也. 言訖 以手掬井水飮

之 更向敵陣疾鬪 堦伯擒斬其首 繫馬鞍以送之. 品日執其首 流血濕袂曰 吾兒面目

如生 能死於王事 幸矣. 三軍見之 慷慨有死志 鼓噪進擊 百濟衆大敗 堦伯死之

虜佐平忠常・常永等 二十餘人.

　　是日 定方與副摠官金仁問等 到伎伐浦 遇百濟兵 逆擊大敗之…… 十二日 唐羅

軍□□□ 圍義慈都城 進於所夫里之原…… 十八日 義慈率太子及熊津方領軍等

自熊津城來降 王聞義慈降. 二十九日 自今突城至所夫里城.」

라고 記錄되어 있어서 戰勝國인 新羅側 記錄의 具體性을 보이고 있다.

　이「新羅本紀」의 記錄(5)은「炭峴(或云/虎峴)」의 歷史地理的 考察에 副次的인
制約與件을 提供하고 있다.

　黃山戰(黃山之原)의 前後에 있어서의 羅唐聯合軍의 軍事的 動靜은『三國
史記』卷42 列傳第二 金庾信傳中에는

(6)「太宗大王七年庚申 夏六月 大王與太子法敏 將伐百濟大發兵 至南川而營時 入
　　唐請師波珍湌 金仁問 與唐大將軍蘇定方・劉伯英 領兵十三萬 過海到德物島
　　先遣從者文泉來告 王命太子與將軍 庾信・眞珠・天存等 以大船一百艘 載兵士
　　會之.
　　　太子 見將軍蘇定方 定方謂太子曰 吾由海路 太子登陸行 以七月十日 會于百
　　濟王都泗沘之城 太子來告 大王率將士 行至沙羅之停 將軍蘇定方・金仁問等

沿海入依伐浦(○依字^{當作伎})海岸泥瀆 陷不可行 乃布柳席以出師唐羅合擊 百濟滅之.」

云云으로 보이며 (5)·(6)과 同一한 事件記錄은 『三國史記』 列傳第四 金仁問傳·同 列傳第七 金令胤傳·官昌傳 等에서 散見되는 바다. 新羅太宗大王(武烈王) 7年庚申 7月의 羅濟決戰 狀況은 『三國史記』에 남아 있는 貴重한 直接的 史料인「文武王報書」新羅本紀 第七 文武王11年條에는

(7) 「……至顯慶五年(○太宗^{王七年})聖上感先志之未終 成襄日之遺緒 泛舟命將 大發船兵 先王年衰力弱 不堪行軍 追感前恩 勉强至於界首 遣某領兵 應接大軍 東西唱和 水陸俱進 船兵繞入江口 陸軍已破大賊 兩軍俱到王都 共平一國.」

云云으로 보이어 太宗大王(武烈王)이 界首에 位置한「南川」·「南川停」·「今突城」·「沙羅之停」에 나아갔던 事實을 보이고 있다.

『三國史記』 百濟本紀에 散見되는「炭峴」(1)·(2)·(3)은 從來의 여러 學者들의 注目을 끌어 그 比定問題가 提起되었다.
첫째로 順庵 安鼎福先生은「炭峴」(1)·(3)을

「炭峴 在縣東 十四里 公州境」　　　(『輿地勝覽』 卷18 扶餘山川條)

에 比擬하였던 것이다.[1] 이 安順庵의 比擬說은 今西龍博士에 依하여 받아들인 바 되어 模糊하게도 扶餘附近에 있는 現存「炭峴」일 것이라고만 言及하고 있는 터다.[2]
다음으로는 大原利武氏의 比定說을 들 수가 있다. 大原利武氏도 그에 앞서 提起되었던 安鼎福·今西龍博士의 比定說과 津田左右吉博士의 說(下記)을 度外視하고「炭峴(^{炭峴})」(1)은 現 忠南 錦山郡 當時 全北과 忠淸北道

---

1) 安鼎福 : 『東史綱目』 卷四 上.
2) 今西龍 : 「白江考」(未定稿)『百濟史研究』 所收 論文.

永同郡界에 位置하여 있는 永同郡 陽山面 加仙里의 「黔峴」에다 比定했던 것이다. 大原氏는 新羅軍은 慶州地域에서 秋風嶺을 넘어 西進하여 錦山을 通過하여 連山(黃山之原・黃山)에 나온 것이리라 推定했던 것이다.[3]

셋째로 津田左右吉博士는 「百濟戰役地理考」에서[4] 「炭峴($\frac{或云}{ 亢峴}$)」(1)은 東城王23年 7月에 設柵한 「炭峴($\frac{或云}{ 亢峴}$)」과 同一地點일 것으로 百濟 東境에 가까운 地點일 것이라 推定했던 것이다. 津田左右吉博士는

「무릇 南川(利川)에서 泗沘(扶餘) 南方에 進出하려 함에는 오늘의 陰竹(京畿) 陰城(忠北) 淸安(同上)이나 槐山(同上) 報恩(同上)을 經由하여 沃川(忠北, 忠南大田의 東)에서 連山(黃山・黃山之原)에 이르르거나 그렇지 않다면 竹山(京畿) 鎭川(忠北) 淸州(上同) 文義(上同)를 經由하여 懷德(現 大田市)을 거쳐 連山에 이르르거나 하는 두 經路가 있다. 그런데 後者는 일찍암치 敵境에 들어서야만 하는 不利點이 있다. 이와는 反對로 前者는 百濟에 對한 新羅의 策源地였던 報恩方面을 通過하는 利點이 있으므로 하여 太宗7年(義慈王20年) 7月 當時의 新羅軍(五萬)이 行動한 길은 前者를 取했으리라 본다. 따라서 「炭峴」(1)・(2)의 位置는 報恩・沃川方面에 있을 것이다.」

라고 推論했던 것이다.

넷째로는 小田省吾氏의 比擬說을 들어야겠다. 小田省吾氏는 上說해온 安鼎福・今西龍・大原利武・津田左右吉 等의 比定을 否認하고 新比擬를 試圖하였던 것이다. 小田氏는 『大東輿地圖』(全北 高山)에 보이는 「炭峴」을 注目하고 이 「炭峴」은 陸軍測量部 五萬分之一地圖에 依하면 全州郡 雲東下面 三巨里와 西坪里 사이에 있는 오늘의 「炭峙」 그것이라 하여 이 全州(高山)의 「炭峙」야 말로 「百濟本紀」에 보이는 「炭峴($\frac{或云}{ 亢峴}$)」(1)・「炭峴」(3)일 것이라고 比擬하였던 것이다.[5]

3) 大原利武 : 「百濟要害地 炭峴에 就이여」(『朝鮮』 第89號 大正11年 9月) ○朝鮮史講座 『朝鮮歷史地理』 pp.88~90.

4) 津田左右吉 : 「百濟戰役地理考」 『滿鮮歷史地理』 卷1 p.248.

5) 小田省吾 : 朝鮮史講座 『朝鮮歷史地理』 pp.193~194. 『朝鮮史大系 上世史』 p.194.

위에 列擧한 바와 같이 1930年代 初期에 이르는 동안 主로 日本人學者들 間에 「炭峴(或云岾峴)」의 位置에 關한 紛紜한 比定說의 出現을 보았던 것이다. 그런데 1934年(昭和九年) 東京帝國大學 敎授 池內宏博士는 「百濟滅亡後의 動亂 及び 唐・羅・日 三國關係」라는 論文의 附說 「白江과 炭峴에 ついて」에 以上 諸說을 批判하여 새로운 比定을 試圖하였던 것이다. 池內宏博士는 그 論文에서 大略 다음과 같이

  ㉠ 「炭峴(或云岾峴)」은 連山(黃山之原・黃山)의 東쪽에 있어야 한다.
  ㉡ 「炭峴」은 利川(南川停)에서 連山으로 向하여 南下하는 新羅軍이 當時의 交通上 通過하여야 할 中間에 位置한 顯著한 고개여야 한다.
  ㉢ 「炭峴」은 百濟 滅亡以前의 東境에 位置하여 있어야 하는데 百濟의 東境은 現大田(懷德) 地域이었을 것이다.

等 要旨를 들었고, 安順庵・今西龍의 比擬와 小田省吾・大原利氏 等의 比定說을 批判하였었다. 「一夫單槍 萬人莫當」의 峻險만을 注目한 大原利武의 論調를 反駁하여 錦山─連山間의 山間地帶는 大軍을 用兵할 通路가 못된다 一蹴했던 것이다. 小田省吾氏의 說에 對하여도 炭峙・炭峴이 同類地名일 따름 全州方面으로 가는 途中에 있는 高山 炭峙는 黃山原戰과는 關聯 지을 수 없는 炭峙일 뿐이라 했던 것이다.

  그리하여 池內宏博士는 「炭峴(或云岾峴)」(1)을 大田 東쪽 沃川郡(忠北)과 大德郡(忠南)界에 있는 馬道嶺(大東輿地圖 「遠峙」現 世稱 「머들嶺」)에 比定하였던 것이다.[6] 머들嶺(馬道嶺)은 大田・沃川間의 國道와 京釜線 鐵道가 이 고개를 달리고 있는 峻險인 것이다.

  要컨대 池內宏博士는 津田左右吉博士가 「炭峴」(1)・(3)은 報恩・沃川方面에 位置하여 있으리라 한 推定을 二十萬分之一, 五萬分之一地圖를 參酌

對照하여 具體的으로 百濟 東境 近傍에 比定한 卓越한 直觀的인 見解였던 것이다.

1934年 池內宏博士의 上揭 論文이 發表된 以後로는 「白江」과 「炭峴」의 比定問題는 韓國史學界에서 一段落된 것 같은 狀態로 들어갔던 것이다. 間或 「白江一云伎伐浦」・「周留城」 等을 東津江口・界火島 方面에 比定하려한 今西龍・小田省吾의 錯覺을 踏襲한 梁柱東氏 같은 이도 있었으나,[7] 大體로 「炭峴」・「白江」의 位置에 關하여는 津田左右吉─池內宏 兩博士의 學說에 따랐던 것이다. 『百濟古蹟案內』(扶餘博物館)가 이에 追從하여 「周留城」은 韓山의 「乾芝山城」에 比定되었고 震檀學會의 李丙燾氏도 池內宏博士의 論文에 追從하여 「炭峴(或云峴)」(1)을 「馬道嶺」(머들嶺・遠嶺)으로 比定하려 하였던 것이다.

1939年 가을 震檀學會로 李丙燾氏를 찾은 筆者는 偶然한 對話中에 「炭峴(一云峴)」(1)은 現 大田市 東에 솟아있는 「食藏山」의 古名이요 「炭峴」은 食藏山을 가로질러 넘은 고개 이름이라는 것을 指摘하였다. 그 後 數次에 걸쳐 李丙燾氏를 城北洞 舊廬로 찾는 가운데 懷德縣(大田市 北部 東部 一圓)에 「炭山(炭峙)」이 있었던 記錄上의 證據物로 『藏秘錄』(下說 參照)을 提示하고 補充한 바 있었다. 이리하여 李丙燾氏는 「食藏山」 古名이 「炭峙」 (炭峴)라는 것을 當時의 『朝鮮日報』紙上에 비쳐 놓은 바 있었다.

筆者는 1942年 「炭峴에 對하여」라는 論文을 執筆하여 公表의 機會를 기다렸던 바 8・15 解放後의 紙類饑饉過程에서 發表紙를 發見치 못했던 것이다. 1950年의 6・25動亂은 筆者의 研究材料와 原稿를 앗어 갔다. 一切의 鄙家 舊藏書마자 回錄 當하고 『藏秘錄』도 兵燹의 불길 속으로 사라져 갔던 것이다. 그 結果로 筆者의 論據는 가만한 뒤 안길로 잠겨 들어가게 되었다.

8・15~6・25 코오스를 겪은 다음 李丙燾博士는 그의 著書 『國史大觀』・『韓國史』(震檀學會編 上古史)『忠淸南道誌』 上卷(歷史編 上古史)等어

---

7) 梁柱東 : 『朝鮮古歌研究』 p.731.

서 「炭峴(或云沇峴)(1)은 現 大田時 東의 食藏山이라고 確定 發表했던 것이다. 客年 『忠淸南道誌』 編纂當時에는 筆者는 李丙燾博士・李弘稙敎授를 同伴하고 現地 「食藏山」 北麓一圓・沃川郡一帶를 走馬看山格으로나마 踏査하여 「炭峴(或云沇峴)」이라 『三國史記』(1)에 보이는 理由를 簡略히 說明한 바도 있었다. 이러한 曲折을 겪어 오늘에 와서는 大體로 「炭峴(一云沇峴)」은 大田東의 「食藏山」 古名으로 確定된 것 같은 狀態에 놓이게 된 것이 우리 韓國史學界의 現實이다.

1950年의 兵火 속에 灰燼된 『藏秘錄』系의 다른 筆寫本 出現을 기다려 筆者는 近 20年 동안 資料整備에 헤매이다가 徒然히 時日을 虛送한 셈이었다. 筆者의 舊稿 「炭峴에 對하여」가 6・25의 兵燹속으로 사라져 가고 筆者 論證의 結論만이 李丙燾博士의 여러 著書 속에 살아 있게 되었다 할지라도

(1) 「炭峴(或云沇峴)」(1)・「炭峴」(3)은 과연 歷史地理學的으로 大田東의 食藏山에 比定되어야만 할 것이냐?

(2) 「食藏山」 古名은 果然 「炭峴」이었을까?

(3) 「食藏山」 古名이 「炭峴」이었다면 炭峴이 「食藏山」으로 交替 變更된 年代는 어떻게 商量하여야 할 것인가?

(4) 「炭峴(或云沇峴)」이라는 記錄의 「或云 沇峴」은 무엇을 우리에게 보이는 것일까?

(5) 「食藏山」의 地名語原・地名語義와 「炭峴」의 地名語源 乃至 地名語義는 어떻게 摸索되어야 할 것이냐?

等 課題는 아직도 依然히 우리 學界의 疑問으로 남아 돌아가고 있다 하겠다. 따라서 筆者의 舊稿 「炭峴에 對하여」는 復元되어 公表될 價値를 依然히 간직해 내려오고 있다 보겠다.

이 論文은 이러한 學界의 疑問을 밝히기 위하여 舊稿 「炭峴에 對하여」의 復元을 劃策하여 執筆되는 것이다. 이 論文이

(1) 「一利川에 對하여—黃山·熊峴과 關聯시켜」

(2) 「支羅城(一云周留城)에 對하여」

(3) 「瓮山城에 對하여 附 熊峴 및 鞋浦의 比定」

(4) 「熊津會盟·就利山會盟의 築壇 位置에 對하여」(『語文研究』第5輯 揭載)

等 一聯의 論文들과 相應하는 것임은 이미 『語文研究』 第5輯의 鄙論文에서 言及한 바와 같다.

Ⅱ

우리는 「炭峴(或云伏峴)」(1)의 位置를 推定키 위하여 于先 「黃山」의 位置를 決定지워야 하겠다. 왜냐하면 「炭峴(或云伏峴)」(1)의 要塞는 羅濟戰史上에 가장 悽絶했던 「黃山」戰鬪說話(1)와 關聯되어 史上에 드러나 있기 때문인 것이다. 問題의 「黃山」은 『三國史記』 雜志第五 地理志三에 依據하면

「黃山郡 本百濟黃等也山郡 景德王改名 今連山縣. 領縣二 鎭岑縣 本百 濟眞峴(眞作貞)縣 景德王改名 今鎭岑縣. 珍同縣 本百濟 縣 景德王改州郡名 及今並因之.」

로 보이는 「黃山」 그것일 것이라 함은 學界가 認定하고 있는 터다. 煩雜을 무릅쓰고 「黃山郡」의 位置부터 살펴본다면

　　㋀ 「黃山郡」이 麗朝—朝鮮王朝期를 通하여 그 直轄區域이 連山縣이었음은 『三國史記』 地理志三·『高麗史』 卷56 志卷十 地理志一·『輿地

勝覽』卷18에서 的知할 수가 있다. 그리고 「連山縣」이 現 論山郡 連山面 邑內里를 治所로 하여 現 論山郡 連山面・夫赤面・陽村面・伐谷面・豆磨面 一圓이 이에 該當함을 『新舊對照 朝鮮全道府郡面里洞名稱一覽』(大正 6年 5月刊 中央市場 發行, pp.215~217)으로써 確實히 할 수가 있다. 卽 連山縣(新羅期 黃山郡直轄地・百濟期 黃等也山郡直轄地)은 現 論山郡 東北部에 자리 잡았던 것을 알 수가 있다.

ⓛ 「黃山郡」의 領縣이었던 「鎭岑縣」도 『三國史記』 地理志三・『高麗史』 卷56・『輿地勝覽』 卷18 等에서 現 論山郡 鎭岑面 內洞里(大田西部)를 治所로 하여 大田市 大德郡의 西南에 자리 잡았던 縣名임을 알 수가 있다.

ⓒ 또 「黃山郡」의 領縣의 하나였던 「珍同縣」이 朝鮮王朝期의 「珍山」으로 現 錦山郡 珍山面 邑內里를 治所로 하고 現 錦山郡 西北部 一圓을 占했었음은 『三國史記』 地理志三・『高麗史』 卷57 地理志二・「輿地勝覽」 卷33 等과 『朝鮮全道府郡面里洞名稱一覽』을 對照함으로써 的確히 할 수가 있겠다.

이리하여 「黃山郡」(黃等也山郡)은 朝鮮王朝期의 連山縣・鎭岑縣・珍山郡 一圓에 자리잡았던 것으로 現 忠南 論山郡과 大田市 및 大德郡・錦山郡의 中間에 가로놓였던 古郡이었음을 歸結 지울 수가 있다.

이와 같이 보아 온다면 (1)에 보이는

「……又聞唐羅軍 已過白江・炭峴 遣將軍堦伯 帥死士五千 出黃山」

만을 勘案한다 하더라도 「炭峴(或云 炭峴)」의 位置는 黃山(黃山之原은 下說 參照) 또는 「黃山郡」의 東方인 新羅領 接境에서 求하여야 할 것은 自明한 일이라 하겠다.

따라서 「炭峴(或云 炭峴)」(1)의 位置를 「黃山郡」의 東部에 놓여 있는 錦山郡・大田市 및 大德郡・沃川郡・報恩郡 方面에서 찾아보려 試圖한 大原利

武氏·津田左右吉·池内宏 等의 努力은 一應 正當한 것임을 理解할 수가 있겠다.

　이들과는 反對로 黄山郡의 西部에 位置하여 있는 扶餘郡의 「炭峴」에다 同類型 地名이라 하여 이를 「炭峴($\frac{或云}{沉峴}$)」(1)에 比擬하려 한 安鼎福·今西龍 等의 所見이 一蹴될 것은 事理의 當然한 바라 하겠다. 마찬가지로 黃山郡 南部에 位置하여 있는 全州郡(舊高山縣) 地域에 있는 「炭峙」에다가 「炭峴($\frac{或云}{沉峴}$)」(1)을 比擬하려 한 小田省吾의 學說이 分殊없는 見解라고 度外視當함도 理의 當然한 바라 하겠다. 全州郡 高山縣의 「炭峙」는 그 位置가 黃山郡의 東南部인 珍同(珍山)에서 比斯伐(完山 全州)方面으로 내려가는 方向에 있는 고개일 따름, 新羅領에서 百濟의 王都 所夫里(泗沘 扶餘) 方面으로 나오는 고개일 수 없기 때문이다. 더욱이나 高山 「炭峙」는 新羅領에서 黃山郡으로 나오는 길목이라고는 想像할 수도 없는 地形을 지녔기 때문이다. 設或 新羅古戰場인 「黃山」을 全州·益山·沃溝 等에다 歷史地理學的으로 確定할 수 있다면 問題는 多少 달라진다 하더라도 高山 「炭峙」는 池内宏博士가 指摘한 대로 百濟滅亡 當時에 珍山·高山·全州 等地를 包含하여 錦山郡·全州郡 뿐만 아니라 大體로 全羅道 全域이 百濟에 屬하여 있었음은 疑心할 餘地가 없는데(上揭 論文 pp.142~150) 高山 「炭峙」의 位置는 너무도 깊숙히 百濟領內로 들어와 있는 것을 어이할 길이 없다.

　東城王23年 7月에 王都 熊津(公州)을 防禦하기 위한 東部 國境의 要塞로 設柵한 「炭峴」(3)이나 興首가 王都 所夫里(泗沘·扶餘) 防衛를 위한 前哨的인 要塞로써 指摘한 「炭峴($\frac{或云}{沉峴}$)」(1) 또는 成忠이 指摘한 「沉峴」(炭峴·沉峴)(2)을 그 方向에서나 地形的으로 얼토당토아니한 高山 「炭峙」에다 이를 比定한 小田省吾의 所見은 分殊없다 아니할 수가 없다.

　이 小田省吾氏가 「炭峴($\frac{或云}{沉峴}$)」(1)에다 比擬한 高山의 「炭峙」는 『山經表』(光文會 發行) 같은 데에도 나타나는 것인데 『山經表』의 이 部分은 机上에서 山의 系譜를 마련하려한 同書의 杜撰의 痕迹이 歷然히 나타나는 部分이

기도 하다. 小田氏는 이『山經表』의 杜撰임을 現地의 地理的 條件과 對照해 보려한 痕迹을 보이지 않고 있다. 近者에도 이『山經表』의「炭峙」에다「炭峴($^{或云}_{炭峴}$)」(1)을 比擬해 보려는 安易한 所見들이 作用하고 있으므로 老婆心으로 이에 添付해 둔다.

이에서 우리는「炭峴」·「炭峙」라는 現存地名이거나「炭」字를 머리에 이은 地名이라 하여 이들을 덮어놓고「炭峴($^{或云}_{炭峴}$)」(1)에다 比定한다면 無意味한 것이 된다는 것을 알아야 하겠다.「炭峴」(숯재)·「炭洞」(숯골) 等「炭」字를 탈로 쓴 地名은 全國各地에 不知其數로 흩어져 있을 터이나 굳이 舊黃山郡 地域內에서만 찾아본다 하더라도 珍山(珍同) 北으로 十里未滿 地點인 現 錦山郡 福壽面 谷南里 近傍에도「炭峙」라는 地名이 늘어붙어 있다. 이 珍山北 谷南里의「炭峙」는 池內宏博士가 前揭 論文(p.150)에서 "珍山의 東北 二十餘町 되는 곳에도 또한「炭峙」라는 地名이 있다. 그러나 그것은 거저 놓여 있다는 그대로일 뿐"이라 하여 덮어놓고 同類型 地名이라 하여 高山縣의「炭峙」를「炭峴($^{或云}_{炭峴}$)」(1)에 빗대려한 小田省吾氏의 學說을 넌지시 비틀고 있는 바로 그것이다.

安鼎福·今西龍·小田省吾式의「炭峴」·「炭峙」類의 地名에 놀라서「炭峴($^{或云}_{炭峴}$)」(1)에 比擬시키려 한다면 黃山郡 東北面 大德郡·大田市에 峴洞面(大德)의「숯골」(楸木里)·大田市의「숯방이」(炭坊洞) 等도 있는 데다가 大德郡 山內面 二沙里와 同面 所好里(新完田) 사이에는「炭峙」(숯재)라는 地名까지 놓여 있기도 하다. 黃山郡에서 더 멀리 東北方으로 떨어져 있는 大德郡(舊新羅領)內에서도 伊南面의「炭洞」(炭峙)·靑城面의「炭峙」 等을 들출 수도 있는 터다. 그러나, 이들은 扶餘의「炭峴」·高山의「炭峙」·珍山의「炭峙」와 같이 "거저 그대로 놓여 있는 炭峙"일 뿐「炭峴($^{或云}_{炭峴}$)」과 關聯지을 歷史地理的 根據가 없는 그것일 따름이다.

以上은 (1)에 보이는

「……出黃山 與羅兵戰」

의 「黃山」을 「黃山郡」(領縣二 包含)으로 보고 推理해 본 經緯이거니와 「黃山」이라 한 羅濟古戰場을 推定해 들어가기 위하여 이 「黃山」을 「黃山郡」直轄地였던 舊 連山縣 一境을 指稱한 것으로 보고 連山縣 一圓의 自然地理的 歷史地理的 條件을 살펴보기로 한다.

앞에서 이미 指摘한 바와 같이 連山縣은 現 論山郡 連山面·夫赤面·陽村面·伐谷面 豆磨面 一圓이 이에 該當한다. 連山縣의 中心部에는 大屯山(한듬산)·兜率山(다리산)·天護山·鷄龍山의 稜線이 連亘하고 있다. 이 山稜이 東部에 놓여있는 伐谷面 一圓과 豆磨面 一圓은 山岳 山間地帶를 이루고 있어 伐谷面의 東部에 놓여있는 「珍山郡」(黃等也山郡 珍同縣)·豆磨面東部의 鎭岑縣(同上 貞峴縣) 一帶의 險峻한 山岳 山間地帶와 隣接되어 있다. 이와는 反對로 大屯—兜率—天護—鷄龍 稜線의 西部 斜面인 連山面·夫赤面·陽村面 一圓은 大體로 平原地帶를 이루고 있다. 『輿地勝覽』(卷18)의 連山縣 「形勝」條가 「山川雄麗」(鄭以吾, 鄕校記)·「地少平曠」(李詹, 義倉記)이라고 對照的으로 表現하고 있는 것은 그 要領을 보인 것이라 하겠다.

連山縣 中心部를 달리고 있는 大屯—兜率—天護—鷄龍 山稜의 中央에 位置한 天護山은 連山縣 一境의 自然的 標識가 되는 峻嶺이다. 이 天護山의 原名은 『輿地勝覽』 卷18 連山縣 「山川」條의

「黃山 一云天護山 在縣東五里. 新羅 金庾信將軍 與唐蘇定方攻百濟 百濟將軍堦伯 禦羅兵于黃山之野 設三營 四戰皆勝 兵寡力屈而死……」

라는 記錄과 『高麗史』 卷56 志第十 地理志一의

「連山郡 本百濟黃等也山郡 新羅景德王 改爲黃山郡 高麗初更今名. 顯宗九年來屬後置監務. 有開泰寺 太祖旣平百濟 創大利於黃山之谷 改山名爲天護 名寺爲開泰.」

라는 記錄을 參酌한다면 黃山이었다는 것을 알 수가 있다.

오늘에 있어서 우리가 論山郡 連山面 天護里·邑內里·黃山里東에 連亘하여 솟아있는 天護山 一帶를 調査한다면 「黃山」이라는 地名은 天護山 南端을 東南으로 伐谷面으로 넘어가는 고개 이름인 黃嶺(누르기재)와 有關함을 直觀할 수가 있겠다. 이 누르기재와 百濟期의 郡名 「黃等也山」과 新羅期의 郡名 「黃山」은 地名語源的 相關性 乃至 地名의 地理的 關聯性을 지니고 있는 듯이 보아진다.

「黃等也」는 「누르이」(nuru-i) 누들이(nutur-i) 「누륵이」(nurui)의 漢字表記일 可能性이 있는데 文周王이 熊津으로 南下奠都하기 前後하여 固有語를 지녀오던 山名 「누르이」(或은 누드리)를 「黃等也」로 表記했던 것인가 한다. 百濟期 地名 「누르이」 或은 이 「누드리」(黃等也山)가 現存名 「누르기」(黃嶺)로 어떠한 音韻變化過程을 밟아왔는지는 이 論文에서 잠시 保留해 둔다 하더라도 「黃等山也郡」 治所(百濟期)와 「黃山郡」治所(新羅期)가 「黃嶺」(黃山·黃等也山, 改名 天護山)의 西部斜面 山麓인 現 連山面 地域에 놓여졌을 可能性은 짙다.

筆者의 調査에 依하면 朝鮮王朝期의 連山縣 衙舍가 現 邑內里에 자리잡았었음은 그 建物의 一部가 남아 있는 터이므로 굳이 呶呶할 必要가 없다. 高麗期의 官衙는 連山面 邑內里北 三里地點에 있는 「咸芝山城」(『世宗實錄』地理志)·「城隍山城」(『輿地勝覽』卷18)·「北山城」下의 「官洞」(관동)이었던 것으로 地方民의 口碑에 依하여 判定된다. 高麗初에 黃山郡 官衙를 官洞里로 옮기고 「連山」이라는 新縣名으로 改稱했던 것이라 보아진다.

新羅期의 「黃山郡」 治所는 地方民의 口碑에 依하면, 「黃嶺」(누르기재) 西北 기슭에 있는 「黃山里」(邑內里. 南一里)였다고 漠然히 傳言되고 있다. 이렇게 되고 보면 百濟期의 「黃等也山郡」 治所가 問題가 되겠는데 應當 黃嶺(누르기재)의 附近인 邑內里·黃山里와 湖南線 連山驛 周邊인 高陽里·靑銅里 一圓에 있을 법하여 注目되는데 地方民의 口碑 傳說을 들을 수 없는 現狀이다.

그러나 우리는 現 連山面 邑內里·黃山里 周邊과 現 湖南線 連山驛 周

邊인 高陽里・靑銅里・閑田里・林里 一帶를 注目하지 않을 수 없다. 連山
邑內里・連山驛 一帶는 自來로 陸路交通의 中心地였던 것이니, 그 東에 가
로놓여 있는 天護山(黃等也山・黃山)의 自然的 障碍와 그 西部(西北 및 西
南里를 아울러)에 펼쳐 있던 平野地帶와의 連接地點인 特性을 지녔으므로
써다. 이러하므로 하여 連山面 一帶는 熊津(公州)에 百濟王國이 奠都했을
때에는 高山・雲州方面 珍山・錦山・茂朱・龍潭方面으로의 交通要衝이었고
江景・論山 等 沿江地域에서 鎭岑(貞峴)・大田(雨述郡) 方面으로의 魚鹽供
給路가 이 골을 지나고 있던 것이다. 百濟王國의 王都가 扶餘로 옮긴 뒤에
도 連山 邑內里・連山驛 一帶는 扶餘─乾坪(草村)─草浦(連山西 十里)─連
山─豆溪─鎭岑─大田(雨述)間 東部連絡路의 中心이 되었던 것이니, 連山에
서 東部連絡路는 天護山 西北 기슭을 지나 開泰─豆溪─鎭岑─大田(雨述)
方面으로 나오는 交通路(北路)와 連山에서 黃嶺을 넘어 杞城(貞峴)을 거쳐
大田方面으로 나오는 路程(南路)의 分岐點이 되었던 곳이기도 하다. 百濟
扶餘奠都時代에도 連山驛・連山 邑內里 一境이 珍山─錦山─茂朱─龍潭方
面으로 通來하던 重要한 交通의 要衝이었음은 百濟奠都時代와 다름이 없었
다 하겠다.

　要컨대 現 連山驛・連山面 邑內里 一帶는 熊津(公州)・所夫里(扶餘) 奠
都時代나 新羅 高麗 朝鮮王朝期를 通하여 經濟的으로 魚鹽供給路의 要點이
며 軍事・行政・交通上의 要衝을 이루고 있다 하겠다.

　이렇게 보아올 때 百濟期에 舊 連山縣 一圓에 置郡하였던 「黃等也山郡」
治所도 이를 天護山(黃等也山 黃山)의 東部에 있는 伐谷面 地帶나 天護山
稜의 西南部에 펼쳐있는 陽村面 一帶라든가 또는 天護山西로 二十里나 떨
어져 있는 夫赤面 一帶에서 이를 求하려 함은 無意味한 努力이 되겠다.

　앞에서 筆者가 「黃等也山郡」 治所도 現 連山面 邑內里 周邊과 連山驛
一帶를 注目하여야 할 것이라 한 理由는 上記한 바와 같은 自然地理的 人
文地理的 條件을 勘案한 것이었다.

　더 나아가 우리는 連山面, 邑內里 周邊(黃山里・天護里・官洞里)과 湖南

線 連山驛 一帶(高陽里·靑銅里·閑田里·林里)에서 몇몇의 古城趾를 發見할 수가 있다.

첫째로는 連山面 官洞里(邑內里 北三里) 山上에 자리잡은 뚜렷한 「咸芝山城」을 들게 된다. 이 「咸芝山城」은 『輿地勝覽』 卷18 連山縣 城郭條에

「北山城 在縣北三里 石築周一千七百四十尺 高十二尺 內有一井軍倉 地險.」

이라고 보이는 것이다. 百濟期 以來의 山城의 形骸를 남기고 있는 三重의 테를 둘은 特色이 있는 城寨다.

둘째로는 連山面 林里(連山驛 西北二粁)와 夫赤 外城里의 境界 山上에 있는 「林里土城」을 바라볼 수가 있다. 이 「林里土城」은 『大東輿地圖』(第16葉 12面)에 「外城」이라고 나타나 있는 것이다. 이 「外城」(林里土城·外城里土城)은 일찍이 池內宏博士에 依하여 「熊峴城」(『三國史記』 新羅本紀 文武王元年 8月條·同 文武王11年 「文武王報書」 條·同 金庾信傳)에다 比擬된 일까지 있는 것이다.[8]

그러나, 池內博士가 이 外城里의 「外城」에다 「熊峴城」을 比定하려 한 것은 大田·公州·論山 一境의 地理的 知識에 어두었던 所致였었다.[9] 이 「外城」(林里土城)은 文字 그대로 連山面 邑內里 湖南線 連山驛 一圓을 中心으로한 連山盆地의 밖에 자리잡은 百濟期 築城의 特色을 지닌 城砦인 것이다.

「外城」(林里土城)은 連山──林里(土城 北部 山麓)──草浦──乾坪(扶餘郡 草村面)──扶餘間 百濟期 通路의 防禦城砦를 이루는 것이니 百濟末期 特히 扶餘百濟時代의 築城으로 推定되는 것이기도 하다.

셋째로는 湖南線 連山驛南에 아렷이 남아 있는 無名土城을 찾아낼 수가 있다. 이 土城이 位置한 곳은 現 連山面 靑銅里 區域이므로 이를 「靑銅城」

---

8) 池內宏 : 「百濟滅亡後の動亂及び唐·羅·日 三國關係」(東京帝大文學部 刊 「滿鮮地理歷史硏究報告」 卷14, p.44.

9) 「熊峴城」의 位置에 關하여는 拙稿 「盃山城에 對하여」(未發表)에서 이를 밝혀볼가 한다.

(青銅里土城)이라 稱하기도 한다. 이 「青銅城」은 連山盆地의 內部에 자리잡고 있으므로 하여 前記한 「外城」(林里土城 外城里土城)과 對應시켜 「內城」이라 命名하고 싶은 것이기도 하다.

이와 같이 우리는 連山面 邑內里(連山驛) 一圓의 連山盆地의 안팎에서 세 城砦를 發見할 수가 있다. 이 三個 城砦가 連山盆地의 中心을 달리고 있던 交通路(五分岐路)와 連山盆地 防衛施設이었음은 새삼 呶呶할 나위도 없다. 그리고 이 連山 一境의 城寨施設이 百濟末期의 王都 泗沘(所夫里. 扶餘)를 防禦하기 위한 最終的인 東部防禦線의 一環을 이루고 있음도 能히 살필 수가 있으리라.

이곳에서 우리는 史書記錄으로 돌아가 보기로 한다.

都大體 『三國史記』 百濟本紀의 義慈王20年條 以後의 記錄은 戰敗國인 百濟側 史官의 記錄이라기 보다는 戰勝國 新羅側 史官의 叙述과 熊津都督府(所夫里. 扶餘)에 留鎭하였던 唐軍側의 報告가 그 根據가 되었을 것으로 보아진다. 羅濟間에 決定的인 戰鬪였던 黃山戰(黃山之原 黃山之野)에 關한 『三國史記』의 記錄(上記 (1)·(3))도 그 例外가 될 수 없음은 (1)에

「……遣將軍堦伯 帥死士五千 出黃山 與羅兵戰……」

이라고 하여 百濟側 史料라면 마땅히 「……出黃等也山」이라고 했을 것을 「……出黃山」이라고 한 것만으로도 짐작이 간다. (1)의 記錄이나 (5)의 記錄은 아무려도 新羅 景德王代 以後에 編纂된 新羅史臣의 史書가 『三國史記』(또는 그 以前의 三國史)에 再引用된 것을 暗示하는 것인가 한다.

黃山戰鬪에 關한 史書記錄은 前引 (1)·(5) 以外에 『三國史記』 列傳에 散見되는 것을 맞이할 수가 있다.

(8) 「金令胤 沙梁人 級飡盤屈之子 祖欽春(或云欽純) 角干…… 太宗大王七年
   庚申 唐高宗 命大將軍 蘇定方伐百濟 欽春受王命 與將軍庾信等 率精兵五
   萬以應之. 秋七月 至黃山之原 値百濟將軍堦伯 戰不利…….(下略)」

(9) 「官昌(或云官狀) 新羅將軍 品日之子……至唐顯慶五年庚申 王出師 與唐將
   軍侵百濟 以官昌爲副將 至黃山之野 兩兵相對…….(下略)」

(10) 「堦伯 百濟人 仕為達率. 唐顯慶五年庚申 高宗 以蘇定方爲神丘道大摠管
   率師濟海 與新羅伐百濟 堦伯爲將軍 簡死士五千人拒之. ……至黃山之野
   設三營 遇新羅兵將戰……逐鏖戰 無不一以當千 羅兵乃却 如是進退至四合
   力屈以死.」

의 三傳이 그것이다. 이 列傳의 記錄 (8)·(9)·(10)은 『三國史記』 「新羅本
紀」 太宗王 (5)를 敷衍 潤色한 것에 지나지 아니한 것 같다. (10)의 「堦伯
傳」마저도 「新羅本紀」와 「百濟本紀」가 「堦伯」이라고 한데 대하여 「階」자로
字形을 달리했을 程度에다 多少의 潤色을 加하여 壯烈한 戰爭 傳說로 形成
해 놓았을 뿐이라 보아진다.

   이에서 우리는 (8)의 「至黃山之原」·(9)의 「至黃山之野」·(10)의 「至黃山
之野」를 注目하게 되는데 이는 (5)에 보이는

(5) 「……秋七月九日 庾信等 進軍於黃山之原 百濟將軍堦伯擁兵而至 先據
   險設三營以待 庾信等分軍爲三道 四戰不利 士卒力竭…….(下略)」

은 「進軍於黃山之原」의 敷衍인 듯이 보이며 「堦伯傳」(10)에 보이는 「……
至黃山之野 設三營 遇羅兵將戰」

이라 한 것도 (5)의

「……堦伯擁兵而至 先據險設三營以待 庾信等 分軍爲三道 四戰不利」

를 縮約한 듯이 보아지는 것이다.

如何間 百濟本紀 第六 義慈王20年條가 單히

(1) 「……又聞唐羅兵 已過白江·炭峴 遣將軍堦伯 帥死士五千 出黃山 與羅兵戰 四
合皆勝之.」

라고 한 것보다 (5)가 보이는 黃山原戰의 戰況은 具體的이며 實感的이라
할 수가 있다. 앞에서 「百濟本紀」義慈王20年條 以後의 記錄은 新羅史官의
記錄과 唐側 記錄이 그 根據가 되었을 可能性이 짙다 했거니와, 이「黃山
原戰」의 叙述에서도 그 片影을 認知할 수가 있다 하겠다.

左右間 이 (5)에 보이는

「先據險 設三營以待 庾信分軍爲三道」

의 句가 크게 注目된다. 이 (5)의 「據險三營」·「三道」의 記錄은 우리로 하
여금 連山盆地의 自然景觀과 人文景觀에 새삼 符合하는 것을 直覺하게 된
다. 卽 連山盆地의 咸芝山城·外城·靑銅城의 三城寨가 位置한 地域은 自
然地理的으로 能히 連山盆地의 三險이라 할 수가 있겠고, 또 이 三城寨는
連山盆地의 東北과 西方 및 南方에 位置하여 三道로 分道攻防할 地理的 條
件을 지니고 있기 때문이다. (5)에 「先據險 設三營以待」라 보이듯이 羅濟決
戰인 黃山戰에 있어서 防禦守備側이었던 百濟軍은 旣存防禦施設에 擁據하
여 對敵했을 것에 想倒할 때 (5)·(8)의 「黃山之原」, (9)·(10)의 「黃山之野」
가 現 連山盆地였다는 것을 歷然히 보여주고 남음이 있다 하겠다.

이와 같이 보아올 때 『輿地勝覽』(卷18) 連山縣 山川條의 記錄(前引)이
헛되지 않은 正確한 所傳임을 우리는 確認하게 된다. 더욱 『高麗史』(卷56)
地理志一 連山縣條(前引)가 天護山 開泰寺(現 湖南線 廣石驛) 一圓을 「黃山
之谷」이라 한 것과 對比시킬 때 現 連山面 邑內里와 湖南線 連山驛 一圓을
『三國史記』가 「黃山之原」「黃山之野」라고 表象 記錄한 것에 넉넉히 首肯이
간다 하겠다.

이곳에 덧붙이거니와 黃山之原戰에 있어서 新羅軍은 現 天護里 邑內里

一圓에 主力部隊가 布陣하고 百濟軍의 右軍은 靑銅城(內城)에 中軍은 外城에 左軍은 咸芝山城(北山城)에 各各 布陣하여 對陣했던 것을 比定할 수도 있을 듯하다. 盤屈·官昌郞의 勇戰 戰亡한 場所도 現 連山驛 近處일 것으로 想定되기도 한다.

더 보태거니와 堦伯(階伯)將軍의 主力部隊가 防禦했으리라 보아지는 靑銅城(內城)은 「連山盆地」(黃山之原·黃山之野)의 西南에 자리잡고 있어 多分히 邑治地의 性格을 지니고 있다고 나는 본다.[10] 이 「靑銅城」(內城?)은 『日本書紀』齊明天皇 6年 庚申 9月條에

(11) 「九月己亥朔癸卯 百濟達率(闕姓名) 沙彌覺從等 來奏曰(或本云逃來告難) 今年七月 新羅恃力作勢 不親於隣 引搆唐人 傾覆百濟 君臣摠俘 略無唯類.

(或本云今年七月十日 大唐蘇定方 率船師于尾資之津 新羅王春秋智 率兵馬 軍于怒受利之山 夾攻百濟 相戰三日 陷我王城 同月十三日 始破王城 怒受利山 百濟之東境也.)

로 보이는 「怒受利山」 바로 그것이라 보고 싶다.

『三國史記』卷第五 新羅本紀第五 太宗武烈王7年條에

(12) 「七月九日 庚信等 進軍於黃山之原……二十九日 自今突城至所夫里城……百濟餘賊 據南岑貞峴 □□□城. 又佐平正武 聚屯豆尸原嶺 抄掠羅唐人. 二十六日 攻任大兵 兵多地險 不能克但攻破小柵. 九月三日 郞將劉仁願 以兵一萬人 留鎭泗沘 百濟餘賊入泗沘 謀掠生降人 留守仁願出羅唐人 擊走之 賊退泗沘南嶺 竪四五柵 屯聚伺隙 抄掠城邑 百濟 叛而應者 二十餘城.
　唐皇帝 遣左衛中郞將王文度 爲熊津都督 二十八日至三年山城 傳詔 文度面東立 大王面西立 錫命後 文度欲以宜物授王 忽疾作便死 從者攝位 畢事. 十月九日 王率太子及諸軍攻爾禮城 十八日 取其城置官守 百濟二十餘城 震懼皆降. 三十日 攻泗沘南嶺軍柵 斬首一千五百人……十月五日 王行渡鷄灘 攻王興寺岑城 七月乃克 斬首七百人 二十二日 王來自百濟論功.」

10)「百濟期의 邑治城」에 對하여는 別稿할 機會를 기다리어야겠다.

云云으로 百濟滅亡 直後의 百濟人 遊擊軍의 掃蕩作戰을 볼 수가 있는데, 太宗武烈王 7年(660 A.D) 10月 9日에서 同月 18日에 걸친 十日間의 壯烈한 攻防戰이 벌어졌던 「爾禮城」은 이를 「奴斯只(內斯只)城」에 比定할 것이냐 또는 「黃等也山城」에다 比定할 것이냐는 問題는 되겠으나 三年山城(報恩) ─ 泗沘(所夫里・扶餘)間의 가장 重要한 軍事的 要衝인 後者(黃等也山・靑銅城・怒受利山)에다 이를 比定하는 것이 옳을까 생각되기도 하는 것이다.

上述한 바와 같이 (1)・(5)・(8)・(9)・(10)에 보이는 「黃山之原」(黃山之野)를 現 論山郡 連山面 邑內里・朝陽里・靑銅里・閑田里 一圓의 連山盆地로 確定해 놓고 보면 新羅軍이 「進軍於黃山之原」한 通路도 自然 그 方向이 「黃山之原」의 自然地理的 交通地理的 關係에서 드러나게끔 될 것이다.

都是 「黃山之原」(黃山之野)를 羅濟間의 決戰場으로 選定한 것은 防衛側인 百濟軍의 戰略 所致였을 것으로 보아지는 것이다. 『三國史記』百濟本紀 義慈王20年 6月條의 記錄은 達率 常永[11]의 進策으로

「……今日之計 宜塞唐人之路 以待其師老 先使偏師擊羅軍 折其銳氣 然後 伺其便而合戰 則可得以全軍 而保國矣」

라 한 것과 大臣等이 興首의 進言을 反對하고 獻策한

「……莫若使唐兵入白江 沿流而不得方冊 羅軍升炭峴 由徑而不得並馬 當此之時 縱兵擊之 譬如殺在籠之鷄 離網之魚也.」

라 한 意見에 義慈王이 「然之」한 結果로 選定한 決戰場이었던 것으로 보아진다. 그보다도 百濟側은 義慈王20年(太宗王7年 顯慶5年) 5月 以來 7月에 이르는 동안 新羅軍의 動向과 唐軍의 動態에 對한 諜報・用閒에 그다지 等閒했으리라고는 보아지지 않는다. 決戰場으로서 「黃山之原」이 選定되기에는 이해 여름의 軍事的 情勢를 綜合 判斷한 結果로

---

11) 常永은 「新羅本紀」 太宗王7年條에 依하면, 百濟滅亡後 新羅에 歸順하여 武烈王이 「一吉湌」의 位를 주고 「摠官」으로 삼은 것이 보인다.

(1) 「遣將軍堦伯 帥死士五千 出黃山」

(5) 「百濟將軍堦伯 擁兵至 先據險 設三營以待」

한 것이었으리라 보아진다. 미리 百濟側은 新羅軍의 動向을 判斷하고 防禦戰略을 籌策한 뒤에 「黃山之原」에서 待機한 것으로 보아진다. 다만 「黃山之原」이 地形的으로 興首와 成忠이 進言한 「若對陣於平原廣野 勝敗未可知也」 또는 「處上流以延敵」(延當作迎?)이라 함과 乖離된 것은 當時의 事勢가 그렇게 만들었던 것인가도 싶다.

생각건대, 「黃山之原」 戰鬪의 前後 記錄은 戰勝國側인 新羅史官에 依하여 前鑑으로서 史實이 潤色된 듯한 面貌가 없질 않다. 卽 義慈王20年條의 『三國史記』의 記錄은 오로지 敗者 百濟側의 戰略이 無視된 채로 統三後의 新羅 史官의 史眼과 史筆에 依하여 一方的으로 修飾된 듯한 形跡이 不無한 듯이 보아진다. 百濟滅亡 直後에 福信 等의 百濟復興軍이 「熊津之東」(眞峴・雨述・奴斯只 等)에 進出하여 實施한 熊津都督府 所在地인 扶餘(所夫里・泗沘)의 唐羅軍의 餉道(運糧・運器道路) 斷絶作戰에 苦戰하여야만 했던 辛酸한 史的 經過를 겪은 新羅로서는 萬若에 百濟의 正規兵力이 崩壞하기 以前에 「熊津之東」의 軍事 施設을 基點으로 하여 積極的으로 界首地域을 防禦했더라면 勝敗를 難測했었으리라 回顧批判함직한 것이기 때문이다.

또 생각건대 數的으로 越等하게 强大한 海陸兩面의 武力과 對陣하여야만 했던 百濟側은 戰鬪兵力의 增强에 總力을 集中하여야만 했을 것이니, 自然 運糧・運器兵力을 節減할 必要가 있었을 것이기에 最終防禦線을 固守하고 侵略軍의 運糧・運器路程을 延長시켜 「待其師老」・「折其銳氣」의 策을 썼을 것이라 보아진다. 速戰速決을 願하는 遠征軍의 補給路를 延長시켜 持久戰을 劃策함은 兵家의 常籌라 할 수 있을 것이므로써다. 羅濟決戰場으로서 「黃山之原」이 選定되기에는 不過 一二日程에 넘어가지 아니하는 「熊津之東」(雨述・奴斯只・眞峴 等)에 兵器・兵糧의 準備가 없었다는 條件보다도 羅軍의 銳氣를 꺾어 大打擊을 준 다음에 扶餘・白江方面의 唐軍의 防備를 위한 反轉作戰 等을 考慮한 愼重한 選定이었으리라 보아지기도 하는 것이다.

如何間, 羅濟間의 最終의 決戰場으로서 「黃山之原」(黃山之野)이 策定되고 「死士五千」의 精銳를 集中 配置하고 待機시킨 것은 弱少兵力으로써 新羅軍에―「黃山之原」의 三營에서의 夾擊에 依하여 大打擊을 주고 反轉하여 唐의 大兵을 擊破하려던 義慈帷幄의 戰略에서 準備되었던 것이라 할지니, 蒼卒間에 百濟의 參謀陣이 唐慌한 나머지에 되는 대로 選定한 것이 아니었으리라 나는 본다. 羅人側이 報告한 (5)에

「先據險 設三營以待」

라 한 「先」・「待」 兩字는 이를 暗示하고 남음이 있으며, 黃山原戰 四合에서 堦伯이 統師한 百濟의 精銳가 決死的으로 抵抗했던 것을 봄으로써도 넉넉히 짐작이 간다 하겠다. 하물며 百濟軍이 「黃山之原」에 周到한 防禦陣을 치고 그 굴헝으로 羅兵을 誘導하기 위한 前哨部隊의 活動도 想像할 수 있는 것이라면 우리는 敗者의 戰略이었다 하여 이를 無視하거나 看過할 수는 없는 것이라 하겠다.

위에서와 같이 「黃山之原」(黃山之野)을 連山盆地로 確定하고 「黃山之原」의 戰略的 價值를 評定해 놓고 보면 侵攻新羅軍의 行動路가 雨述(大田)―鎭岑―豆溪―開泰峴(天護山北・黃嶺北)―「黃山之原」(連山)였을 것(大田―連山間 北路)은 容易하게 想定할 수가 있겠다. 速戰速決을 意圖한 五萬의 羅軍은 가장 平坦한 短距離의 路程을 밟았을 것이며, 또 이 길(北路)만이 百濟軍이 羅軍을 夾擊키 위하여 「據險設三營」한 「黃山之谷」・「黃山之原」의 中心部를 달리고 있기 때문이다.

다음으로 萬若에 當時의 新羅軍이 北路보다 훨씬 險惡한 南路[雨述(大田)―貞峴(杞城)―汗三川(伐谷)―黃嶺(天護山)―黃山之原]의 路程을 밟았었다면, 百濟軍은 「黃嶺」의 自然的 障碍에 擁據하여 專守防禦策을 썼었을 것이니,

興首・成忠이 獻策했던 「炭峴(或云沉峴)」 防禦에 못지 않게 「處上流以迎敵」하

여 山岳戰(黃嶺)이 벌어졌을 것이 뻔함으로써다.

끝으로 太宗王7年 當時 新羅軍이 永同(吉同)의 「陽山」을 侵攻基地로 삼어 陽山—黔峴—內仁江—濟原—錦山—珍山方面의 峻嶺을 이리저리 누비고 「黃山之原」(連山)에 進軍했으리라고는 想像해 볼 價値조차 없는 것이다. 萬若에 當時의 新羅軍이 이 路程을 거쳤다면 錦山·珍山方面에서 水汗峙(連山南 二十里 兜率山城下)—仁川(陽村)을 거쳐 論山川 下流의 低濕地帶를 건너 扶餘 南方에 進出했을 것이니[12] 加知奈原戰(市津縣·現 論山 皇華山城下)쯤에 벌어졌을 것이기 때문이다. 即 速戰速決·羅唐聯合을 目標로 扶餘南으로 志向하여 急進軍하는 新羅侵攻軍이 進軍의 障害가 되지 않는 百濟軍까지를 索敵하여 戰鬪를 위한 戰鬪를 벌린 것으로는 볼 수 없기 때문에, 羅軍은 百濟軍이 「據險設三營以待」하는 것을 본체 만체하고 黃山郡地域 南部를 通過하게 되어 「黃山之原」戰鬪는 벌어지지 않았을 것이다. 이곳에 더 짓궂게 蛇足인대로 添加한다면 永同의 陽山地域은 新羅의 對百濟侵攻基地로서 戰略的으로나 地理的으로나 그 價値를 度外視하여도 無妨할 것이다. 오히려 新羅側은 이 陽山地域의 防禦에 汲汲했던 形跡을 우리는 史上 記錄에서 볼 따름이다. 또 혹 太宗武烈王7年 7月 新羅軍이 이 方面으로 迂廻하여 行動을 開始했다고 假定한다면, 錦山·珍山의 山岳地帶에서 防禦戰이 벌어졌거나 黃等也山郡南의 熊峙(連山南 十里 有築城趾) 水汗峙(連山南 三十里 兜率山城下)에서 더 僅少한 兵力으로써 羅軍을 專守防禦했을 것이요 五千으로 헤아리는 精銳를 投入시켜 攻擊態勢로까지 나왔던 「黃山之原」戰鬪는 벌어지지 않았을 것이다.

더욱 侵攻新羅側이 兵略으로써 보더라도 兵器軍糧의 輸送補給에 至極히 不便한 山間의 窮谷地帶를 擇했을 理는 萬無한 것이며 設令 僥倖과 奇計로써 黃山郡 南部地域까지 新羅軍이 奇襲 到着했다손 想像할지라도 여름의 雨季가 完全히 가시지 않은 7月에 論山川 下流의 泥濘地帶로 五萬의 大軍을 몰아가는 愚昧한 作戰計劃은 아니했을 것이 分明타 하겠다.

---

12) 太宗7年 羅軍의 行動目標는 扶餘南에서 蘇定方軍과 合流聯合함에 있었다.

이로써 우리는 大原利武氏가 「炭峴(或云沉峴)」(1)을 錦山郡과 永同郡 사이에 있는 險峻한 「黔峴」에다가 比定한 想像은 小田省吾氏가 高山의 「炭峙」에다가 저를 比擬하려한 所見과 같이 籌策이 없는 엉뚱한 想像이었음을 理會할 수가 있겠다.

일찍이 池內宏博士가 上揭 論文에서

「大原氏는 秋風嶺으로부터 論山·扶餘方面으로 나아감에는 永同과 錦山 사이에 있는 黔峴을 넘어 서면 그 길은 가장 가까울 뿐만 아니라 가장 平坦한 길이라고 했었다. 地圖를 펴놓고 생각한다면 比較的 그 距離가 짧은 듯하기는 하다. 그러나 그 길은 決코 平坦치 않은데다가 錦山에서 珍山, 珍山에서 連山에 이르는 山間通路는 決코 大軍을 進擊시킬 수 없는 險峻한 길이다. 大原氏가 最上級의 文字를 써서 主張하고 있으나 不穩當한 것은 말할 나위도 없다. 이 路程과 比較하여 順路라고 할 수 있는 길은 따로 北方에 있는 것이다. 秋風嶺에서 忠淸北道의 黃澗·永同·沃川을 거쳐 馬道嶺을 넘어 忠淸南道에 들어서서 大田·鎭岑을 經由하여 連山·論山으로 나아가는 길이 그것이다. 오늘에 있어서도 京釜鐵道의 本線과 大田에서 갈리는 湖南線도 이 通路에 따라 달리고 있다. 그리고 이 路程은 오늘날의 順路일 뿐만 아니라 古代에도 마찬가지였었다.……」

云云하여 大原利武氏의 主張을 簡要하게 批判한 것은 池內宏博士의 炯眼이 번득거린 바라 하겠다.

위에서 叙述해 내려온 것으로써 安鼎福·今西龍·小田省吾·大原利武等 諸氏의 比擬說이 自然地理的·歷史地理的인 學的 討究를 缺한 分殊없는 主張이었던 것을 理會할 수가 있겠다.

以上에서 叙述한 것으로써, 太宗 武烈王7年(義慈王20年 顯慶5年) 7月에 新羅軍이 進擊한 路程은 「黃山之原」의 位置를 決定하고 「黃山原戰」의 戰略的 裏面을 究明함으로써 大田(雨述)—鎭岑—豆溪—連山(黃等也山)을 連結하는 古代 以來의 魚鹽供給路 그것이었다고 歸結지운다. 이 길목은 百濟期뿐만 아니라 新羅統一期—高麗期—朝鮮王朝期에 있어서도 順路로 通하였고

오늘에 있어서 湖南線鐵道와 大田—連山—論山間의 自動車 交通路도 大體로 그 길목을 따라 달리고 있는 터다. 이에서도 古代人들의 往來한 順路는 中世·近世人의 順路였고 交通手段이 發達한 오늘에 있어서도 다름없이 順路라는 平凡한 自然을 우리는 다시 볼 따름이다.

羅濟 戰史上에 著名한 「黃山之原」(黃山之野)戰과 關聯되어 戰略的인 地點으로 알려진 「炭峴(或云 沈峴)」(1)은 「黃山之原」(連山盆地)의 東北쪽으로 달리고 있는 開泰峴(개티고개)—豆溪(팥거리)—鎭岑—大田(雨迤)間 北路의 方向에서 이를 찾아내야만 하게끔 되었다.

첫째로 우리는 連山北 十里許에 있는 天護山 北端을 넘는 「開泰峴」[13]에나 「羊丁峙」(一名 兩丁峙·兩政峙·양정고개, 『大東輿地圖』에 보임)에다 「炭峴(或云 沈峴)」(1)을 比擬할 수는 없다. 이 「開泰峴」은 「黃山之原」과 咫尺之間의 距離에 놓여 있기 때문이다.

다음으로 北路의 豆溪와 鎭岑間에 놓여 있는 險峻한 峽中을 이루고 있는 「三閞峴」(삼안이재 或云 芳洞峴)「수랑골재」나 「石峴」(돌고개) 또는 九峰山(『輿地勝覽』에 「三岐山」으로 보인다.) 허리를 넘는 「三岐山」「或云 金谷峴 쇼점재」 一圓의 三角地帶를 우리는 注目해 본다. 連山에서 不過 三十里未滿 地點인 이 三角地帶의 峽谷은 일찍이 「鎭岑 峽口」라 하여

「兵銳撑霱氣 溪存利野心

但無三畞廣 種竹着書庵」　　　　　　　　(池光翰 『雪嶽遺稿』)

라고 읊어진 일도 있는데 (1)의 所謂

「……一夫單槍 萬夫莫當……由徑而不得並馬」

---

13) 古代·中古·近世·最近世에 있어 大田·鎭岑·儒城·懷德·沃川方面으로의 魚鹽供給은 이 고개를 通하였었다.

云云의 地勢를 이루고 있는 險峻窮阨이라 할 수도 있다. 이 「鎭岑 峽口」는
그 北쪽 五里許의 「産長山城」(「輿地勝覽」 卷18 鎭岑縣 山川條)와 南으로
七里許에는 「貞坊山城」(「大東輿地圖」 作 「密岩山城」)[14]의 城砦 施設이 이
峽口를 關防하고 있으므로 險峻窮谷이라는 것에만 關心을 集中한다면 이
「鎭岑 峽口」一圓을 「炭峴($\frac{或 云}{沉 峴}$)」에다 比定해 봄직한 阨塞이라 할 수도 있
겠다. 진즉 太宗武烈王8年 봄 百濟復興軍(鬼室·福信·道琛 等)이 江東으로
건너와 「熊津之東」을 占據하고 泗沘에의 運糧之路를 斷絶하였던 것이다.
百濟復興軍의 江東部隊가 占據한 地點이 바로 이 險峻한 「鎭岑 峽口」와 「産
長山城」,「貞坊山城」(一作定坊山城 又云密岩山城) 一圓이었던 것이다. 이에
新羅 太宗武烈王은 泗沘─新羅間의 餉道를 打開하고 包圍 當한 泗沘의 唐
軍을 解圍하기 위하여 救援軍을 發하였던 것이다. 이 救援軍은 이해 3月 5
日 그 前哨部隊가 「鎭岑 峽口」에서 潰滅하매 同年 3月 12日 大部隊가 到來
함과 同時에 「豆良伊城」(産長山城)·「鎭岑 峽口」攻防에 「一朔有六日」동안
이나 對峙하였으나 마침내 退却하여야만 했었다. 敗績·退却 途中에 新
羅兵馬의 損失이 至大하였고 이에 놀란 新羅朝廷은 濟師救援軍을 再發시켰
었으나 無爲로 돌아가 新羅는 不得已 唐軍(泗沘)에의 兵糧을 「偸道送鹽」하
여야만 했던 悽絶한 作戰을 繼續하였던 것이다.

이 新羅 太宗武烈王8年 3月의 「豆良伊城」戰에 對한 歷史地理學的 考究
와 「鎭岑 峽口」一圓의 地名語原學的 考察은 本論文과 分離시켜 달리 試圖
하기도 한다. (拙稿 「豆良伊城」에 對하여에서 別考)

要컨대 이 「鎭岑 峽口」를 넘고 있는 「三閑峴」(사마니재)·「石峴」(돌고
개)·「三岐峴」(쇠점재)·「수랑골재」의 三角地帶는 義慈王20年 當時의 百濟
境內로 깊숙이 들어와 있는 데다가 「黃山之原」(連山)에 너무 가깝다 할 수
있다. (다른 重要條件의 하나는 下文 參照)

생각건대 「炭峴($\frac{或 云}{沉 峴}$)」(1)의 「炭峴」과 (3)의 「炭峴」은 同一地點일 可能

---

14) 「貞坊山城」은 「三國史記」 卷5 新羅本紀 第五 武烈王 7年條엔 「貞峴」·同書 卷
    26 百濟本紀 第六 義慈王20年條엔 「眞峴城」이라 보인다.

性이 濃厚한 것이다. 진즉 津田左右吉博士가 上揭 論文「百濟戰役地理考」
에서 (1)의「炭峴」과 (3)의「炭峴」이 同一地點일 것이라 推定했던 것은 至
極히 穩當하고 自然스러운 見解라 할 수가 있는 것이다. 그리고 池內宏博
士가 上揭 論文에서 津田博士의 先見에 따른 것은 슬기로운 追隨라 할 수
가 있다.

如何間 우리는 (3)에 依하여 東城王이 新羅의 侵攻에 對備하기 위하여
同王 23年 7月에 設柵한「炭峴」(3)이 있음을 注目하여야 하고 그「炭峴」(3)
의 位置는 百濟 東境에 있을 것임을 推理할 수가 있겠다.

또 생각건대 東城王은 그 王號가 보이는 대로 百濟 東境―雨述郡(大田地
方)・進仍乙郡(錦山地方)・一牟山郡(淸原郡 燕岐郡)―에 築城設柵하여 以備
新羅한 業績을 남긴 君王이었음을 알 수가 있다. 百濟 東部國境地帶의 厖大
한 城砦施設(百里長城)은 大體로 東城王代의 計劃的인 築城으로 보아 틀림
이 없을 것이다. 熟知하는 바와 같이 東城王 當時의 百濟國 首都는 現「公
州」(居拔城・固麻城, 統三後의 熊津)였으므로 主로 首都「公州」防禦를 主軸
으로 하여 東部國境地帶의 要害에 設柵 築城한 것으로 보아야 할 것이다.

이와 같이 보아온다면, 百濟東部 國境地帶의 要害의 하나인「炭峴」(3)은
公州―孔岩―儒城―大田間 路程 卽 鷄龍山의 自然的 障碍를 누비어 넘는
路程(「鎭岑 峽口」北二十餘里許를 東西로 달리고 있다.)의 東部 또는 東北
部에 있을 것으로 限定시킬 수밖에 없다. 이미 앞에서 言及한 바와 같이
太宗武烈王 7年 7月에 新羅軍이 넘은「炭峴(或云 沉峴)」(1)은 進仍乙(錦山)郡內
에 있을 수 없으므로 同一地點일 可能性이 濃厚한「炭峴(或云 沉峴)」
(1)과「炭峴」(3)은 扶餘―黃山(連山)―鎭山 峽口―大田(雨述)間 路程과 公州
―孔岩―儒城―大田間 路程의 交通線이 集結(分岐)하는「大田盆地」(雨述郡)
의 東部 또는 東北部에서 이를 찾아야만 하게 되는 것이다.

더 이곳에 덧붙이거니와「大田盆地」는 現 忠淸南道 大田市 大德郡 一圓
으로서 百濟期에 있어서는 現 大德郡 鎭岑面・杞城面(以上 黃等也山郡의
管境)을 除外한 大德郡 全域이 雨述郡 管境에 屬해 있던 것이다.[15] 大田盆

地(雨述郡)의 中央을 南北으로 꿰어 뚫고 흐르고 있는 「大田川」(古名 玉溪 또는 中溪)의 東部와 東北部는 朝鮮王朝期의 懷德縣 版圖였으며 「大田川」 西部는 儒城縣(公州郡) 管境이었던 것이니, 大田盆地의 西部(儒城縣 管下地 域)는 平原地帶를 이루고 있으며 그 東部 및 東北部인 懷德縣 管下는 山岳 地勢를 이루고 있다.

따라서, 앞에서 大田盆地의 東部 및 東北部라 指摘한 것은 舊 懷德縣 管 內를 指稱하는 것이 된다. 舊 懷德縣의 地境은 朝鮮王朝期의 沃川郡(現 忠 淸北道 沃川郡)과 地境을 接하고 있는데 羅濟國境線은 懷德縣과 沃川郡 境 界와도 一致하는 것이며 現 忠淸南道와 忠淸北道 道界와도 一致하는 것이 기도 하다.16)

위에서 叙述해 내려온 것을 綜合한다면 「炭峴(或云 沉峴)」(1)·「炭峴」(3)의 位置는 舊 懷德郡 管內에 자리잡았거나 그렇지 않으면 舊 懷德縣과 沃川郡 界―卽 羅濟 國境線上에 자리잡은 것으로 限定시킬 수 있는 것이 된다. 일 찍이 池內宏博士가 上揭 論文 「白江 及 炭峴에 對하여」에서

「問題가 되고 있는 炭峴은 扶餘를 中心으로 하여 黃山郡 오늘의 連山의 저쪽에 서 찾아야 할 것이다. 저쪽이라 함은 東方을 말하는 것이며 또한 利川에서 南 下하는 新羅軍이 當時의 交通上으로 반드시 通過하여야 할 通路의 中間에 있는 두드러진 고개여야만 할 것이다. 그리고 그 고개는 同時에 百濟의 東境이어야 만 할 것이다. 百濟 滅亡後에 鬼室·福信 等에 依하여 故國復興運動이 實行된 時期에 熊津江의 西方 卽 江西의 땅을 根據地로 삼았던 百濟復興軍은 임비곰비 江東에 進出했었는데 雨述城 및 그 以西에 있는 諸城에 擁據한 일은 있었어도 그 以東의 땅에까지 미치지는 못했었다. 雨述城은 大田과 相距하기 멀지않은 懷德인데 오늘의 大田에 맞설 當時의 要衝이었던 것이다. 생각건대 이 歷史上 의 事實은 百濟 滅亡以前의 그 東境이 懷德·大田方面이었던 것을 미루게 하는 것이리라.

---

15) 「雨述郡」治所는 現大田市 大興洞 聖母女子高等學校 자리로 본다.

16) 新羅·百濟間 國境線에 對하여는 拙稿 「熊嶺會盟·就利山會盟의 築壇位置에 對하여」 『語文硏究』 第5輯 參照.

上記한 바와 같이 大田의 東方 忠淸南・北道의 道界에 있는 고개를 오늘날 馬道嶺이라 하는데 이 고개를 넘어 서면 沃川으로 나아가게 된다. 이 고개는 『大東輿地圖』에는 遠峙라고 記錄되어 있는 그것이다. 그리하여 나는 이 馬道嶺을 百濟 東境의 한 地點이라 보고 이 馬道嶺에서 炭峴을 서슴지않고 比定하려는 것이다. 馬道嶺을 넘어 서기 以前의 新羅軍은 津田氏가 想像한 바와 같이 報恩・沃川을 經由하여 온 것이라 보아진다. 報恩은 新羅의 三年山城으로서 百濟 滅亡 卽後 熊津都督으로 任命를 받고 唐나라에서 온 王文度가 病死했던 곳이기도 하다.」

云云하여 大田東으로 舊 懷德縣과 沃川郡의 郡界에 있으며 오늘의 忠淸南・北道 道界를 이루고 그리고 三南大路(漢城-東萊間 京釜鐵道 및 高速度 道路)가 넘는 地點인 「馬道嶺」(遠峙 머들령)에다 「炭峴($^{或云}_{沉峴}$)」(1)과 「炭峴」(3)을 比定한 것은 池內宏博士의 炯眼이 번득거리는 卓越한 見解라 할 수가 있는 것이다. 이러므로 하여 李丙燾氏와 扶餘博物館 등 當時의 韓國史學界가 池內宏博士의 上揭 論文이 結論에 呼應한 것은 當然한 ·일이라 할 수가 있는 것이다.

　　이곳에 다시 덧붙이어 두거니와 太宗武烈王 7年 5月 新羅軍이 王京을 떠난 뒤에 南川停(利川)에 이르렀다가 어떠한 曲折과 路程을 밟아 7月에 들어 「炭峴$^{或云}_{沉峴}$」(1)을 넘었던가는 蒼卒間에 斷定할 수는 없다. 太宗武烈王의 指揮塔(本營)은 (5)엔 「今突城」으로 보이고 (6)에는 「沙羅之停」으로 보이는데 이 「今突城」・「沙羅之停」이 新羅領의 界首에 位置하여 있는 것인지 또는 깊숙이 國道 近傍의 어느 地點인지는 詳細한 現地 研究를 겪어야 하겠기 때문이다. 아무려도 慶州—沃川間・報恩—沃川間・利川—報恩間・報恩—慶州間 等 交通線上의 여러 地點을 綜合檢討하여야만 할 줄로 안다. 진즉 安鼎福先生은 「今突城」을 尙州의 「白華山」에다 比定하였는데 이는 安順菴의 恣意 所産일 뿐 吾人은 이에 無心히 따라가는 輕忽을 犯할 수는 없다.[17] 池內宏博士는 「今突城」을 百濟北境(洪城)地域에 있던 城寨인가 하고 存疑하고 있는데 그러한 意見도 一顧의 價値가 없는 机上 論究의 所致라

---

17) 安鼎福 : 『東史綱目』

할 수가 있겠다.[18]

위에서 「炭峴$\binom{或\ 云}{沉峴}$」(1)은 大田盆地 (雨述郡)東部·北部에 가로 놓였던 朝鮮王朝期의 懷德縣 管境(雨述郡)內에 있었을 것으로 制限시켰었다. 分明히 「炭峴$\binom{或\ 云}{沉峴}$」(1)·「沉峴」(2)은 扶餘 防衛를 위한 戰略的 要害였고 黃山原戰과 不可分離의 關係를 지니고 있으므로 하여 저러한 制約이 可能했던 것이다.

그러나 한옆으로 「炭峴」(3)은 東城王 當時의 首都였던 「公州」(居拔城 固麻城 뒤의 熊川·熊州)를 防衛키 위한 東部要害였던 것이니 「炭峴$\binom{或\ 云}{沉峴}$」(1)과 「炭峴」(3)은 別個地名으로 看做하고 公州—燕岐〈$\frac{文義}{清州}$〉 方面에 「炭峴$\binom{或\ 云}{沉峴}$」(1)·「沉峴」(2)과는 다른 別個의 「炭峴」(3)이 있었으리라 疑心해 볼 수는 있겠다.

本論文은 大田盆地와 舊懷德縣 管境一圓(共히 百濟期의 雨述郡 境內)은 公州防衛를 위하여서나 羅濟 國境地帶에 接해 있던 가장 重要하고 가장 險峻한 關防이므로 하여 「炭峴$\binom{或\ 云}{沉峴}$」(1)·「沉峴」(2)·「炭峴」(3)의 探索 範圍를 雨述郡 北으로 錦江(荊江 楚江)以北에 가로 놓였던 一牟山郡 (燕岐·文義 懷仁·清州)地域으로까지 擴大시키지 않았던 것이다. 다시 바꾸어 말하면 雨述郡 管境內에 「炭峴$\binom{或\ 云}{沉峴}$」(1)이 位置해 있던 것으로 論證할 수만 있다면, 假使 雨述郡 北方에 놓여 있던 一牟山郡(一原郡 南部·報恩郡 西部·燕岐郡 南部)地域에서 새로운 「炭峴」類型의 地名을 探索해 낸다 하더라도 이에다 東城王23年 7月에 設柵하여 以備新羅한 「炭峴」(3)에 比擬할 必要는 없다고 본다. 왜냐하면 雨述郡 管境의 軍事的 價値는 그 重大性이 一牟山郡 管境의 防禦價値보다도 越等한 比重을 지니고 있기 때문이다.

「炭峴」(1)·(2)에 言及한 從來의 여러 比定說들을 網羅하더라도 이를 雨述郡地域 以北의 地域(燕岐·文義 清州·懷仁)의 어느 地點에다 比擬하려한 學說을 볼 수 없었음은 衆智의 歸趨를 보이고 있다 하겠는데, 本論文

---

18) 池內宏 : 前揭 論文 p.136.

도 炭峴 類型의 地名 炭峙·炭山이 舊懷德縣 管內에 있었음을 證明함에 그 침으로써 「炭峴」(3)의 探索範圍를 一牟山郡地域으로 까지 擴張하지 않으려 하는 것이다.

이곳에 「炭峴」(1)·(3)·「沉峴」(2) 比定을 위한 새로운 制約을 붙여 두 거니와 「炭峴」(3)—「炭峴($\frac{或云}{沉峴}$)」(1)·「沉峴」(2)에 城寨施設이 있었다는 明 記는 보이지 않으나 關防施設이 있었을 것으로 보암직하다.—에는 設柵한 遺跡이 오늘에 남아 있을 것으로 보아야 할 것이다.

本論文은 앞에서 池內宏博士가 新羅領에서 扶餘方面으로나, 公州 方面으 로 進擊해 나아갈 수 있는 四通八達의 交通要衝인 大田盆地(雨述郡) 東에 놓여 있는 莫重한 關防이라 하여 馬道嶺(遠峙·머들嶺)에다 「炭峴($\frac{或云}{沉峴}$)」 (1)·「炭峴」(3)·「沉峴」(2)을 比定한 學說을 卓越한 見解라 指摘했었다. 그 러면 우리는

(1) 「馬道嶺」(머들령)周邊에 炭峙·炭峴·炭山 等 地名이 붙어 있었던 것을 實證할 수 있는 것일까?
(2) 「馬道嶺」一圓에는 東城王代에 設柵한 城寨遺跡이 그대로 남아 있는 것일까? 그리고 萬若에 「馬道嶺」 및 「馬道嶺」 一圓의 百濟期名이 「炭 峴」 或은 「沉峴」이었다면,
(3) 「炭峴」「沉峴」이 어떠한 變遷過程을 겪어 오늘의 地名分析狀態로 現 存하게 되었는가?
等等 問題가 本論文의 남은 課題로 俎上에 올라와야 할 것이다.

從來엔 우리 韓國史學界는 歷史地理的研究나 地名研究에 있어서 文獻에 依據한 抽象的인 類聚 等 机上研究의 方法에 그치려 했었다. 上古史關係의 歷史地理的 研究나 地名研究에 있어서 『三國史記』·『高麗史』·『中國史料』 等 史書나 金石文에 依存하였음은 正當하다 할 수 있다. 그리고 近古·近 世文獻으로서 『世宗實錄地理志』·『輿地勝覽』·『大東輿地圖』·『靑丘圖』·

『山經表』等 地誌類나 古地圖 等을 이에 援用하였음도 當然한 바라 하겠다. 近者엔 五萬分之一地圖·二萬五千分之一地圖·二十萬分之一地圖 等을 利用하여 한층 그 進步性을 보이고 있다.

우리는 歷史地理的 硏究나 地名學的 硏究에 있어 아직도 硏究資料와 硏究領域의 擴張을 꾀하여야 할 必要가 있다. 地域社會生活을 反映시키고 있는 詩文集이라든가 族譜(墳墓記)·踏山記(風水秘訣) 等에 나타나는 地名을 追加하여도 좋을 것이다. 그러나 무엇보다도 우리는 地名硏究의 領域을 擴張하려함에 있어서는 現地調査·現地觀察을 基礎로 삼아야 한다고 强調하여 둔다.

本論文은 「馬道嶺」 一圓의 地名을 調査觀察·分析綜合하기에 앞서 于先 資料의 擴大를 꾀하여야 하겠다. 이미 指摘한 바와 같이 地名硏究資料의 하나로서 우리는 『踏山錄』(風水秘訣·明堂錄)을 들 수가 있다. 이 『踏山錄』·『踏山記』類는 大體로 朝鮮王朝中期 以後의 所産인 듯이 보아지는 것인데 『杜思忠秘記』·『辛吾仙秘訣』(湖南錄)·『傳玉龍子秘訣』·『傳朴師訣圖錄』·『成居士秘訣』·『羅學天訣』·『法品秘訣』 等等이 그것이다. 이들은 傳寫된 寫本인 데다가 各樣各色인 不安定한 編次를 보이고 있는 것이 常例다. 더구나 筆寫하는 過程에 必要에 應하여 部分 削除가 恣行되기도 했고 餘他의 『踏山錄』의 部分을 統合添補하기도 하여 出入이 雜多하여 한 사람의 著作으로 볼 수 없는 境遇가 많다. 그러므로 이들을 書誌의 對象으로 올려놓아도 複雜한 問題가 疊出하게끔 마련인 것이 常例다. 大體로 『踏山錄』類는 傳寫過程에서 殘簡化하는 境遇가 흔한 것이기는 하나 傳承文獻에서 除外해 버릴 수는 없다.

本論文의 緒論에서 言及한 筆者舊藏의 『藏秘錄』만 하더라도 物力과 誠意를 드린 寫本이기는 했으나 前述한 바와 같은 『遊山錄』·『踏山記』의 特質을 지니고 있는 것이었다. 『藏秘錄』은 韓紙에 精書한 菊版程度의 크기로서 張數 百餘에 達하는 部秩의 冊子였다. 그 『藏秘錄』은 筆者가 往年에

考覈한 바에 依하면 稷山에 居住했던 金某氏家藏이었던 것으로 判定되었던 것이다. 그 表紙 裏面에 끼치었던 두 節의 擇日誌(葬吉)의 四課(年月日時)를 詳考하여 그 筆寫年代는 憲宗代 以前으로 遡及되는 것이었다.

『藏秘錄』의 前半部는 『成居士訣』(姓張·名允成)인데 京畿·忠淸·慶尙 三道에 걸친 踏山記를 적은 것이었다. (全羅·江原·黃海·平安·咸鏡道 分·缺)『藏秘錄』은 成居士의 本名을 張允成이었다 傳해줄 따름 그 生卒年代는 밝혀주지 않고 있다.『成居士訣』은 動亂後 筆者가 購得한 殘簡으로서 그 一部를 例示한다면 다음과 같다.

楊州 申方艮來山下 將軍擊鼓出洞形 : 發旗屯軍案 騎龍上天格 艮卯巽來龍 陽穴艮脈甲坐辛亥得未破 內龍虎短 外龍虎長回層疊結局 外明堂平圓 山水聚合朝堂 東道峰山 西天方山 南白岳山 北高靈山 巽三角山 乾惠隱山 艮佛國山 坤見達山 八大名山 周回百餘里 雄圍五重 三十八將 峻立高屹 百子千孫 文武科甲 州牧將相封君之地. 申方四十里 高雲山盤龍形 : 望海案 伏兔望月格 百餘里艮卯來龍分派 九龍聳動 第三中大龍 五星聚講 三台降落 四面大野之中 自作結局 四面溪川交合 亥艮來龍卯作腦 卯入首卯坐 乾亥得未坤破 外明堂平圓 艮卯巽方 大川滂泡面西丁庚壬戌方 入臨津江 內左旋外右旋三十八將雄偉 東道峰山 西見達山 北高靈山 南安寧山 四大名山 周回五十餘里 雄圍五重 穴處長圓 文武科州牧將相之地.
　庚方三十里(?) 鶴飛上天形 : 祥雲案 將軍大坐格 亥艮逶迤 壬坎屈曲而下壬坐 庚辛得巽辰流 內龍虎短回辛得巽辰流內龍虎短回 內堂挾穿 外堂廣濶 大川灣環聚合 外龍虎長回 爲案結局 山中聚穴 穴處長圓 五氣照局 土色黃靑 紫藤滿棺之地 三十八將雄圍五重 天柱天太乙甲乙丙丁庚辛壬癸方大小峺 文筆峰 卓立高屹 百子千孫 文武科甲多出 州牧將相 封君一品 大賢血食之地. …… (中略　三穴秘訣) ……
　丁方四十里 三角山下 雛鳳啄木形 : 銀河案 蓮花出水格 辛兌來龍 辛兌結穴酉坐 壬艮得水合流甲方辰流 穴處土厚長圓 內龍虎短回 外龍虎蟠蹲

長回結局 明堂平圓 水口關鎖 內濶外狹 三十八將 峻立尖秀 東佛岩山 西
三角山 北道峰山 乾大利山 巽妙積山 艮方文山 坤冠岳山 八大名山 周回
三百里 山水大聚 文武科甲多出 將相一品之地.(右 成居
士秘訣)

　『藏秘錄』前半部를 占하고 있는 『成居士(張允成)訣』은 저와 같은 敍述形
式을 밟고 있으므로 成居士의 踏山範圍가 京畿·忠淸·慶尙 三道에 걸쳐
報告되어 있다손 하더라도 『大東輿地圖』『輿地勝覽』 等에 比하여 地名硏究
에 큰 도움을 주지 못한다 하겠다.
　「藏秘錄」의 後半部를 이루고 있던 「羅居士(學天)訣」은 「成居士訣」이 龍
穴·入首·坐向·得破·四表·局勢를 爲主로한 敍述임에 比하여 砂水爲主
의 敍述形式을 밟고 있어 그 性格的 差異를 보이고 있다. 例를 筆者 新所
藏의 殘簡에 依하여 들어본다면 아래와 같다.

　　┌─────┐
　　│ 楊 州 │
　　└─────┘

○ 鷄山北 金鷄抱卵形 : 右 南向穴六尺五寸 印砂在寅艮 玉帶橫前 巽辛特
　立 丙丁秀立 當代發富 二代文科並出 七代將相之地.(一云 西面鷄山
金鷄抱卵形 西向)
○ 南面道峰山北 仙人仰掌形 : 右 東向穴六尺五寸 甲卯特立 巽辛尖秀 當
　代速發 二代忠孝貞烈可貴之地.
○ 忘憂里東 東溪橋城邊 老鼠下田形 : 左 倉庫案 西向穴四尺五寸 子孫蕃
　衍 雖欠貴顯 富將崇財 二代而止.
○ 岳桂山南 金釵形 : 右 玉梳案 南向穴七尺 九曲水朝堂 辛秀木星巽聳 文
　筆 四十餘2年後始發 子孫蕃衍 五六代淸顯 文章多出之地. (右 羅鳳
眼海天訣)

　　┌─────┐
　　│ 水 原 │
　　└─────┘

○ 西面 德之寺越峴 鳴鳳山北 將軍大坐形 : 左 旗鼓案 北向穴六尺五寸 三
　代將相之地.
○ 東 蟹形 : 東向.

○ 貼堂 兄弟峰 仙女舞袖形：右 彈琴案 東向穴七尺五寸 馬上貴捍門 玉帶
掛榜 印砂得位 二代發 子孫姚姚 三代將相之地.

○ 雪倉北 盤龍形：左 雨傘案 東向穴七尺五寸 掛榜輔弼 巽辛凌雲 二代始
發 八代將相.

○ 廣德山東南麓 燕巢形：右 橫樑案 南向穴 右驛馬聳立 海水朝堂 當代武
發 文武並出.

懷 仁

○ 南面 望月山西 連珠形：左 東向穴七尺 日月捍門 雙天貴聳 玉帶印砂在
艮 掛榜橫离 六秀凌雲 當代發 三代大發 萬代榮華.

○ 七星山 葛峙龍西 仙人端坐形：右 南向穴七尺五寸 雙天貴聳 北斗壯元
峰 卓揷於震 玉帶衿前 日月捍門 當代發 七代卿相.

○ 南面(一作東)宮野洞 梅花落地形：南向 日月捍門 文筆特立於震 南臥豹石
玉帶交前 當代大發 萬代榮華.

○ 西面 南山南麓 將軍佩劍形：南向穴六尺五寸 龜蛇捍門 印砂玉帶得位
六秀聳 當代發 五代將相.

○ 西麓 將軍大坐形：右 南向穴七尺五寸 日月馬上貴捍門 天馬得位 六秀
並立 二代發 三代將相.

○ 江外西 仙人舞袖形：右 南向穴五尺 財帛砂 特居水口 翰筆揷立 二代發
八代淸顯.

○ 北麓 老龍戱珠形：北向穴七尺五寸 美砂俱備 馬上貴捍門.

鎭 岑

○ 南面 五龍洞 山上結局 將軍大坐形：左 南向穴四尺五寸 日月捍門 雙天
貴 判筆群臣筆聳 六秀凌雲 二代始發 萬代榮華.

○ 落台山 (一作\n亥台山) 來龍南 連珠形 : 左 東向穴七尺五寸 龜蛇馬上貴捍門 印砂美 天馬立 日月筆翰筆 並聳於前 二代富發 三代將相.

○ 九峰山南麓 王女擊鼓形 : 左 仙人舞袖案 北向穴五尺五寸 美砂俱備 龜蛇馬上貴捍門 三吉六秀聳 二代發 九代淸顯.

○ 西面 南山堂峙下 老鼠下田形 : 西向.

○ 北面 西臨山 (一作\n鑑西) 眠犬形 : 西向.

이에 抄錄한 『羅居士學天訣』(殘簡本 作羅鳳眼海天訣─前引)은 그 叙述方式에 特色이 있으므로 容易하게 『成居士訣』과 剔別된다 하겠다. 勿論 『羅學天訣』은 『傳玉龍子訣』・『辛吾仙秘訣』(一指僧湖南錄)과도 쉽사리 判別할 수가 있다. 그리고 이에서는 『成居士訣』과는 달리 『輿地勝覽』이나 『大東輿地圖』 같은 데에 나타나지 않는 地名들을 맞이할 수가 있다.

『藏秘錄』에 收錄된 地域을 檢討한다면 羅居士學天의 足跡은 八道를 遍踏했던 것을 알게 되는데 그 末尾에는

「羅居士學天 皇明人也. 受地理之術於其舅杜思忠 其神妙不測之法眼 非凡俗所及. 皇明末 逃亂浮海東 居湖西沔川 自號鳳眼 不事生産 放帽竹杖 遍踏八道 與郡人朴承先 評點數百處 錄而傳於承先 承先秘之 不傳於人 承先死 其子蘭三 分與數三家 因以大播於世.」

云云한 跋文이 붙어 있어 「羅學天訣」의 傳播經緯를 傳說하고 있었다. 그러나 自來로 地師名流의 傳記는 傳說로 所傳될 따름 그 在世年代를 明確히 할 수 없는 實情인데 羅居士學天(羅鳳眼海天)의 在世年代도 이를 的確히 밝힐 수는 없다.

다만 前記 跋文에 보이는 杜思忠은 壬辰亂 當時 明將 李如松 麾下에 從軍했던 五行家였다 傳說되어 오고 있고, 또 羅學天은 純祖代의 右相인 林漢浩(1752~1827)의 祖塋(恩津縣 大明山)을 裁穴했다는 傳說이 膾炙되어오

고 있는 것을 본다면 前揭 跋文의「皇明末」云云은 理에 當하는 듯도 하다.
如何間『藏秘錄』의「懷德」條에서 우리는

「懷德 ○ 西面 牛山龍南 臥牛形左南向 穴七尺五寸 龜蛇捍門翰筆揷天 印砂
在艮 二代發 七代將相.
○ 東面 無比山龍東 玉女歛容形：左明鏡案 東向 穴四尺五寸 印砂
在艮 玉帶在前 轉弼抱馬 上貴捍門 當代發 二代文章 三代淸顯.
○ 炭峙(炭山) 來龍北 老鼠下田形：西向.
○ 東麓 老雉下田形：西向.

라는 記錄을 發見할 수가 있다. 어떤 殘簡에는『羅學天訣』의「懷德」條 末尾에

「炭山北麓 梅花落地形：左北向 穴四尺五寸 印砂玉帶得位 翰筆凌雲 龜蛇馬上貴
捍門 六秀篁 三代始發 九代三公.」

이라는 것이 더 添加되어 있는 것도 發見된다.
이『羅學天訣』의 記錄은 羅學天의 皇明末에 渡東하여 三千里江山을 踏
破한 當時(朝鮮中葉 以後)에 懷德縣에「炭峙 炭山」이라는 地名이 남아 있
었던 것을 傳해 주고 있는 것이라 하겠다.

IV

「懷德縣」은 麗代以來로 現 大德郡 懷德面 邑內里에 縣衙를 設定하였던
舊縣이다. 朝鮮王朝期엔「縣內面」(懷德面 北部)・「內南面」(懷德面 南部 一
部 大田市編入)・「外南面」(大部分은 大田市에 編入되었고 一部는 現在의
大德郡 山內面 大成里・朗月里・大別里・九到里・三槐里(德山)에 編入)・

「一道面」(北面 東部)·「北面」(北面 西部)·「九則面」(九則面 北部)·「西
(九則面 南部)의 八面으로 나뉘었던 것이다. 大體로 大田市의 中心部를
고 北流하는 大田川(玉溪·中溪 下流·甲川)을 境界로 하여 大田市 東
에 자리잡았던 古縣이다. 『羅居士學天訣』에 「東面」「西面」이 보이는
이러한 朝鮮王朝期의 面影을 보이는 것인데 現 大德郡 九則面·北面·
面과 大田市 東部 一圓 및 山內面 東部에 뻗히어 있던 것이다.

懷德縣의 山川에 對하여 『輿地勝覽』 卷18은

○ 鷄足山 在縣東三里 鎭山.

○ 食藏山 在縣南二十三里

○ 迭峴 在縣東十二里. 大東輿地圖作「質峙」(질티).

○ 童子菴峴 在縣東八里. 現行名 飛來菴峴(비람재).

○ 利遠津 荊角津 在縣北二十九里. 現行名 芝茗津(지명이나루).

○ 甲川 在縣西五里 至縣西三里 爲船岩川(배바위내).

等으로 代表시키고 있는데 뚜렷한 目標가 될 수 있는 自然景觀을 要領
列擧했다 하여도 過言이 아니다.
　懷德縣 管境內를 『輿地勝覽』의 記錄보다 더 細密하게 들춘다면 五
之一地圖를 參酌하고 現地를 踏查하여 九則面 地帶에서 花岩山·赤鳥
재)(『輿地勝覽』 卷17 公州牧古跡「德津山城 在德津縣南一里」) ○五峰
居士訣作 五聖山 ○梅芳山 傳朴師訣作 梅坊山 ○佛舞山 等을 들추어
는 있겠으나 이들도 食藏山·鷄足山에 比할 두렷한 目標는 될 수 없다
　東面地域에서도 그 東部로 沃川郡界에서 馬道嶺(머들령)·白骨山
北部에 連亘하여 있는 俗離山(『輿地勝覽』 卷15 淸州牧 山川條 參照)
출 수 있겠고 그 南部에서 梅田峴(細川里 메전이재)·葛峴(德峙里)과
에서 迭峴(上記 『輿地勝覽』 注山里 參照)·古鳳山(或作古峰)·黑龍山·
城(개머리성) 等을 찾아낼 수는 있다. 또 北面의 東部山峽地帶(一道面

도 德峴(孝坪里)・銅峴(三政里)・燕峰・芝茗山(芙水里)・城峙里(同上) 等을
억지로 줏어 낼 수는 있겠다.

그러나 이들 東面・北面(一道面)의 山名들도 食藏山・鷄足山과 같은 두
렷한 目標가 될 수 없는 極히 制限된 地域社會(部落)에 알려진 地名들일
뿐이다.

이러한 懷德山川의 知識을 지니고 『羅居士學天訣』의 記錄으로 다시 돌
아가 보기로 한다.

『羅學天訣』은 懷德 西面에 「牛山」이 있었음을 傳해 주고 있는데 西面(文
旨里 院村里 田民里) 一圓의 目標가 될 수 있는 山마루는 「牛山」일뿐 現行
名도 同一하다. 오늘에도 「牛山」下에 臥牛形・眠牛嚼草形・白象埋牙形 等
의 秘訣錄과 口碑가 남아 있어 地方風水徒의 尋穴往來가 不絶한다.

「羅學天訣」은 懷德 東面에 「無比山」이 있음을 傳해 주고 있다. 「無比山」
은 선뜻 보기에 山名같기는 하나 村落名 馬山(말미)의 異樣表記인 듯 하다.
現 大德郡 東面 馬山里(말미) 一圓에 玉女歛容形(玉女端粧形)의 口碑가 傳
說되고 있는 것을 들을 수 있다.(馬山里의 主山은 犬頭城)

懷德 邑內里 東麓은 懷德의 鎭山인 鷄足山의 西南麓을 이룬다. 「羅訣」이
傳해 주는 東麓의 「老雉下田形」에 對하여는 「伏雉形」 云云하여 鷹峰(宋村
里 比來里) 周邊에 그 口碑가 伏虎形・將軍大座形 等으로 더불어 現今에
遺傳되고 있는 터다.

끝으로 『羅居士學天訣』의 懷德 炭峙(炭山)는 그 所在面部를 明示치 않고
있어 錯雜한 問題를 提起시킨다. 『羅訣』의 餘他 郡縣分의 叙述을 參酌한다
면 炭峙(炭山)는 두렷한 目標가 될 수 있는 山名일 可能性이 濃厚한 것이
기는 하나 쉽사리 斷定할 수는 없다.

첫째로

「○炭峙(炭山) 來龍北 老鼠下田形：西向.」

이라고 「炭峙」 아래에 「炭山」 二字를 添加시켜 놓고 있는 것은 「炭峙」가 嶺峙(고개)에 붙은 地名(고개이름)이 아니라 山岳名 卽 山名이라는 것을 보이는 것이라 注目이 간다.

다음으로 「來龍北」이라는 「來龍」 兩字인데 이는 「炭峙」(炭山)는 逶迤屈曲·起伏活動하는 來龍(祖山에서 落脈한 龍)을 지니고 있는 巨山임을 暗示한다. 「炭山(炭峙) 來龍北」이라는 叙述格式은 前揭 「落台山一作亥台山 來龍南 連珠形」(鎭岑)과 같은 叙述格式인데 「炭山北麓」 「炭峙(炭山)龍北」이라는 叙述格式과는 若干 다른 解釋을 내려야만 하겠다. 卽 「炭峙(炭山)來龍北」은 「炭峙(炭山)龍北」보다 距離間隔(炭峙와 占穴處와의 相距)이 더 멀리 떨어져 있는 것을 暗示하는 것이라 보아진다.

懷德縣의 自然地理的·人文地理的 知識을 지니고서 『羅訣』中의 「炭峙(炭山)來龍北의 句節을 위에서와 같이 解釋한다손 하더라도 依然히 「炭峙(炭山)」의 位置는 不明한 채로 남아돌아갈 수밖에 없다. 이러하므로 하여 우리는 不得已 懷德縣內의 「老鼠下田形」 云云에 對한 風水徒輩 乃至 地方 住民의 口傳秘錄 및 傳說 調査에 나서야만 하게 되었다.

앞에서 보인 바와 같이 舊懷德縣은 現 大德郡 東面(東面 및 周岸鄕)·北面(北面 및 一道面)·九則面(西面 및 九則面)·外南面(大田市 編入)·懷德面(內南面 縣內面) 一圓이 이에 該當한다.

이에서 內面·縣內 兩面은 鷄足山 落脈 卽 「鷄足山來龍」 云云이라는 格으로 叙述될 地域이므로 「炭峙(炭山)」을 鷄足山에 比擬할 수는 없다. 九則面 南部는 西面을 이루고 西面에는 「牛山」이 있음을 『羅學天訣』이 보여주고 있으므로 「炭峙(炭山)」를 西面地域에 求함은 無意味한 일이 되겠다. 九則面 地域에서 「炭峙(炭山)」 또는 「老鼠下田形」 云云의 口傳秘記 또는 傳說을 數十年을 두고 調査했었으나 徒勞에 지나지 않았다. 더구나 九則面 地域에는 巨山을 主山으로 하고 來龍(山脈의 흐름)을 지닌 地域을 찾을 수는 없다.

마찬가지로 北面地域을 疑心해 볼 수도 있겠는데 北面(一道面)地域과 北

面 新灘津 地域은 「鷄足山來龍北」으로 記述될 수는 있을지언정 「炭峙(炭山)來龍北」으로 記述될 수는 없다. 「炭山」은 北面 또는 懷德面地域에서 찾아볼 수 없고 北面 一圓에 「老鼠下田形」云云의 口碑를 남기고 있는 地域(部落)도 찾을 수는 없었다.

大德郡 東面地域은 「○○山來龍北」의 叙述이 可能한 地域이기는 하나 그 東部인 馬道嶺・白骨山・俗離山(周岸鄉) 落脈인 一帶에서 「老鼠下田形」의 口碑를 索出해 낼 수는 없었다.

大德郡 東面 西部・南部인 楸洞・龍鷄・馬山・注洞・飛龍里 一圓을 累年 調查하였으나 「老鼠下田形」云云의 口碑를 얻지 못했다. 더욱 이 一帶의 明堂錄을 記錄한다 하더라도 「無比山龍東」(前揭)・「犬頭城龍東」・「古鳳山龍東」・「迭峴東」 等으로 叙述되거나 「鷄足山來龍東」으로 記述될 地域이라 할 수 있겠다.

東面 稷洞里(피골)・冷泉洞(찬샘내기)・錦江(荊江)邊에 「老鼠下田形」의 口傳이 떠돌고 있다. 「描岩」(괴바위・괭이바위)・「쌀峰」이란 岩石名・峯名과 關聯시키려한 風水徒輩의 附會傳說일지도 모르나 冷泉洞・甕岩里(독바위)는 江邊에 있으므로 「大江邊」 또는 「冷泉洞」・「甕洞」・「稷洞」等의 村落名을 들거나 稷洞里와 馬山里界에 있는 「兩窟峙(양구리재)」 等을 目標點으로 하여 叙述될 수 있는 地域이라 하겠다. 萬若에 冷泉洞・描岩 近處의 「老鼠下田形」云云을 「來龍北」格 叙述을 한다면 「鷄足山來龍北」으로는 할지언정 「炭峙(炭山)來龍北」이라는 叙述은 할 수 없는 곳이기도 하다.

上述해 내려온 바와 같이 大德郡 九則面・北面・懷德面・東面 地域의 風水口碑・傳說을 精査하여도 「炭峙炭山」으로 比擬될 山名을 이에서 찾을 수는 없었다. 이리하여 우리는 最後로 남은 懷德縣의 南面 南部인 外南面(大部分 大田市 編入)地域의 口碑・傳承을 精査할 段階가 되었다.

外南面 地域(大田市 編入)에 「老鼠下田形」云云의 口碑가 傳說되고 있는 地域은 二個處를 들을 수 있다.

첫째로는 食藏山 落脈인 大田市 孝洞・泉洞 一圓(井浦里 外泉里)이 그것이다. 食藏山 來龍北 十里인 이 地域 一圓에는 「老鼠下田形」・「走馬脫鞍形」・

「明月沉江形」·「鶯巢柳枝形」·「胡僧禮佛形」 等의 口傳이 있어 風水徒들의 尋穴行脚을 엿볼 수가 있었다.

다음으로는 食藏山 南麓인 現 山內面 朗月里(一部 外南面) 大別里(一部 外南面) 大成里(外南面) 一圓에 남아 이는 「老鼠下田形」 云云의 口碑를 들어야겠다. 아무래도 이 山內面 地域(大別·朗月·大成)의 「老鼠下田形」 云云은『法品踏山秘訣』(法品訣)에 보이는

「懷德(或作公州) ○老鼠下田形：中心之下 坎來癸作 庚得巽破 小富出七八代後 白花連出三代 南行一代 老職 不知其數.」

云云과 關聯이 있는 것으로 보아진다. 이러므로 하여『羅學天訣』의

「懷德 ○炭峙 (炭山)來龍北 老鼠下田形：西向.」

云云과 「中心(중심이들)之下 老鼠下田形」과는 관련을 지을 수는 없을 것 같다.

따라서 結局『羅居士學天訣』의 懷德縣條에 보이는

「炭峙 (炭山)來龍北 老鼠下田形：西向.」

云云은 舊懷德縣 外南面(外南里 井浦里)의「老鼠下田形」 云云의 口碑가 있는 그것으로 比擬될 수밖에 없다.

卽 『羅居士學天訣』이 懷德 「炭峙(炭山) 來龍北 老鼠下田形 西向.」이라 記錄한 것은 食藏山에서 落脈하여 起伏活動하여 十里의 距離를 펼쳐 흘러내린 「食藏山」 枝龍(혹은 食藏山 正脈이라고 할 수도 있겠다)의 北에 位置한 外泉里(外泉里 井浦里)一圓에 남아 있는 「老鼠下田形」 云云의 口碑에 맞대는 것이 合當할가 생각한다.

筆者의 愚鈍한 眼目으로써 한다면『羅學天訣』의 「老鼠下田形 西向」 云云은 外泉里(泉洞) 井浦里(孝洞)區域의 乙坐辛向(西向)之地를 指點한 것으

로 볼가 하는 것이다.

　以上에 敍述한 것으로써 『羅學天訣』 懷德縣條의 「炭峙 炭山」은 懷德 南面 뿐만 아니라 全國的으로도 커다란 目標가 될 수 있는 巨山(標高 497m)인 「食藏山」이라 結論한 것이 된다. 卽 「食藏山」의 古名은 「炭峙」・「炭山」 乃至 「炭峴」이었던 것을 보인 것이다.

　위에서와 같이 敍述해 내림으로써 懷德縣 南面(外南面 現大田市)의 東部에 솟아 있는 峻嶺 「食藏山」(標高는 497m)이 皇明末 (光海君─仁祖─孝宗─顯宗代)엔 「炭峙」 또는 「炭山」으로 불리었던 痕迹을 『羅居士學天秘訣』로써 보이었다. 이에 다시 『羅居士學天(羅鳳眼海天)秘訣』의 殘簡으로 보아지는

　　「炭山北麓 梅花落地形: 左 北向穴四尺五寸 印砂玉帶得位 翰筆凌雲 龜蛇馬上貴 捍門 六秀聳 三代始發 九代三公.」

에 對하여 若干 言及해 두기로 한다. 食藏山 北麓이란 現 大田市 板岩洞(三丁里 區域)의 三丁・楮田(닥밭)・소정이・한지뱅이(舊外南面)・九丁里(구정벼루 舊東面)와 現東面 細川里의 梅田(메전이・메전이개)・細川(가는골)・쇠정골 一圓의 北麓(西北麓)이 이에 該當되겠다.

　食藏山 北麓에 있는 三丁里(삼정이)란 地名은 三相之地(三政丞 六判書)가 있으므로 「三政里」(삼정이)라 하고 구정벼루(九丁里)에는 九相之地(九政丞之地)가 있으므로 「九政里」(九丁里)라 일컬어지고 있다는 風水秘訣과 맞댄 漠然한 地名緣起傳說이 떠돌고 있다.

　또 이 地域(三丁里・九丁里)에는 「梅花落地形」이 있다는 口碑도 남아 있다. 北麓의 「메전이」・「메전이고개」란 地名은 「梅田」「梅田峴」이라 表記할 것이라 하여 「梅花落地形」의 地名表象이라고까지 說話되어 있다. 「멧안이」(山內)・「멧안이재」(山內峙)였을 地形 命名이 「梅田」・「梅田峴」으로 表象되어 五萬分之一・二萬五千分之一地圖 같은데 「梅田」으로 나붙게까지 된 것이겠다.

　三丁里(삼정이)의 「三政丞之地」 云云의 傳說이 『萬山圖』(風水秘訣・圖式

錄) 같은 데에 남아 있는

> 「懷德 東面(○筆者註 當作南面?) 三政里 掛燈形 : 寅下申作 落二峰(筆者註 現名同) 爲內案 近案寶文山(現名同) 大屯山(現名同) 遠照 左有老姑城(現名同) 三代將相之地 坤破 朝夕足踏之地 右有源泉 後有掛榜.」

와 有關한 것인지는 安易하게 斷할 수는 없겠다. 그리고 九丁里(구정벼루)의 「九相之地」云云의 傳說도

> 「炭山北麓 梅花落地形 : 左 北向……九代三公」

과 關聯지워질 것인지도 速斷하기는 어렵다. 또 「梅田」(메전이)·「梅田峴」(메전이재)라는 地名과 「梅花落地形」이 有關하리라는 傳說에도 盡信 傾倒할 수는 없다. 그러나 우리는 食藏山北麓에 「梅花落地形……九代三公」云云과 連繫될 口碑傳說·地名緣起傳說이 남아 있다는 것만은 注目하여야 겠다. 分明히 筆者 舊藏의 『藏秘錄』 懷德縣條에는 「炭山北麓 梅花落地形」云云이 脫落(?)되어 있었는데, 流布되어 있는 殘簡에서 「炭山北麓 梅花落地形」云云을 發見할 수 있다는 것은 새로운 疑問으로 남기어 두는 것이 옳을가 하기 때문이다. 僥倖히 『藏秘錄』 系統의 『羅居士學天秘訣』(全國訣) 寫本의 出現을 기다려 以俟後人할 수밖에 없을가 한다.

　如何間 우리는 食藏山 北麓의 「地名緣起傳說」·「地名表象説」·風水秘訣·口碑 等과 『羅鳳眼海天訣』(羅學天訣) 殘簡에 보이는

> 「懷德 炭山北麓 梅花落地形……九代三公」

의 「炭山」에서도 「食藏山」의 古名이 「炭山」이었다는 것을 綜合할 하나의 資料로 삼어 볼 수는 있겠다.

　위에서와 같이하여 現 大田市東(板岩洞 三丁里)의 峻嶺 食藏山(標高는 497m)이 皇明末(光海主—仁祖—孝宗—顯宗)에 「炭山 炭峙」로 불려지고 있

었다는 事實은 — 그것이 食藏山 西北斜面인 大田地方의 言衆에 依하여 俗世間에서 稱號되었던 것이라 할지라도 『輿地勝覽』卷18「懷德縣」山川條에

「食藏山 在縣南二十三里」

이라 보이는 公式文獻上 記載와 矛盾됨을 보이고 있다 하겠다.

即 이미 『輿地勝覽』 編纂時代(成宗—中宗)에 公式文書上에 「食藏山」이라 記錄 報告된 山名을 光海君—仁祖—孝宗—顯宗代에, 民間傳承은 「炭峙 炭山」이라 報告하고 있기 때문이다.

이렇게 同一地點에 兩個地名이 同時에 附着하여 共存하고 있는 事實을 우리는 어떻게 說明하여야 하겠느냐가 問題되지 않을 수 없다. 이러한 地名活動의 現象을 本 論文은 아래에서 解明하여야겠다.

무릇 地名 그것은 遺物이다. 地名 그것은 地上에 附着하려하여 어느 地點 또는 地域의 象徵으로 定立하려 한다. 그러나 地名은 言衆의 사이에서(社會的) 하나의 파롤로서(心理的 個人的) 言語活動 속에 參與한다. 그러기 때문에 地名은 오랜 言語活動의 經過를 겪어 오늘에 남아 있는 遺物이라 할 수가 있는 것이다. 그리고 이 遺物은 生活的 現實의 言語活動에 參與하면서 時代變遷(言語 및 理念 等의 變遷)과 地域社會의 景觀變遷에 順應하려고도 한다. 따라서 地名이란 遺物도 生成・變移・消滅의 過程을 겪어온 것이었으며 不斷한 象徵範圍의 擴大・縮小의 經過를 지니고 있는 것이다. 地名의 分裂・統合・移動・消滅・代置는 오랜 地名活動의 結果로 現象된 것이라 할 수가 있겠다.

그러므로 現存地名의 分布狀態는—現存한 地名이란 遺物의 狀況은 그 地名이 늘어붙어 있던 或은 있는 地域社會의 生活의 投射影이라 할 수도 있으며, 그 地方의 開拓史와 生活史를 反映시키고 있다 보아도 좋다. 따라서 現地에서의 觀察・調査와 解釋硏究가 地名硏究方法의 基本方法이 되어야 한다고 우리는 본다. 因하여 文獻上에 固定된 狀態로 놓여 있는 地名은 地名活動의 一斷面을 보이는 것에 넘어가지 아니하는 것으로 把捉할 줄도

우리는 잊지는 아니한다.

「炭峴」(1)・(3)「沉峴」(2)은 熟知하는 바와 같이 史上地名이다. 이들 史上地名이 偶然히 歷史的인 大事件과 關聯지워졌기 때문에 史書上에 登場하여 그 立地的 特殊性이 反映되었던 것이다. 그러기에 歷史地理學的 考究의 對象이 되기도 하였던 것이다. 「炭峙 炭山」(13)・(14)이란 地名도 偶然히 記錄上에 올라오게 됨으로 하여 그 地名活動의 歷史的 斷面을 露出시킨 것이라 보아지는 것이다.

우리는 朝鮮 初期(一成宗・燕山君・中宗)에서 朝鮮 中葉(光海・仁祖・孝宗・顯宗)에 걸쳐 同一地點에 놓여 있던 峻嶺인 하나의 目標가 어떻게 하여 「食藏山」・「炭山(炭峙)」이라 듀아르的 表象을 지니고 있었던가도 地名活動의 史的 斷面으로 把捉할 수밖에 없다. 그리고 『三國史記』가 「炭峴(或云 沉峴)」(1)이라 「或云 沉峴」을 記錄해 놓고 있는 것도 「炭峴」이란 地名活動의 史的 斷面을 投射시킨 것에 넘어가지 않는 것으로 把捉되어야 할 것이다.

이러한 「炭山 炭峙」・(13)(14) 「炭峴(或云 沉峴)」(1)・「沉峴」(2)・「炭峴」(3)으로 史書에 反映된 地名活動의 秘密은 現 「食藏山」(炭山・炭峙)地域의 現存 地名을 調査 分析綜合함으로써 抽出해낼 道理 以外엔 딴 方策은 없다. 다시 바꾸어 되풀이하면, 「炭峴(或云 沉峴)」(1)・「沉峴」(2)이라는 『三國史記』 記錄의 秘密을 들출 수 있는 關鍵은 食藏山 周邊의 生活과 歷史를 投射하고 있는 食藏山 周邊의 地名들을 分析綜合함으로써 이를 解決할 수가 있을 뿐이다. 또, 「炭峴」(1)・「沉峴」(2)이라고 불리던 地名活動이 「食藏山」이라고 代置되어 내려온 過程도 食藏山 周邊의 地名을 分析綜合함으로써만이 그 秘密을 들출 수가 있는 것이다.

이곳에 韓國地名學의 分野가 待機하는 것이니, 「炭峴(炭山 炭峙)」・「沉峴」 및 「食藏山」의 地名語源 探求의 課題가 擡頭되는 것이다. (繼續)

(『語文研究』 6輯, 1970. 11.)